La Espiritualidad Pentecostal
Una Pasión por el Reino

LA ESPIRITUALIDAD PENTECOSTAL

UNA PASIÓN POR EL REINO

Steven Jack Land

Traducido por Daniel Olivia

Editado por Miguel Álvarez

CPT PRESS
Cleveland, Tennessee

La Espiritualidad Pentecostal
Una Pasión por el Reino

Publicado por CPT Press
900 Walker ST NE
Cleveland, TN 37311
USA
email. cptpress@pentecostaltheology.org
website. www.cptpress.com

Publicado por primera vez por Sheffield Academic Press en el Journal of Pentecostal Theology Supplement Series (1) 1993.

ISBN: 978-1-953358-42-4

Dedicatoria

Para Peggy
Alanna, Laura, y Jonatán

CONTENIDO

PREFACIO

Esta investigación ha sido hecha por un pentecostal, por los pentecostales y, para los pentecostales que me han ayudado, exasperado, desafiado y animado durante los últimos cuarenta años. Es mi esperanza que ellos se reconozcan así mismos y que encuentren también nuevas perspectivas en esta interpretación y revisión de nuestra tradición común. He tratado de ser polémico, en el mejor sentido de la palabra. La nota polémica está casi está asegurada con la yuxtaposición de palabras como 'santidad', 'pentecostal', 'afecciones' (afectos) y 'ecuménico'.[1]

Debido a que creo que toda la iglesia es pentecostal, mi investigación es también lo es, así espero, ecuménica en un sentido sectario. Al profundizar en los afectos pentecostales confío que las otras tradiciones cristianas podrán distinguirse así mismas de los pentecostales y, simultáneamente, identificarse con ellos.

Seguramente existirán aristas irónicas. Pero a mí me guía el deseo de propiciar un acercamiento entre las familias denominacionales pentecostales y del movimiento de santidad, con el propósito de que los pentecostales tengan un aprecio más profundo por su propia herencia. Me impulsa también el deseo de destacar la importancia de los afectos religiosos para todos los cristianos (especialmente para los pentecostales), y propongo una revisión trinitaria que provoque y anime la articulación de un pentecostalismo más social, más misionero, más ecuménico y teológicamente más responsable.

Espero que mis amigos protestantes liberales (en la tradición de Schleiermacher) y mis amigos fundamentalistas (en la tradición de Warfield y de la filosofía del sentido común Escocés) encuentren en

---

[1] **Nota el Editor:** La palabra *afectos* que se utiliza para traducir la palabra en inglés *affections*, no expresa toda la riqueza de contenido que subyace en este término, ya que cuando el autor de este libro se refiere a los afectos pentecostales (*pentecostal afecctions*), parece estar refiriéndose a aquellos asuntos que para los pentecostales tienen un valor muy alto porque constituyen el núcleo de su experiencia espiritual cotidiana, las marcas permanentes de su identidad y los ejes que modelan su presencia pública en los distintos contextos históricos en los que ellos se encuentran dando testimonio de su pasión por el reino.

estas páginas temas que exasperen y desafíen sus intereses. Los pentecostales tienen razones válidas para aprender de ambas corrientes. Más aún, tienen suficientes razones para abrazar y para expandir, si no alterar radicalmente, la etiqueta *'evangélico'* como una auto-designación. La antinomia entre razón y *'sentimientos'* tiene que ser superada y, acá intento demostrar una forma de superar ese problema.

Muchos han contribuido para que este trabajo se culmine, sin embargo, debo comenzar con quienes me enseñaron la disciplina teológica fundamental y siempre significativa en la vida de todos los creyentes: La oración. Mis padres Jack y Mary Land, durante más de cuarenta años, han dado bastante de sí mismos, tanto a mí como a muchos otros creyentes. Junto con mi esposa Peggy, durante veinte años, servimos con mis padres en un ministerio pentecostal urbano en la ciudad de Atlanta en Georgia, Estados Unidos, que exigió una constante renovación espiritual y un constante esfuerzo teológico.

Algunos miembros de la Sociedad para Estudios Pentecostales (*Society for Pentecostal Studies-SPS*) estimularon mi reflexión mediante la discusión teológica, compartiendo sus reflexiones y sus investigaciones muy provocativas. Leonard Lovett y David Daniels, con sus investigaciones y con su ejemplo, me han recordado el papel crucial que tienen las raíces y la espiritualidad negras para un pentecostalismo que podría ser considerado como un movimiento de liberación popular animado por el Espíritu. Mel Robeck, Jerry Sandidge, Harold Hunter, Vinson Synan y Dan Albrecht, han contribuido mucho a este trabajo y el fruto de sus investigaciones se refleja en este libro. Donald Dayton, pionero en la investigación teológica e historiográfica, ha compartido libremente sus materiales de investigación conmigo y nos ha regañado tanto a mí como a otros miembros de la SPS sobre nuestro *complejo de inferioridad teológica*. Por su parte, William (Bill) Faupel, además de compartir conmigo una enorme cantidad de datos históricos también coordinó una entrevista con el Dr. Walter Hollenweger, un gesto por el que le estoy profundamente agradecido. El trabajo de Bill Faupel, extremadamente valioso y cuidadoso, respalda mi investigación y su lectura es un requisito previo para poder entender al pentecostalismo norteamericano. Faupel leyó mi bosquejo inicial y le hizo comentarios que fueron profundamente apreciados. Además, David Bundy, un extraordinario bibliófilo y lingüista y, Frank Macchia, me han enseñado mucho sobre las conexiones teológicas que hay entre el movimiento de santidad y el pentecostalismo. Macchia me enseñó sobre el significado más amplio y profundo del fenómeno de la glosolalia.

También agradezco a todos los líderes pentecostales que en los últimos 15 años compartieron generosamente su tiempo conmigo, sus perspectivas, sus hogares y sus corazones. Agradezco especialmente a Yung-Chuí Han de Corea; Margaret Gaines de Israel; J. Herbert Walker Jr. y su querida esposa Lucille. De Europa, a Andre Weber de Francia. También a José Minay de Chile, Rick y Janice Waldrop, David Munguia, Roberto Aldana y Rudy Girón de Guatemala. A Miguel y Mireya Álvarez de Honduras, Enrique Guerra de Costa Rica, Pedro Pablo Castillo de Nicaragua, Arturo Naidoo, James Seekola, Timothy de Reuben y Wynand de Kock de Sudáfrica. También a Neil y Leslie Morrison de Escocia, a Brian Robinson, Steve y Kathleen Pasillo de Inglaterra. Iván y Valentina Fedotov de Rusia, Hong Yang de China y, a mis estudiantes que en los últimos años me han dado el privilegio compartirles mis enseñanzas y de quienes también he aprendido mucho.

Agradezco también al Dr. Cecil Knight, al Dr. Robert Crick y al Dr. James Beaty, uno de mis coeditores; así como a los profesores y los estudiantes del Seminario Teológico de la Iglesia de Dios (Church of God Theological Seminary, Cleveland, Tennessee, USA), que me han entendido y alentado durante los últimos años. El Dr. Crick me ha animado, especialmente, en mi búsqueda pentecostal y ha me ayudó a profundizar mi perspectiva del cuidado pastoral. Rick Moore, Chris Thomas, Jackie y Cheryl Johns, han sido amigos y muy valiosos compañeros de diálogo.

Varias bibliotecas también me han ayudado durante todo el proceso de investigación. Barbara McCullough de la biblioteca William Squires (Cleveland, Tennessee), y Valerie Watkins de la biblioteca Woodruff de la Universidad Emory, fueron de especial ayuda. El personal del Pentecostal Research Center (Cleveland, Tennessee) y Charles Towler de la Casa Editorial de la Iglesia de Dios (Cleveland, Tennessee), me ayudaron a seguir la pista de la himnología pentecostal primitiva.

Tengo que agradecer también, muy particularmente, a los redactores y al personal de *Sheffield Academic Press* que inicia esta serie de monografías con la publicación de mi investigación doctoral en forma de libro. Así como a Steve Barganski, cuyo trabajo editorial ha sido bastante útil para que este manuscrito sea presentable.

Hace varios años mi consejero de la disertación doctoral, Don Saliers, me asignó un capítulo sobre *Espiritualidad Pentecostal* en un libro que estaba editando para *Crossroads Press* de Nueva York. Ése trabajo se convirtió en la semilla y el motor para esta investigación. Como profesor, mentor y amigo, el Dr. Saliers ha tenido una enorme influencia en mi trabajo y espero que esa colaboración continúe en el futuro. Él ha sido un excelente mentor-director de esta investigación.

Theodore Runyon, miembro de mi comité de disertación doctoral, junto con mi esposa, me animó a incorporarme al programa doctoral a finales de los años 70. He compartido con Theodore y Cindy Runyon durante más de veinte años. Su ministerio, para mí y para otros estudiantes, ha sido muy valioso y alentador. Cindy Runyon, encargada de la hemeroteca de la Biblioteca Teológica Pitts (Universidad Emory), debido a su asistencia personal y profesional, ha hecho que la investigación sea más soportable y que el trabajo final haya sido más agradable a muchos estudiantes. Los estudios wesleyanos del Dr. Runyon, su interés en la liberación y el espíritu ecuménico, han formado significativamente mi teología. ¡Él es un amigo y colega, y uno de los profesores más desafiantes que he tenido!

También en mi comité para la disertación doctoral estuvieron el Dr. Richard Bondi, el Dr. Hollis Gause y el Dr. Hal Knight. El trasfondo en teología narrativa del Dr. Bondi y su crítica extremadamente profunda de la disertación doctoral demostraron ser de mucha ayuda. Su esposa Roberta Chesnut preparó uno de mis exámenes doctorales. Ambos son colegas a quienes aprecio bastante. El Dr. R. Hollis Gause ha enseñado teología y estudios bíblicos durante más de treinta años en el Seminario Teológico de la Iglesia de Dios. Juntos hemos enseñado por varios años. Él y su esposa Beulah son abuelos adoptivos de mi familia. Sus críticas, sus preguntas y sus comentarios, hicieron que este trabajo sea mucho más claro. Aunque estoy seguro de que esta investigación necesita pulir muchas cosas todavía, y no es por falta de trabajo en la parte que le corresponde al Dr. Gause, ya que él me ha enseñado y asistido de muchas maneras durante todo el proceso de investigación. El Dr. Hal Knight, la última persona del comité de disertación doctoral ha hecho más que cualquier otro para que termine la presente investigación. Él ha sido amigo, redactor de versiones y compañero de diálogo, desde el comienzo hasta el final. Aprecio profundamente su contribución personal y profesional.

Al lado de mi familia, los miembros de la *Mission Church of God* (Iglesia de Dios la Misión), en Atlanta, han compartido conmigo la gestación y el nacimiento de esta investigación. Su tierna comprensión, el esfuerzo paciente, las oraciones y el estímulo sincero me sostuvieron cuando el camino fue duro. Mi hermana Rosemary y su esposo Steven Lester me han llamado por teléfono y me han animado constantemente. Susan Harper, miembro de la iglesia de Atlanta, una de mis ex-alumnas y colega ministerial, ha descifrado mi escritura y ha mecanografiado este manuscrito. Ella sacrificó muchas horas y ha trabajado arduamente para que esta investigación sea una pieza presentable, mientras terminaba sus propios estudios teológicos.

Sin embargo, los que han dado la mayor parte de su tiempo, son quienes me conocen mejor: Mi esposa Peggy y mis hijos Alanna, Laura y Jonatán. A los hijos se les desapareció el papá durante días. Ellos han hecho que en reiteradas ocasiones les explique lo que estaba haciendo y por qué lo hacía ... ¡Hasta el momento en que, finalmente, yo mismo lo entendí! Ahora están felices de tener a su padre nuevamente en casa. Mis hijos con sus preguntas, sus dudas, sus miedos, sus creencias, sus oraciones y su ejemplo, me han enseñado mucho sobre la espiritualidad pentecostal. Aprendieron todo ello de su madre Peggy. Mi esposa Peggy Goudy Land ha sido un ejemplo espiritual, una compañera de ministerio, y mi mejor amiga por veintiún años. Hemos *dialogado* sobre esta investigación en muchas conversaciones nocturnas, de distintas maneras. La fe y la perseverancia de sus padres, Liston y Eunice Goude, han llegado a ser una expresión madura en ella y los beneficiarios han sido nuestros hijos y yo mismo. En comunión con ella, agradezco a Dios y a todos mis familiares y amigos por esta investigación comenzada, terminada e inacabada.

Steven Jack Land

Prefacio a la Edición de CPT Press

Han pasado casi veinte años, cinco reimpresiones y tres traducciones desde que completé *Espiritualidad Pentecostal: Una Pasión por el Reino*. Durante este período, muchas personas han sido lo suficientemente amables como para ofrecer críticas, apreciaciones y usarlas como un trampolín para sus propias investigaciones y construcciones. Espero publicar una edición revisada en algún momento durante el próximo año en la que responderé a mis diversos públicos. El libro, escrito como una tesis doctoral de la Universidad Emory, continúa apareciendo en las listas de libros de texto y por eso estoy algo sorprendido y complacido.

Claramente, el libro no pretendía ser un tratamiento escolástico protestante de los *loci* doctrinales cristianos tradicionales, con el bautismo en el Espíritu como el centro hermenéutico unificador, aunque esa es una empresa digna. En cambio, este libro buscó describir el *ethos* pentecostal temprano, idear una manera de explicar el carácter pentecostal (afectos) y prescribir futuros proyectos doctrinales y constitucionales, algunos de los cuales ya han sido asumidos. Mi objetivo era proporcionar una plantilla para mostrar la singularidad de la espiritualidad pentecostal, así como sus similitudes y diferencias con otros enfoques cristianos. En el proceso también busqué llegar a la naturaleza y el uso apropiado de la 'experiencia' en la espiritualidad pentecostal en particular y en el cristianismo en general.

Las implicaciones sociales de la espiritualidad se mencionan, pero no se desarrollan, ni hay suficiente atención al cuidado de la creación y el medio ambiente, asumido por otros cristianos y comenzando a ser desarrollado por los pentecostales. Estos y otros asuntos tendrán que esperar a la revisión.

Mientras tanto, he escrito sobre otros temas, y espero desarrollar aún más el énfasis de la santidad en breve. Me parece que la santidad encarna una estructura de justicia divina, un contexto de amor y un poder divinos dinámico, persuasivo y teleológico que debería informar el relato de lo que significa ser lleno del Espíritu Santo. Con cientos de millones de cristianos testificando de tal 'bautismo de lo alto', estoy seguro y agradecido por la proliferación de los métodos, relatos y aplicaciones de la espiritualidad pentecostal en la iglesia misional global de nuestros días.

Recomiendo este trabajo a los lectores no como la última o incluso la mejor palabra. Pero espero que siga siendo una buena palabra en la que muchos se reconozcan o aspiren a ser llenos de la presencia de Dios que un día, pronto, será 'todo en todos'.

Steven Jack Land
Seminario Teológico Pentecostal

ABREVIATURAS

AF	*The Apostolic Faith* (September 1906-May 1908) reimpreso por F.T. Corum (ed.) *Like as Of Fire* (Wilmington, MA, 1981)
DPCM	S.M. Burgess and G.B. McGee (eds.), *Dictionary of Pentecostal and Charismatic Movements* (Grand Rapids: Zondervan, 1988)
HBT	*Horizons in Biblical Theology*
HTR	*Harvard Theological Review*
JES	*Journal of Ecumenical Studies*
JPT	*Journal of Pentecostal Theology*
JPTSup	Journal of Pentecostal Theology Supplement Series
JSNTSup	Journal for the Study of the New Testament Supplement Series
NASB	A menos que se indique lo contrario, todas las citas de las Escrituras son del New American Standard Bible (LaHabra, California: The Lockman Foundation, 1960).
Pneuma	*Pneuma: The Journal of the Society for Pentecostal Studies*
RSR	*Religious Studies Review*
SJT	*Scottish Journal of Theology*
TTod	*Theology Today*

INTRODUCCIÓN

Análisis y Revisión de la Espiritualidad Pentecostal

En esta investigación intento realizar una interpretación y revisión fresca y constructiva, aunque un poco polémica, de la tradición pentecostal. En el primer capítulo, la sección teórica y metodológica, la relación fundamental entre teología y espiritualidad tiene un giro distintivamente pentecostal, pero, interesantemente, Barthiano. Especialmente con relación al papel de la oración en la tarea teológica. Concordando con Walter Hollenweger de que los primeros diez años del movimiento Pentecostal, forman el corazón y no la infancia de su espiritualidad, avanzo un poco más para afirmar el papel crucial que tienen para el pentecostalismo las raíces de los movimientos wesleyano, de santidad y el avivamiento de restauración del siglo XIX. En esta investigación, la espiritualidad se define como la integración de las creencias y las prácticas en los afectos que son evocados y expresados por esas mismas creencias y prácticas.

El segundo capítulo contiene un rápido análisis narrativo de ciertas creencias y prácticas pentecostales, utilizando canciones, testimonios y relatos de testigos oculares, para contar la historia. Analiza la naturaleza apocalíptica de la espiritualidad, la cual es criticada y explicada para demostrar la relación que existe entre revelación, historia y reino de Dios.

El tercer capítulo da cuenta de cómo los afectos cristianos integran y delimitan las creencias y las prácticas pentecostales. Lo que se observa es un condicionamiento mutuo entre la ortodoxia (las creencias correctas), la ortopraxis (la práctica correcta) y la ortopatia (los afectos correctos). En tal sentido, el análisis de la espiritualidad pentecostal toma un nuevo giro, superando en ese proceso, la desfasada e infructuosa antinomia entre razón y *'sentimientos'*. Los afectos pentecostales están correlacionados con ciertos atributos divinos, el reino de Dios y el testimonio pentecostal, para sugerir una forma de desarrollo de la fe pentecostal, caracterizada por una dialéctica de crisis-desarrollo.

El cuarto capítulo ofrece una revisión trinitaria de la espiritualidad pentecostal, argumentando que la pasión por el reino de Dios constituye, finalmente, una pasión por Dios. A la luz de la construcción y la revisión, se examina ciertos temas internos y críticas externas al movimiento pentecostal. Además, se presenta y se discute la necesidad de investigar ciertos temas en el futuro inmediato, esta se presenta en las conclusiones

En suma, la presente investigación sobre la espiritualidad pentecostal se articula en cuatro etapas definidas: (1) La relación entre la espiritualidad y la teología. (2) Una descripción y análisis de ciertas creencias y prácticas que caracterizan a la espiritualidad pentecostal. (3) Una demostración de la integración de las creencias y de las prácticas en los afectos pentecostales y, finalmente (4) una revisión trinitaria.

1

La Espiritualidad Pentecostal como Teología: Una Introducción Teórica

El Movimiento Pentecostal en Sus Orígenes y en la Actualidad

El 'Regreso a Pentecostés': El Descenso de las Lluvias Tardías

Jesucristo, dentro de un contexto de intensas expectativas apocalípticas, ordenó a sus discípulos que esperen la *promesa del padre*. El bautismo y la llenura del Espíritu Santo fueron el cumplimiento de la profecía de Joel (Hechos 1-2) y el empoderamiento de los creyentes en Cristo para el final de los tiempos, a fin de ir a todos los extremos de la tierra a hacer discípulos. La venida y la misión de Jesús y del Espíritu fueron presentadas en un lenguaje de promesa y cumplimiento de tal manera que el cumplimiento de estas llevara un contenido de esperanza en la promesa, la cual tenía implicaciones personales e históricas globales. Cada *ya* del cumplimiento llevaba un *todavía no* de la consumación. Así que, esperar por Cristo, llegó a ser una espera por su regreso. Y esperar por el Espíritu prometido, llegó a ser una espera en el Espíritu hasta el tiempo cuando, por el Espíritu, Dios sería todo en todos.

Esta *promesa-cumplimiento, 'ya*, pero *todavía no'*, es una tensión dinámica que caracteriza la pasión escatológica del cristianismo. De tiempo en tiempo, cuando la tensión dinámica se resuelve

prematuramente—en ocasiones orientada a otro mundo, un escapismo del *todavía no*, o un *ya* que implica acomodamiento a este
mundo—emergen los movimientos de restauración, de avivamiento, de despertar y de renovación, para recordar que la iglesia es
la *madre escatológica*,[1] cuyos hijos e hijas han sido llamados a profetizar. El pentecostalismo fue—y sigue siendo todavía—un movimiento de ese tipo. La espiritualidad pentecostal hunde sus raíces
en los movimientos wesleyanos del siglo XVIII y de santidad del
siglo XIX. Incorporó todas las tensiones, sacudidas y bendiciones
escatológicas del avivamiento premilenialista que había recorrido
Norteamérica en la última mitad del siglo XIX. El pentecostalismo
fue visto como la respuesta a las oraciones de miles de creyentes
que, a través de redes globales, de asociaciones individuales, de revistas, de retiros espirituales, entre otras actividades, habían clamado
por una renovación de Pentecostés. En 1856, William Arthur, un
metodista inglés, expresó ese profundo deseo en la siguiente oración:

> Y ahora, Espíritu adorable, que procede del Padre y del Hijo, desciende
> sobre todas las iglesias, renueva el Pentecostés en nuestro tiempo, y
> bautiza a este pueblo. ¡Oh, bautízalos de nuevo con lenguas de fuego!
> Corona este siglo XIX con un renacimiento de 'la religión pura y sin
> mácula' más grande que en el siglo pasado, mayor que cualquier 'de-
> mostración del Espíritu' antes vista por los hombres.[2]

Durante el siglo XIX y en los inicios del siglo XX, fuegos pentecostales se encendieron en Inglaterra (los Irvinguistas), Alemania,
India. Rusia, Gales y Norteamérica (Finney, Moody, los Palmer y
otros).[3] Pero fue en la Escuela Bíblica de Charles Fox Parham en
1901, donde Agnes Ozman fue bautizada por el Espíritu Santo, con
la evidencia de hablar en otras lenguas. Esta percepción de Parham
y de sus estudiantes fue llevada por William J. Seymour a Los Ángeles en 1906. Seymour, un humilde predicador negro de la santidad

---

[1] E. Käsemann, *New Testaments Questions of Today* (London: SCM Press, 1969), p. 100.
[2] W. Arthur, *The Tongue of Fire; or the True Power of Christianity* (New York: Harper, 1856),
pp. 189-227.
[3] M.E. Dieter, *The Holiness Revival of the Nineteenth Century* (Metuchen, NJ:
Scarecrow Press, 1980); D.W. Dayton. *The Theological Roots of Pentecostalism* (Grand
Rapids: Zondervan, 1987); D.W. Faupel, 'The Everlasting Gospel: The Significance of Eschatology in the Development of Pentecostal Thought' (PhD thesis,
University of Birmingham, England, 1989).

que había sido uno de los estudiantes de Parham y que era tuerto, publicó en 1906 la primera edición del periódico *The Apostolic Faith* (*La Fe Apostólica*). El lema en el encabezamiento de cada edición de este periódico decía: … 'contended ardientemente por la fe que ha sido una vez dada a los santos' (Judas 3). El primer artículo anunciaba que Pentecostés había llegado a Los Ángeles y que había 'un avivamiento de salvación Bíblica … como se describía en el libro de Hechos de los Apóstoles'.[4] Seymour, bastante feliz, comunica que:

> El poder de Dios ha agitado esta ciudad como nunca. Pentecostés ha llegado, seguido por las evidencias bíblicas. Muchos son convertidos, santificados y llenados con el Espíritu Santo, hablando en lenguas como lo hicieron en el día de Pentecostés. Las escenas que diariamente se ven en el edificio de la Calle Azusa, así como en otras misiones e iglesias en otras partes de la ciudad, están más allá de cualquier descripción y un verdadero avivamiento ha comenzado. Ya que Dios ha estado trabajando con sus hijos, llevándolos a través de Pentecostés, y poniendo el fundamento para una poderosa ola de salvación entre los inconversos.

> Las reuniones se celebran en una vieja iglesia metodista que había sido convertida en un granero, sin ninguna decoración, y con un piso de tierra.

> Muchas iglesias han estado rogando por Pentecostés y Pentecostés ha llegado. La pregunta de esta hora es: ¿Lo aceptarán? Dios ha contestado de una manera que ellos no esperaban. Él ha llegado en una forma humilde como antes, nacido en un establo.[5]

Seymour observó que estos 'rodadores santos', esta 'iglesia coloreada'[6] (debido a la integración racial que allí se dio), como ciertas personas la llamaron, era:

> Un vecindario de funerarias, establos y depósitos de madera para construcción. Usted difícilmente podría esperar visitaciones celestiales a menos que tuviera en cuenta el establo de Belén. Pero aquí puede

---

[4] W.J. Seymour, *AF* 1.1 (1906), p. 1.
[5] Seymour, *AF* 1.1 (1906), p. 1.
[6] Nota del Editor: Esta frase parece referirse a la integración racial que se dio en la experiencia de la Calle Azusa, un lugar de culto en el que blancos, afroamericanos, hispanos y personas de otras culturas se encontraron para adorar a Dios. Allí se practicó una democracia del Espíritu.

encontrar un poderoso avivamiento, avanzando desde las diez de la mañana, hasta cerca de las doce de la noche.

Comentado más adelante sobre las razones por las que se reunían en un granero, Seymour con estas palabras, especula sobre las razones por las qué Dios eligió ese lugar:

> Si esto hubiera comenzado en una iglesia acomodada, las personas de color y los hispanos no podrían haber tenido acceso. Pero alabado sea Dios por haberlo comenzado aquí. El Dios Todopoderoso dice que Él derramará su Espíritu sobre toda carne... Se tiene que señalar cuán libres nos sentimos las personas de todas las nacionalidades. Si un mexicano o un alemán no puede hablar inglés, se levanta y habla en su propia lengua y se siente tranquilo como en su casa, porque el Espíritu habla a través de su rostro y las personas dicen: *Amén*. No se rechaza ningún instrumento que Dios pueda utilizar, debido al color de su piel, su vestimenta o su falta de educación. Esto es así porque es Dios quien levantó esta obra.[7]

Se ha señalado que la 'segregación racial fue eliminada por la sangre de Cristo' en la Calle Azusa. Y, significativamente, esa fue también la experiencia en el sur de los Estados Unidos, como lo evidencian los informes del evangelista blanco G.B. Cashwell y el ministerio del obispo pentecostal negro C.H. Mason quien llegó a ser el líder espiritual de la *Church of God in Christ* (*Iglesia de Dios en Cristo*). Mason ordenó a ministros blancos y negros. El primer seminario pentecostal, localizado en Atlanta (Georgia) como un Centro Teológico Interdenominacional, lleva su nombre.

Sin embargo, hechos como la ruptura de las barreras sociales y el comienzo del avivamiento pentecostal en un humilde establo (¡también tuvieron un *aposento alto* en la Calle Azusa!), no fueron los únicos paralelos que se tuvo con la iglesia del Nuevo Testamento. Ya que este acontecimiento fue interpretado, por sus adherentes, como la restauración de la Lluvia Tardía de la fe apostólica y el poder para la evangelización del mundo en los últimos días. Todo ello estuvo determinado por la expectativa total de la inminente *parusía* de Jesucristo.[8]

---

[7] Seymour, AF 1.3 (1906), p. 1.
[8] D.W. Faupel, 'The Function of Models in the Interpretation of Pentecostal Thought', *Pneuma* 2.1 (Spring, 1980), pp. 47-49.

El '*evangelio completo*' para la plenitud de los tiempos era necesario para la llenura de los santos con el Espíritu Santo, para que ellos pudieran llenar la tierra con la doctrina de los apóstoles. Este '*evangelio completo*' fue resumido en cinco temas teológicos:

1. La justificación por la fe en Cristo.
2. La santificación por la fe como una segunda y definitiva obra de gracia.
3. La sanidad del cuerpo provista para todos en la expiación.
4. El regreso premilenial de Cristo.
5. El bautismo en el Espíritu Santo con la evidencia de hablar en otras lenguas.

Fue el quinto tema, más que cualquiera de los otros cuatro, el que sirvió como *signo* de que *la luz del ocaso*[9] estaba brillando, antes de la llegada de la oscuridad, cuando nadie podría ya trabajar (Juan 9.4). El movimiento fue simultáneamente restauracionista y escatológico. Los participantes creyeron que Dios estaba restaurando la fe y el poder apostólico para los últimos tiempos a través de las señales y maravillas. Dios había restaurado la justificación por la fe con Lutero, la santificación por la fe con Wesley, la sanidad divina a través del Dr. Cullis y de muchos otros ministros del siglo XIX,[10] la bendita esperanza de la premilenial venida de Cristo a través de las conferencias de profecía en la última mitad del siglo XIX y, finalmente, el bautismo en el Espíritu Santo como poder para la evangelización mundial en los últimos días. Desde su perspectiva, Dios estaba llamando a todos los santos, para que fueran buenos testigos, en el poder del Espíritu Santo. Consecuentemente, el profetismo de todos los creyentes podía ser agregado al sacerdocio de todos los creyentes.

Hubo otras analogías con la iglesia del Nuevo Testamento. Hubo una aversión a los credos que dividen y obstaculizan la misión de la iglesia. Hubo una suspicacia con respecto a las organizaciones que funcionaban mediante mecanismos y esquemas políticos, en lugar de los dones del Espíritu. De hecho, para los pentecostales de la

---

[9] A.J. Tomlinson (ed.), *The Evening Light and Church of God Evangel*.
[10] P.G. Chappell, 'Healing Movements', *DPCM*, pp. 353-74.

primera generación, cualquier cosa que no tenía un precedente bíblico directo era sospechosa de obstaculizar el trabajo del soberano Espíritu de Dios. Cristo gobernó a la iglesia tangiblemente a través de *toda la Biblia correctamente trazada* e, intangiblemente, mediante los dones y la guía del Espíritu Santo.

No hubo un solo fundador del movimiento. Como en los días del Nuevo Testamento, la comunicación y la instrucción se continuó a través de cartas, tratados, testimonios y, lo que posiblemente fue mucho más importante, con un *ethos* que crecía y que estaba centrado y orientado hacia un culto avivado, participativo y popular. Todos los que habían tenido su Pentecostés fueron testigos, narradores de las buenas nuevas.[11] No hubo tratados sistemáticos. Ya que éste hecho habría sido una forma de actividad de segundo orden, dentro de una atmósfera de oración, adoración y testimonio. Muchos de los primeros pentecostales fueron personas con cierto nivel educativo—algunos en la Calle Azusa tenían, incluso, educación superior—sin embargo, fueron abrumadoramente orales en su adoración, testimonio y servicio. Como en el Nuevo Testamento, el sentido de la urgencia para advertir a la iglesia y para testificar a las naciones impregnaba toda su comprensión, actividad y afectividad. Ahora era el tiempo para *el evangelio eterno* (Ap. 14.6-7), el *evangelio del reino* (Mt. 24.14), que se tenía que proclamar con poder y con demostración del Espíritu Santo.[12] La novia tenía que ser preparada para el novio. El perdido tenía que ser llevado al arca de la salvación antes de la próxima Gran Tribulación. Este sentimiento fue captado por Frank W. Sandford de Siloé (Maine), mentor de Charles F. Parham, cuando cambió en 1901 el título de su revista *Tongues of Fire* (*Lenguas de Fuego*) a *The Everlasting Gospel* (*El Evangelio Eterno*). Éste debía ser '*El Último Mensaje Solemne de la Época*'. Sandford afirmó que:

> El primer mensaje del evangelio fue proclamado por un ángel: 'Buenas nuevas de gran gozo, para todo el pueblo: porque os ha nacido un Salvador'. El último mensaje del evangelio será proclamado de una

---

[11] Esta es una designación común utilizada, frecuentemente, en los primeros números de *The Apostolic Faith*.

[12] Faupel, 'The Function of "Models', pp. 87-99.

manera parecida: Vi a otro ángel, que tenía el evangelio eterno para predicarlo a los moradores de la tierra, a cada nación.

El primero fue un mensaje de paz y de buena voluntad. El último será un mensaje de advertencia y de juicio.

El primero representó *el año agradable del Señor*. El último: *¡el día de venganza de nuestro Dios!*

El primero traía buenas noticias a un mundo perdido en el pecado: 'El que creyera en él sería justificado por gracia a través de la redención en Cristo Jesús'. El último advierte que muy pronto al mundo se le pedirá cuentas sobre el uso o el abuso de su privilegio, y se prepara el camino para el tiempo cuando 'el Señor será revelado en el cielo con sus poderosos ángeles, en una llama de fuego que tomará venganza sobre aquellos que no obedecen al evangelio'. El primero preparó el camino para un 'Hombre de dolores'. El último para el 'Rey de reyes'.

El primer mensaje representa la voz de quienes cantan alegres sobre las colinas de Belén: *¡Gloria a Dios en las alturas!* El segundo mensaje, la voz de la autoridad divina, gritando a todas las naciones: *¡Temed a Dios y dadle gloria!*

El primer mensaje anunció a Uno que llegaría mansa y pacientemente, montando sobre un asno a Jerusalén para morir por los hombres. El último mensaje anuncia a Uno que viene *con gran poder y gloria* a la Ciudad del Rey para reinar 'desde el río hasta el final de la tierra'. Todos aclamarán el poder del evangelio eterno.[13]

Cristo no vendrá hasta que este mensaje haya sido proclamado a todas las naciones con palabras, señales y maravillas. El ritmo y el enfoque de la historia individual y mundial se han acelerado e intensificado. Este movimiento se expandió rápidamente a través de las redes preestablecidas del avivamiento del siglo XIX y de los nuevos campos abiertos por las personas que salieron inmediatamente, con poco o ningún entrenamiento formal, hacia los cuatro rincones de la tierra.[14]

Al principio el movimiento pentecostal creció lentamente. Y en los primeros 15 años fue influenciado por controversias raciales,

---

[13] F.W. Sandford, 'The Everlasting Gospel', cited in Faupel, 'Everlasting Gospel', p. 47.
[14] Cada número de *The Apostolic Faith* traía noticias de los campos misioneros y testimonios de aquellos que se preparaban para ir *a la cosecha*.

teológicas y sociales. Sin embargo, las iglesias pentecostales representan actualmente el mayor grupo Protestante del mundo y su espiritualidad, transmitida a través de la Renovación Carismática, ha influenciado cada rama del cristianismo. Al lado de la Iglesia Católica Romana, la Iglesia Ortodoxa Oriental y el Protestantismo, puede ser considerado como la '*cuarta fuerza*' (comparada con la designación general de '*tercera fuerza*') en el cristianismo.

Las dimensiones de la espiritualidad pentecostal

Las dimensiones del impacto de esta espiritualidad proporcionan un buen argumento para observarlo con más detenimiento. Pero se necesita más que una apología sobre el bautismo en el Espíritu Santo o algún otro estudio sobre expresiones particulares como la glosolalia. El movimiento pentecostal ya tiene cerca de cien años. Y con los años ha llegado el desarrollo de credos, instituciones de educación superior, organizaciones eclesiásticas complejas y toneladas de publicaciones anuales.[15] Al arribar a su primer centenario el movimiento pentecostal ha demostrado que preserva todavía su impulso inicial.

La dimensión de la longitud o de la longevidad está, sin embargo, eclipsado por su anchura. Aunque comenzó en Norteamérica, el pentecostalismo actualmente es más fuerte en el *Sur* Global. David Barrett estima que más del 75% de todos los miembros, de un total de mil denominaciones nacionales no-blancas/del Sur Global, están compuestos por personas que llevan las marcas fenomenológicas del pentecostalismo. Adicionalmente, existen ochocientas denominaciones explícitamente pentecostales, nacionales o de razas no-blancas en el *Sur del mundo*. Además de los millones de miembros de los cuerpos denominacionales pentecostales originales existen millones que forman parte de la renovación carismática, conocida también como la *tercera ola*, conformadas por evangélicos que experimentan una renovación del Espíritu, pero que no la reconocen como una experiencia separada de la conversión. Los de la *tercera ola* acentúan las señales y maravillas, sin embargo, permanecen en sus iglesias y no se organizan en grupos renovados diferentes. Los miembros de la *tercera ola* de la renovación carismática se encuentran—así se calcula—en once mil denominaciones pentecostales y

---

[15] W. E. Warner, 'Publications', *DPCM*, pp. 742-51.

en tres mil denominaciones carismáticas independientes. Ellos representan el 21% de cristianismo global. Este movimiento es actualmente:

> más urbano que rural, más femenino que masculino, más niños (menores de dieciocho años) que adultos, más tercer-mundistas (66%) que del mundo occidental (32%), la mayoría de ellos vive en una situación de pobreza (87%) que en una situación de riqueza (13%), son más relacionados con una familia que individualistas.[16]

Asia Oriental, América Latina[17] y África, se están pentecostalizando más rápidamente, mientras que Europa sigue siendo todavía más carismática. Cerca del 14% de todos los carismáticos dentro de las iglesias protestantes tradicionales, desde 1970, llegan a independizarse formando más de '100.000 iglesias carismáticas blancas a través del mundo tímidamente organizadas en cuarenta o más redes principales'.[18]

Una cuarta parte de los pastores cristianos a tiempo completo en el mundo son pentecostales o carismáticos. Están activos en 80% de las 330 áreas metropolitanas más grandes del mundo. Ellos son frecuentemente 'más acosados, perseguidos, sufridos, martirizados que, probablemente, cualquier otra tradición cristiana en la historia reciente'.[19] A menudo son despreciados, encarcelados, torturados y asesinados, tanto por las dictaduras totalitarias, como por aquellos que se oponen a esos regímenes. Generalmente buscan una *tercera vía* para la paz en el *Tercer Mundo* y han sido caracterizados como el refugio de las masas[20] porque no participan directamente en acciones sociopolíticas. Sin embargo, han creado comunidades alternas de cuidado, respeto y empoderamiento de los pobres y tienen sus propios programas de *concientización afectiva* orientada a la liberación.[21]

---

[16] Todas las estadísticas provienen de D. Barrett, *Statistics Global*, DPCM, pp. 810-30.

[17] ¿Véase la discusión de la presente situación en América Latina en David Stoll, *Is Latin America Turning Protestant?*
(Los Angeles: University of California Press, 1990).

[18] Barrett, 'Statistics, Global', p. 119.

[19] Barrett, 'Statistics, Global', p. 119.

[20] C.L. D'Epinay, *Haven of the Masses* (London: Luttetworth Press, 1969).

[21] C. Bridges Johns, *Pentecostal Formation: A Pedagogy among the Oppressed* (JPTSup, 2; Sheffield: Sheffield Academic Press, 1993).

Aunque impresiona que este movimiento haya alcanzado tal anchura en tan corto tiempo, desde un ángulo teológico, las dimensiones de altura y de profundidad, son probablemente las más significativas. Cuando se menciona la altura, se está haciendo referencia a la dimensión de la alabanza, el culto, la adoración y la oración a Dios. Estas son las características que más llaman la atención a la mayoría de los observadores y a los participantes. Pero a esto se debe agregar la dimensión de la profundidad. Ésta es la razón por la cual, a largo de un siglo, ha tenido un crecimiento sostenido y un impacto significativo. La dimensión de profundidad trata sobre las *cosas profunda*s del corazón humano: Los sentimientos, decisiones, motivaciones y disposiciones que caracterizan a los pentecostales. Uno no puede leer los primeros relatos del avivamiento en la Calle Azusa, así como escuchar los testimonios de pentecostales de este tiempo, sin ser desafiado por la profundidad de su convicción y de su pasión. Es una búsqueda firme del Señor y una preocupación por la salvación de los perdidos. Es una exclamación continua, gozosa, de la inquebrantable presencia del reino de Dios que pronto será consumado. Durante los últimos años he observado esa realidad en cinco continentes Y llama la atención que existe una remarcable continuidad de la Calle Azusa a Seúl, a Glasgow, a Managua, a Santiago, a Durban, a Moscú. La espiritualidad de estas dimensiones exige un mayor acercamiento teológico. Se necesita un mayor examen de la lógica interna de esta pasión por el Reino.

Aproximación a la Espiritualidad Pentecostal

Tesis: La integración de santidad y poder
La integración del lenguaje de la santidad y del lenguaje del poder, lenguajes hablados por los movimientos de santidad y pentecostal, forman parte de la tarea teológica inacabada del pentecostalismo. Constituye un error teológico y pastoral dicotomizar, confundir, o simplemente identificar, amor y poder. De hecho, a la luz de la primigenia soteriología pentecostal de la justificación, la santificación y el bautismo del Espíritu, el desafío teológico básico y la más acuciante necesidad pastoral, consiste en demostrar la integración de la justicia, el amor y el poder en este movimiento apocalíptico de transformación espiritual.

Mi tesis es que la justicia, la santidad y el poder de Dios están correlacionados con los afectos distintivamente apocalípticos que son la base sobre la cual se integra la espiritualidad pentecostal. Esta espiritualidad es cristocéntrica precisamente porque es pneumática. Su *evangelio quíntuple* se centra en Cristo porque su punto de partida es el Espíritu Santo. Subrayando esta correlación, se puede afirmar que se trata de una soteriología que acentúa la salvación como participación en la vida divina, más que la remoción de la culpa.

De hecho, Jesucristo es el centro y el Espíritu Santo es la circunferencia de una espiritualidad pentecostal distintiva, cuyos lineamientos se tratará de trazar en este libro. Los afectos distintivamente apocalípticos del pentecostalismo serán demostrados como la base que integra sus creencias narrativas y sus prácticas. Pero el contexto decisivo y el horizonte siempre presente para una demostración más comprensiva y útil de las creencias, prácticas y afectos, es el escatológico: La presencia de Dios quien, como Espíritu, es el agente del reino de Dios inquebrantable que pronto será consumado.

Justificación: Lo distintivo de este estudio

Lo que se necesita actualmente es una explicación constructiva, inclusiva y teológicamente analizada de la espiritualidad pentecostal. Hasta hace poco tiempo la mayoría de las investigaciones han estado relacionadas con una defensa apologética de los distintivos pentecostales, particularmente aquellos que están asociados con el bautismo del Espíritu,[22] o con el análisis de ciertas prácticas, especialmente la glosolalia. Las primeras investigaciones fueron hechas por pentecostales y carismáticos, mientras que las últimas fueron realizadas usualmente por personas ajenas a este movimiento.[23] Obras teológicas más inclusivas producidas por pentecostales son principalmente bosquejos tradicionales de la doctrina evangélica

---

[22] Los dos ataques más importantes a la doctrina Pentecostal provienen de F.D. Bruner, *A Theology of the Holy Spirit: The Pentecostal Experience and the New Testament Witness* (Grand Rapids: Eerdmans, 1970) y J.D.G. Dunn, *Baptism in the Holy Spirit* (Philadelphia: Westminster Press, 1970). El libro de Dunn es el más desafiante, comprensible y provechoso

[23] Faupel (*Everlasting Gospel*, pp.6-13) denomina a estos dos acercamientos, *doctrinal* y de *conducta*.

con pocos capítulos adicionales sobre el bautismo del Espíritu y los dones espirituales.[24]

En años recientes los pentecostales se han centrado en temas como las visiones y los testimonios,[25] personajes históricos particulares,[26] ramas del movimiento, el culto, el lavamiento de pies y la misionología. [27] Gordon Wheelock trató sobre el bautismo del

---

[24] Uno de los más conocidos y ampliamente utilizados es el de M. Pearlman, *Knowing the Doctrines of the Bible* (Springfield MO: Gospel Publishing House, 1937). Un libro más reciente, que incluye, además de todos los loci sistemáticos usuales, un largo capítulo sobre sanidad divina es el de G.P. Duffield y N.M. Van Cleave, *Foundations of Pentecostal Theology* (Los Ángeles: L.I.F.E. Bible College, 1983). Un acercamiento desde el movimiento Pentecostal de Santidad se encuentra en N. D. Sauls, *Pentecostal Doctrines: A Wesleyan Approach* (Dunn, NC: The Heritage Press, 1979), I.

[25] Una investigación hermenéutica y filosóficamente informada se encuentra en J. D. Plus, *Therapeutic and Prophetic Narratives in Worship: A Hermeneutic Study of Testimonies and Visions* (Berna: Peter Lang, 1988).

[26] *Pneuma* contiene artículos cortos sobre varios personajes históricos que han sido tema de disertaciones o tesis. W.J. Seymour y C. Fox Parham, por ejemplo, son discutidos en disertaciones recientes. Ver D.J. Nelson, *For such a Time as this: The Story of William J. Seymour and the Azusa Street Revival* (disertación doctoral University of Birmingham, Inglaterra, 1981). El *DPCM* contiene los artículos sobre todos los pioneros más prominentes del Pentecostalismo.

[27] Además de las historias denominacionales tradicionales para grupos como la Iglesia Pentecostal de Santidad, Asambleas de Dios e Iglesia de Dios, el Pentecostalismo Unitario ha sido estudiado por D.A. Reed, *Origins and Development of the Theology of Oneness Pentecostalism in the United States* (disertación doctoral, Boston University, 1978) y J.H. Howell, *The People of the Name: Oneness Pentecostalism in the United States* (disertación doctoral, Florida State University, 1985). Las raíces del Pentecostalismo de Santidad Negro son discutidas en W.C. Turner Jr. *The United Holy Church of America: A Study in Black Holiness Pentecostalism* (disertación doctoral, Duke Universtity, 1984); L. Lovett, *Black Holiness-Pentecostalism: Implications for Ethics and Social Transformation,* (disertación doctoral, Emory University, 1979); e I.M. Shopshire, *A Socio-Historical Characterization of the Black Pentecostal Movement in North America,* (disertación doctoral, Northwestern University, 1975). E.L. Waldvogel se remontó hasta las raíces de los pentecostales 'bautistas' en su disertación de 1977, en Harvard Univesity, *The 'Overcoming Life': A Study of the Reformed Evangelical Origins of Pentecostalism.* E.M. Crews Jr. ha observado los efectos de la 'redención y elevación' (la movilidad social ascendente) en su disertación de 1988 en Harvard University, *From Back Alleys to Uptown: A History of the Church of God* (Cleveland, Tennesee). Ver el artículo y la bibliografía en J.W. Shepperd, *Worship,* en DPCM, pp. 903-905. J.C. Thomas, *Footwashing in John 13 and the Johannine Community* (JSNTSup, 61; Sheffield: JSOT Press, 1991). Esta es una propuesta bastante cuidadosa y bien argumentada de la legitimidad sacramental del rito del lavamiento de pies en la Iglesia actual. Dos prominentes misionólogos pentecostales contemporáneos son L.G. McClung, *Azusa Street and Beyond: Pentecostal Missions and the Church Growth in the Twentieth Century* (South Plainfield, NJ: Bridge

Espíritu en el pentecostalismo norteamericano y ofreció una nueva exposición de esa doctrina en diálogo con los desafíos que provenían del movimiento carismático y de las iglesias protestantes tradicionales. Leonard Lovett escribió sobre las iglesias negras vinculados al pentecostalismo de santidad y trabajó en diálogo con el pensamiento negro de la liberación.

Hay ciertos capítulos en libros, artículos de revistas y en diccionarios que se ocupan directamente de la espiritualidad Pentecostal.[28] Pero ninguno de ellos intenta un acercamiento teológico, analítico y constructivo, ya que se trata de esfuerzos más descriptivos y sugestivos. El libro de Williams fue una expresión Neo-Pentecostal temprana de las características generales de la espiritualidad que se centró en el bautismo del Espíritu. Trabajó sobre los precedentes históricos y discutió la significación contemporánea de ese movimiento. El artículo de Spittler en *DPCM* trató con un poco más de detalle las prácticas pentecostales y carismáticas, y definió la espiritualidad como 'hábitos pietistas de individuos comunes', y a la teología como la 'sistematización, generalmente escrita, de las reflexiones sobre la experiencia religiosa'. Su acercamiento, todavía sugestivo y complementario que tomamos en cuenta en esta investigación, enfatiza en contraste con mi trabajo la experiencia individual, entendiéndola primariamente como emociones o sentimientos. Él considera a la espiritualidad como un 'racimo de actos y sentimientos que son informados por las creencias y las prácticas que caracterizan a una comunidad religiosa específica.' Mientras que mi

---

Publishing, 1986) y P.A. Ponicrville, *The Third Force in Mission*] (Peabody, MA: Hendrickson, 1985).

[28] Tratamientos breves y generales de la espiritualidad pentecostal se encuentran en J.R. Williams, *The Pentecostal Reality* (Plainfield, NJ: Logos, 1972), especialmente en pp. 57-84; R. Spittler, *Pentecostal and Charismatic Spirituality*, DPCM, pp. 804-809; y W.J. Hollenweger, *Pentecostals and the Charismatic Movement*, en C. Jones, G. Wainwright y E. Yarnold (eds.), *The Study of the Spirituality* (New York: Oxford University Press, 1986). pp. 549-53. Ver también, los breves pero excelentes comentarios de K. McDonnell, en *The Distinguishing Characteristics of the Charismatic-Pentecostal Spirituality*, *One in Christ* 10.2 (1974), pp. 117-28. McDonnell puntualiza las características de *presencia* y *crisis* que yo también acentúo. Mientras él considera la crisis como una categoría importante no solamente para los pentecostales sino también para todos los cristianos, sin embargo, yo la utilizo de una manera un poco diferente.

investigación enfatiza la integración de las creencias narrativas y de
las prácticas en los afectos.

En el capítulo 3 de esta investigación se delinea cuidadosamente
el significado de la palabra *afectos*. Los *valores* implícitos (experiencia,
oralidad, espontaneidad, ultra mundanalidad y autoridad bíblica)
que caracterizan las prácticas pentecostales son citados por Spittler.
Pero ya habían sido puntualizados previamente por Hollenweger.
La investigación de Hollenweger es especialmente importante para
este estudio. Y estamos de acuerdo con este autor cuando afirma
que los primeros diez años representan el *corazón* y no la infancia del
movimiento pentecostal. Hollenweger tiene también un gran aprecio por la oralidad (yo hablaría de 'narratividad') de la espiritualidad
pentecostal, así como por su antecedente negro (vía Calle Azusa) y
su antecedente católico (vía Juan Wesley). Junto con Hollenweger,
a diferencia de Spittler y Williams, avanzamos en estos temas y,
como resultado de ello, tendemos a considerar la teología y la espiritualidad en términos menos racionalistas. Ambos tenemos un
enorme aprecio por la antigua tradición crítica del pentecostalismo.[29]

Spittler y Williams también aprecian estos aspectos de la espiritualidad, pero han estado más interesados en proporcionar una estructura cognoscitiva para la experiencia pentecostal. Nuestro enfoque provee también una *estructura cognoscitiva,* pero con una base
afectiva que podría producir una construcción teológica diferente.
Carl Henry ha sido una significativa influencia, aunque de ninguna
manera exclusiva, para el desarrollo teológico inicial de Spittler. La
obra de Williams, si bien delinea de una manera clara y fiel temas
pentecostales en el segundo volumen de su *Teología de la Renovación*[30]
no demuestra, sin embargo, la influencia de una hermenéutica pentecostal. Además, mientras va más lejos que muchos pentecostales
al interactuar con las perspectivas wesleyanas, el tratamiento es extremadamente breve y no central a sus raíces e intereses reformados. Él todavía funciona fuera de la noción de la perfección como
una forma de *perfectus* filosófico. Ve las relaciones bíblicas de la perfección con la inocencia, la justicia y la madurez. Sin embargo, como

---

[29] Ver W.J. Hollenweger, 'The Critical Tradition of Pentecostalism', *JPT* 1 (1992), pp. 7-17.
[30] J.R. William, *Renewal Theology* 2 (Grand Rapids: Zondervan, 1990).

muchos otros escritores que desde Warfield fallan al interactuar con los estudiosos wesleyanos, parece equiparar la entera santificación, con el 'perfeccionismo' o confundirlo con la glorificación.

La opinión de Williams es preferible al acercamiento luterano tradicional y su trabajo es el mejor intento, hasta la fecha, de una teología sistemática carismática. Los que vienen detrás de él deberán tenerlo en cuenta y construir sobre esta investigación. ¡Él trabaja más sobre el bautismo del Espíritu y las lenguas que muchos eruditos pentecostales clásicos! Si bien mi investigación se beneficia mucho de los trabajos de Williams, Hollenweger y Spittler, mi acercamiento difiere en términos de una comprensión de la teología y de la espiritualidad y, particularmente, de la significación de los afectos religiosos.

A pesar de varios artículos en *Pneuma* (la publicación periódica de la *Society for Pentecostal Studies*) en los que se ha discutido sobre hermenéutica, escatología, misionología y una amplia gama de preocupaciones históricas,[31] no ha habido todavía ningún intento de tratar directamente el tema teológico fundamental de la relación entre espiritualidad, teología y método (con la posible excepción de los artículos de Michael Dowd y Mark McLean).[32] El trabajo bibliográfico de Grant Wacker y los artículos históricos han realizado el mayor esfuerzo por proporcionar una explicación del entorno y de la fe de los primeros pentecostales.[33] Mientras que la mayoría de los esfuerzos recientes se han centrado en preocupaciones bíblicas, históricas, prácticas y ecuménicas,[34] la presente investigación busca proporcionar de manera original un análisis, integración y revisión de la espiritualidad pentecostal.

---

[31] Dos de los más recientes análisis más destacados son M.D. McLean, 'Toward a Pentecostal Hermeneutic', *Pneuma* 6.2 (Fall, 1984), pp. 35-36; y G.T. Sheppard, 'Pentecostalism and the Hermeneutics of Dispensationalism: Anatomy of an Uneasy Relationship', *Pneuma* 6.2 (Fall, 1984), pp. 5-34.

[32] Ver McLean, 'Pentecostal Hermeneutic', nota 35 y M.B. Dowd, 'Contourns of a Narrative Pentecostal Theology and Practice' (documento inédito, Society for Pentecostals Studies, 1985).

[33] G. Wacker, 'The Functions of Faith in Primitive Pentecostalism', *HTR* 77 (July/October, 1984), pp. 353-75.

[34] *Pneuma* 9.1 (Spring, 1987), estuvo dedicado al diálogo entre Pentecostales y el movimiento Ecuménico. J.L. Sandidge y C.M. Robeck, Jr., han estado especialmente activos en esta importante tarea, y muchas Iglesias pentecostales del Sur del mundo se han unido al Consejo Mundial de Iglesias.

Recursos: Los fundamentos históricos de este estudio

Actualmente existe una abundancia de recursos bibliográficos para el estudio del pentecostalismo. El mejor lugar para entrar rápidamente en contacto con estos recursos es el ensayo bibliográfico de Grant Wacker en el *Dictionary of the Pentecostal and Charismatic Movements* (Diccionario de los Movimientos Pentecostal y Carimático).[35] Allí se encuentran fuentes imprescindibles como los dos volúmenes masivos de Charles Edwin Jones, las bibliografías de Watson Milis y, por supuesto, el antiguo—pero aún valioso y enciclopédico—estudio de Walter Hollenweger. Veinte años después de su investigación pionera, al comentar sobre la misma, Hollenweger examina ciertas características fenomenológicas del movimiento pentecostal y destaca la importancia crucial de la presencia del pentecostalismo y del cristianismo en general para la mayoría del Sur Global en el siglo XXI.[36] Su obra continúa siendo importante por su defensa inclusiva y global del Sur del mundo.

Pero los trabajos más influyentes para esta investigación son los de Donald Dayton y William Faupel. Dayton se concentra en la tarea de modificar la historiografía y las definiciones del evangelicalismo para que los paradigmas de santidad y pentecostal no sean asimilados en las categorías Reformadas-Fundamentalistas. El trabajo de Dayton proporciona un punto de vista crucial para una valoración contemporánea de la espiritualidad pentecostal.

Dayton fue uno de los primeros en afirmar que el pentecostalismo es un desarrollo teológico distinto y no simplemente una experiencia episódica dentro del cristianismo del siglo XX. Su análisis de una *gestalt* pentecostal de temas teológicos fijó un nuevo tono para los estudios pentecostales.[37] Por otro lado, el trabajo de William Faupel también se apoya en una sólida investigación histórica. De hecho, no hay otra investigación disponible que sea clara, completa y meticulosamente documentada sobre el pentecostalismo norteamericano.[38] Su obra constituye la investigación histórica más

---

[35] G. Wacker, 'Bibliography and Historiography of Pentecostalism (U.S.)', *DPCM,* pp. 65-76.
[3636] W.J. Hollenweger, 'After Twenty Years' Research on Pentecostalism', *International Review of Mission* 75.297 (January 1986), pp. 3-12.
[37] Dayton, *Theological Roots of Pentecostalism.*
[38] Faupel, 'Everlasting Gospel' 264.

significativa y cuidadosa que se ha realizado sobre el pentecostalismo norteamericano. Sobrepasa a las investigaciones de Hollenweger y de Anderson y está más profundamente conectada con el *ethos* de las iglesias pentecostales. Faupel ofrece una mirada clara con respecto a las varias corrientes y remolinos del desarrollo pentecostal norteamericano y presenta un análisis detallado sobre los principales personajes y temas.

La interpretación teológica de Dayton y la investigación histórica de Faupel serán las bases para las futuras autocríticas y construcciones del pentecostalismo. La tesis de Faupel, comulgando con el acercamiento sociohistórico de Robert Mapes Anderson,[39] afirma que "el pentecostalismo norteamericano puede ser mejor entendido como la emergencia de un sistema de creencias milenaristas, que, como consecuencia de un cambio de paradigmas, tuvo lugar dentro del 'perfeccionismo' del siglo diecinueve". La recopilación de datos de Faupel concluye demostrando 'que la investigación y la reflexión son necesarias para alcanzar las expectativas iniciales del movimiento, si es que el pentecostalismo espera dialogar significativamente con otras tradiciones teológicas.[40] Su investigación proporciona los fundamentos histórico-críticos para mi trabajo.

La discusión precedente, demuestra que en este tiempo todavía no hay muchos trabajos de literatura especializada, que analicen las creencias y las prácticas pentecostales y cómo es que estas se integran a sus afectos, demostrando así el papel crucial jugado por la escatología en la práctica de la fe. Pero, además de la justificación formal de esta reflexión, existen otros propósitos que están en el corazón de la motivación personal del autor de esta investigación.

Los propósitos: La motivación para este estudio

Tanto los que consideran al pentecostalismo, esencialmente, como un cristianismo fundamentalista con una doctrina del bautismo del Espíritu Santo agregada; como quienes lo consideran como una experiencia que calza igualmente en cualquier otra espiritualidad o sistema teológico, agregándole tal vez algunas cualidades o intereses muy especiales; se decepcionarán por la tesis de esta investigación.

---

[39] R.M. Anderson, *Vision of the Disinherited:* The *Making of American Pentecostalism* (New York: Oxford University Press, 1979).
[40] Faupel, 'Everlasting Gospel', p. 17.

Ya que argumento persistentemente, aunque en ocasiones de una manera indirecta, que el pentecostalismo no puede ser identificado simplemente con algún modelo racionalista o escolástico del movimiento evangélico o del evangelicalismo. En primer lugar, no puede ser asimilado, sin someterlo a una alteración y acomodo fundamental, dentro de cualquiera de las denominaciones cristianas. Aunque reconociblemente cristiano, está en un período de adolescencia teológica en que se están tomando decisiones sobre cómo utilizar la herencia paterna. Por ejemplo, qué relaciones, noviazgo y matrimonio establecer, qué vocación seguir y, qué clase de entrenamiento y comunicación son realmente importantes para su futuro. Sin embargo, ciertos aspectos de su autocomprensión ya están emergiendo.

El pentecostalismo fluye en una relación paradójica de continuidad y discontinuidad con otras corrientes del cristianismo. Cuando conserva sus vínculos con los primeros diez años del movimiento, se presenta como más arminiano que calvinista, especialmente en su acercamiento a los temas de la acción y perseverancia humanas. Es más calvinista que luterano en su comprensión del llamado 'tercer uso de la ley' para guiar el crecimiento y la conducta cristiana. Es más oriental que occidental en su comprensión de la espiritualidad como perfección y participación en la vida divina (*theosis*). En este aspecto tiene mucho que aprender de personas como Gregorio de Nisa, Macarios el Egipcio y San Simón, el nuevo teólogo. El pentecostalismo es ascético y místico. Por ejemplo, todas estas riquezas podrían ser menoscabadas en la medida en que se mueva en la línea de la continuidad wesleyana, hacia adelante o hacia atrás. El pentecostalismo es más católico que protestante, cuando acentúa la santificación-transformación, más que la justificación forense. Pero es más protestante que católico cuando afirma que la palabra de Dios es la autoridad sobre la iglesia y sobre la tradición en asuntos relacionados con la fe, la práctica, el gobierno y la disciplina. En sus orígenes el pentecostalismo fue más anabaptista que la reforma magisterial en su preocupación por la paz y por una iglesia entendida como un compañerismo de creyentes en la que el discipulado y la disciplina eran tareas esenciales de la vida congregacional. El pentecostalismo ha tenido una hermenéutica más cercana a la santidad-evangélica que a la tradición fundamentalista-evangélica en su comprensión del uso actual de la Sagrada Escritura y en su comprensión del papel de la razón.[41] Finalmente, el pentecostalismo es más liberacionista-transformacioncita que escolástico-fundamentalista en su forma de hacer teología, como reflexión que discierne la realidad en la que uno está situado como ser humano concreto. (Este punto será explicado, más adelante, con mayor detalle). El pentecostalismo existe, por lo tanto, en continuidad y discontinuidad con otras espiritualidades cristianas. Pero la importancia que todo ello tiene para una espiritualidad o teología distintivas no puede ser vista, comprendida o identificada, como una simple experiencia o un experimento episódico. Pueden darse experiencias de ese tipo, sin embargo, la espiritualidad pentecostal es otra cosa.

Los otros motivos para esta investigación han emergido como respuesta a quince años de contacto con pentecostales de cinco continentes en momentos de enseñanza, trabajos misioneros, oraciones y entrevistas. Ellos pedían más literatura pentecostal que fuera un apoyo distintivo e integral para su praxis. Buscaban una claridad y plataforma teológica conectada con sus preocupaciones pastorales, misioneras y ecuménicas. El éxito de la misión ha tenido como consecuencia visible millones de nuevos convertidos y la adición de miembros de los otros grupos cristianos. La pregunta que se formula es la siguiente: ¿Cómo se puede discipular a un pueblo masivo? Priorizando y cuidando las *experiencias de salvación* (regeneración, santificación, bautismo del Espíritu y sanidad, entre otras). ¿Qué disciplinas diarias y qué vías de acercamiento a la crisis personal y social se pueden desarrollar y que sean congruentes con el *ethos* pentecostal? ¿Cómo tiene que mejorarse o cambiarse la práctica actual y sobre qué bases? Además del diálogo con los practicantes de la teología de la liberación en América latina, los pentecostales han continuado sus propios diálogos y se están vinculado en un doloroso pero persistente examen de conciencia, sobre el contexto y la importancia de la misión.[42] Todo esto está ocurriendo mientras que

---

[41] D.N. Dayton, 'Yet Another Layer of the Onion or Opening the Ecumenical Door to Let the Riffraff in', *The Ecumenical Review* 40.1 (January 1988), pp. 87-110.

[42] J. Sepulveda, 'Reflections on the Pentecostal Contribution to the Misión of the Church in Latin America', trad. J. Beaty y S.J. Land, *JPT* 1 (1992), pp. 93-108. G. Vaccaro, *Identidad Pentecostal* (Quito: Consejo Latinoamericano de Iglesias, 1988). Véase también el número completo de Diciembre 1975 de *Pastoralia* 7.15.

un mayor número de teólogos de la liberación comienza a construir una espiritualidad de la liberación y a reconocer la importancia de la doctrina del Espíritu Santo.

Estos temas dolorosos y urgentes se tienen que tratar de una manera que no comprometa la espiritualidad fundamental, pero que atienda los nuevos desafíos, necesidades y oportunidades presentes en el contexto de misión. Todo ello es especialmente importante en algunas áreas de América Latina y en otras regiones del Sur Global donde los pentecostales tienen una influencia y una responsabilidad cada vez mayores debido a su explosivo crecimiento numérico en las últimas décadas.[43]

Los pentecostales del Sur Global no están preocupados con las controversias fundamentalismo-modernismo, evangelio individual-evangelio social, conservadores-liberales, como sí lo están los pentecostales de América del Norte. Esto no significa que ignoren los asuntos relacionados con el liberalismo o el radicalismo teológico. Ya que están más abiertos a encontrar nuevas formas de incorporar asuntos positivos que coadyuven a efectuar cambios que beneficien a los seres humanos, a su práctica pastoral y misionera. Así, los pentecostales se han desarrollado similarmente a las *Comunidades Eclesiales de Base* Católicas durante décadas, ya que han estado presentes y han sobrevivido en regímenes políticos represivos. El suyo es un ecumenismo de las bases, nacido de preocupaciones pastorales y misioneras inmediatas.

Este estudio se propone explicar la espiritualidad pentecostal como apocalíptica, corporativa, misionera y esencialmente afectiva. Después del análisis y de la integración de los capítulos 2 y 3, se proporciona una *revisión constructiva* que intenta abordar algunos de los desafíos del Sur Global, al igual que los problemas internos y las críticas externas. Además, como los capítulos 2 y 3 lo demuestran, las respuestas tienen que clarificarse. Lo que se espera es que la presente revisión ayude a la causa de la unidad y a la eficacia misionera en el cuerpo de Cristo, y que los pentecostales consideren tanto a liberales como a conservadores, como valiosos compañeros de diálogo.[44]

---

[43] Stoll, *Is Latin America Turning Protestant?*

[44] Véase P. Valliere, *Holy War and Pentecostal Peace* (New Cork: Seabury Press, 1983), esp. cap. 1.

Perspectivas Sobre la Espiritualidad Pentecostal

Hay ciertas presuposiciones, convicciones y compromisos teológicos que constituyen un punto de partida desde el cual uno se puede acercar a la espiritualidad pentecostal. No se reclama que estas sean las únicas bases para el análisis. Pero sí que ésta sea una metodología especialmente apropiada para abordar este tema en particular. Los elementos de esta perspectiva—una perspectiva pentecostal de la tarea teológica—se discute en tres secciones específicas: (1) Espiritualidad y teología, (2) Orígenes y continuidad y, (3) Escatología y coherencia.

Espiritualidad y teología

La ciencia teológica es básicamente una construcción de relaciones entre Dios y el mundo. Para los pentecostales, el punto de partida para tal empresa es el Espíritu Santo que *es Dios con nosotros*. El Dios que estuvo presente en Israel, y en Jesucristo, está presente ahora como el Espíritu Santo. El Dios que un día *será todo en todos* (1 Corintios 15.28), está trabajando ahora en todas las cosas y, trabajando para el bien de los que le aman (Romanos 8.28). El Espíritu Santo trae al Padre y al Hijo quienes, junto con el Espíritu, habitan con el creyente y en el creyente (Juan 14.16).

Comenzar con el Espíritu Santo no es necesariamente llegar a ser unitario,[45] pero indica una preocupación teológica práctica. Esto puede notarse cuando el orden bautismal del Nuevo Testamento de Padre, Hijo y Espíritu Santo, registrado en Mt 28.19; se cambia, y el Hijo es mencionado primero en la bendición de 2 Co 13.14 (*'la gracia del Señor Jesucristo, el amor de Dios, y la comunión del Espíritu Santo'*). El orden de esta bendición se sigue generalmente en la proclamación del evangelio. Sin embargo, cuando se discute sobre la vida y el servicio en la iglesia (1 Co 12.4-6) el orden de Pablo es Espíritu, Señor, Dios. El orden cambiante en estos tres pasajes bíblicos no significa necesariamente, una pérdida de completa igualdad entre las tres personas de la Trinidad (como lo veremos en el capítulo 4).[46] De hecho, la verdad es lo opuesto.

---

[45] H.R. Niebuhr, 'Theological Unitarianisms', *TTod* 40.2 (July 1983), pp. 150-57.

[46] T. F. Torrance, *The Trinitarian Faith* (Edinburgh: T & T Clark, 1988).

La preocupación pentecostal es la de Pablo en 1 Corintios 12: Enfatizar la realidad de la fe vivida, la vida y el servicio del pueblo de Dios que está orgánicamente constituido como el cuerpo de Cristo por la vivencia del Espíritu Santo. Como Newbigin ha observado, los pentecostales no se enfocan en la estructura correcta (como los católicos romanos) ni en el mensaje correcto (como los protestantes). En cambio, como señala Newbigin, acentúan que la 'vida cristiana es una cuestión de la presencia del Espíritu Santo experimentada hoy. Ni la ortodoxia de la doctrina ni la impecabilidad de la sucesión pueden tomar el lugar de éste'.[47] En su intento de cuidar la unicidad, la suficiencia y la finalidad de Cristo, los acercamientos católico y protestante a menudo resultan en 'una iglesia que se parece a una cáscara',[48] o como los pentecostales dirían (junto con Wesley), 'con una apariencia de piedad, pero negarán la eficacia de ella' (2 Timoteo 3.5). Con los protestantes, se está de acuerdo en la prioridad de la Escritura sobre la iglesia y en el rechazo al orden y a las estructuras visibles. Con los católicos se comparte el reconocimiento de la vida cristiana como una 'realidad experimentada y recibida, algo que implica un cambio ontológico en el creyente'.[49]

Newbigin, cuando comenta sobre el primer derramamiento del Espíritu Santo sobre los gentiles en la casa de Cornelio (Hechos 10), afirma que:

> Nada podía ser más simple o inequívoco. El don del Espíritu fue una señal visible, reconocible, indiscutible de que Dios había aceptado a estos gentiles como su propio pueblo, y antes que el hecho las convicciones teológicas fundamentales tuvieron que dar su reconocimiento. El Espíritu Santo puede ser el último artículo del Credo, pero en el Nuevo Testamento es el primer hecho de la experiencia. El Espíritu es el testigo reconocido de Dios (véase Hch. 15.8), la presencia de Dios y, por lo tanto, merecedor de primacía antes que cualquier argumento basado en un razonamiento a *priori*.[50]

---

[47] L. Newbigin, *The Household of God]* (London: SCM Press, 1953), p. 87.
[48] Newbigin, *Household*, p. 87.
[49] Newbigin, *Household*, p. 87.
[50] Newbigin, *Household*, p. 87.

Fue por la falta de preocupación por este 'derecho de piso' del Espíritu que los primeros pentecostales rechazaron y evitaron los 'credos hechos por los hombres'. Lo que no significa que no tuvieran creencias fundamentales, ya que cuando se leen sus publicaciones y sus testimonios, resulta obvio que sí las tuvieron. La objeción de los pentecostales estaba dirigida contra el exagerado énfasis en los credos que, desde su punto de vista, habían creado la desunión y rechazado la nueva bendición que el Espíritu soberano estaba restaurando entre ellos. Su primitivismo nació de su anhelo por la fe apostólica y de su anhelo de ver el poder y las manifestaciones del Espíritu Santo entre creyentes ordinarios. La presencia del Espíritu Santo constituyó la iglesia. Como en el día de Pentecostés, el mensaje, la estructura, la fe y el orden pudieron ser puestos en su lugar. Pero tomó el poder de la nueva era el derramamiento del Espíritu en los últimos días, para reconstituir a la iglesia como una hermandad misionera que podría testificar en palabras, poder y demostración del Espíritu Santo. La iglesia vive del Espíritu en Cristo junto a la gloria del Padre.[51] Los credos tienen que guardar la fe sin limitar la dirección soberana del Espíritu.

Si Dios es el Dios vivo, el Dios que en la comunión Trinitaria es Espíritu; si la iglesia es un organismo viviente con carismas y señales y, si la salvación es una relación viviente con este Dios entre ese pueblo que vive en la expectación y urgencia de los últimos días, entonces, la teología tiene que ser una reflexión que discierne esta realidad viviente, estas relaciones divino-humanas.[52] La teología requiere no solamente el razonamiento discursivo sino el involucramiento de toda la persona dentro de la comunión de carismas. La comunidad del Espíritu y de la Palabra funciona como un todo que adora, testifica, forma y reflexiona. Pero en el corazón de todas estas funciones se encuentra la vida litúrgica de la comunidad. Ranaghan ha concluido que el nacimiento del pentecostalismo no se puede atribuir solamente a las dos obras de gracia. Más bien, ese concepto es 'estrecho e incompleto'. En cambio, desde la

---

[51] K. McDonnell, 'The Experiential and the Social: New Models from the Pentecostal/Roman Catholic Dialogue', *One in Christ* 9 (1973), pp. 43-58.

[52] M.W. Duggan, 'Implications for Pentecostal-Charismatic Theology', (documento presentado en la quinceava reunión anual de la Society for Pentecostals Studies, Gaithersburg, MD, 1985).

predicación de Wesley en los campos a las carpas de Aimee Semple McPherson, se ha formado un estilo de adoración que ha hecho que la teología pentecostal cobre vida y reciba su validación experimental. La adoración ha proporcionado el vehículo para su teología. Uno puede avanzar más y decir que la teología ha servido básicamente como un comentario sobre la adoración que siempre ha sido la realidad central.[53]

Wheelock afirma que la 'teología pentecostal en su totalidad intenta aclarar que un acercamiento árido, racionalista, formalista, no emocional, no experiencial y no carismático a la vida religiosa, es inaceptable'. Este considera que mucho de esta vitalidad proviene del énfasis de la cultura afroamericana en los

> aspectos no conceptuales de la vida en general y de la religión específicamente ... Todo el hombre debe ser elevado en este proceso ... el componente experiencial es visto como un elemento 'natural' y la intervención entusiasta como una modalidad adecuada de la expresión religiosa. Mucha de esta expectativa y práctica era transmitida en la Calle Azusa.[54]

Fue en el contexto del avivamiento de restauración norteamericano que la 'espiritualidad negra de los antiguos esclavos en los Estados Unidos', se encontró con la espiritualidad del movimiento del *abuelo* Juan Wesley, produciéndose así la espiritualidad distintiva del pentecostalismo.[55] Ni Wesley ni los afroamericanos hicieron teología de la manera tradicional o de forma escolástica. Más bien los medios de producción teológica de este movimiento fueron los sermones, los folletos, los himnos, los testimonios, las conferencias y los cantos espirituales.

Esto no difiere mucho de los primeros cien años del cristianismo. Aunque algunos eran *instruidos,* no había muchos poderosos o sabios o nobles entre ellos.[56] Cartas, testimonios, epístolas,

---

[53] K.M. Ranaghan, 'Rites of Initiation in Representative Pentecostal Churches in the United States, 1901-1972', (disertación doctoral, University of Notre Dame, 1974).

[54] D.R. Wheelock, *Spirit-Baptism in American Pentecostal Thought* (disertación doctoral, Emory University, 1983), p. 334. Ver también Nelson, *For Such a Time as This.*

[55] Walter J. Hollenweger, 'After Twenty Years' Research on Pentecostalism', *Theology* 87 (November 1984), p. 404.

[56] 1 Corintios 1.26.

evangelios, canciones, una breve historia y un Apocalipsis, fueron las herramientas de las iglesias del primero siglo que se reunían en las casas. Una *religión y una teología popular* traen consigo todos los peligros del fanatismo y todas las promesas de una continua renovación de la iglesia. El pentecostalismo ha experimentado y ha manifestado ambas tendencias. Pero es importante puntualizar que la teología no debe ser identificada sola o, incluso primariamente, con los tratados sistemáticos, las investigaciones y el aparato erudito de los centros académicos. La teología comienza cuando las personas responden en actitud de adoración al propósito de Dios.

Si el Espíritu Santo es tomado como punto de partida y la centralidad de la adoración tiene primacía, se debe reconocer que la oración—individual y comunitaria, humana y *angelical,* con suspiros y gemidos, alabanzas y peticiones—está en el corazón de esa espiritualidad. Y, si la oración es el corazón de la espiritualidad, ésta tiene que ocupar también un lugar central en la comprensión de la tarea teológica. El lenguaje vocativo e indicativo, de oración y de creencias, se tiene que considerar como uno sólo. Esto tiene que ser así, porque para los pentecostales es imposible conocer a Dios y las cosas de Dios sin la oración, porque en la oración la persona responde al Espíritu de verdad. Cuando la persona no está con el corazón abierto en oración, aún la luz que hay en uno puede llegar a ser oscuridad, distorsionarse o puede ser, incluso, olvidada muy pronto.

La teología concebida en estos términos no es una mera actividad especulativa. Antes bien, se trata de una tarea urgente, de los últimos días. Los pentecostales pueden afirmar con Karl Barth que la 'oración es un clamor escatológico basado en el reconocimiento del nombre de Dios, su voluntad y su reino ... es la actualización de nuestra realidad escatológica que es posible aquí y allá ...'[57] Barth discutió la relación entre oración y teología en su libro *Evangelical Theology: An Introduction* (Teología Evangélica: Una Introducción).[58]

Cuatro afirmaciones conectadas con la relación entre oración y teología fueron discutidas por Don Saliers, en 1949, en la

---

[57] K. Barth, *Prayer* (ed. D.E. Saliers; trad. S. Terrien; Philadelphia: Westminster Press, 1985), p. 18.

[58] K. Barth, *Evangelical Theology: An Introduction* (New York: Holt, Rinehart and Winston, 1963), pp. 160-64.

introducción a la segunda edición del libro *La Oración* de Barth. De acuerdo con Don Saliers:

1. El primer y básico acto de la tarea teológica es la oración. La teología en sí, a la vez que demanda conocimiento histórico y razonamiento conceptual, depende radicalmente de haber sido dirigido por Dios de tal manera que se le devuelva una respuesta totalmente libre ... La concepción de Dios debe ser congruente con la naturaleza de la dirección del Dios-que-se-auto-revela y cuya revelación es acompañada por el mandamiento y la invitación a compartir la vida divina ... Entonces, la esencia de la oración y la adoración consiste en reconocer a Dios y la gracia de Dios que se vuelve en misericordia y juicio hacia toda la creación. Esa respuesta emerge de la capacidad de la criatura, a través de la gracia y de amar y regocijarse en gratitud por lo que Dios es ...

2. La segunda demanda es que el objeto de la reflexión teológica es un 'Tú' encontrado y no una idea a ser aprehendida. El lenguaje doctrinal sobre Dios debe responder a algo realmente discernido en Dios. Pero esto significa agradecer, orar, invocar y pedir a Dios. Lo que puede explicar por qué Barth afirma que 'la tarea teológica debe tomar, real y verdaderamente, la forma de un acto litúrgico'. Esto está implícito en la reflexión de Barth sobre el hecho que no estamos sólo para hablar las palabras de Jesús, sino que debemos recibirlo a Él y a la vida de servicio que él confiere en y a través de sus palabras ...

3. Tercero, puesto que la reflexión teológica sobre Dios es en sí misma dialógica, no podemos estar satisfechos con la construcción sobre las certezas de sistemas de pensamiento previos... Concebir a Dios como viviente y redentor del mundo es humanamente posible solo recibiendo de nuevo, a través de la gracia, la actividad actual de Dios. *La teología en sí misma llega a ser una ofrenda a Dios*, y una petición continua de que esta ofrenda pueda ser aceptable ante él.

4. Finalmente, la teología no puede garantizar la verdad, porque no puede garantizar en sí misma la gracia de Dios...

Ciertamente, según Barth, nuestro conocimiento de Dios descansa no en las doctrinas formuladas; sino en el reconocimiento, la invocación y la petición a que Dios ilumine verdaderamente su Palabra divina y que sea accesible a nosotros.[59]

En la lectura de este párrafo recordemos el profundo aprecio y el agudo desacuerdo de Barth con la teología de Schleiermacher. Barth creía que Schleiermacher había confundido la distinción entre lo humano y lo divino, disgregando al Espíritu Santo dentro del espíritu humano. Barth pensó que él podía comenzar su propia tarea teológica de nuevo y comenzó con el Espíritu Santo. Las semillas de ese comienzo están en la discusión inmediatamente precedente sobre la oración y la teología.

Los pentecostales tienen sobradas razones para recomendar a Barth en estos temas. Ya que en el primer punto está el reconocimiento de la iniciativa del Dios. En el segundo un reconocimiento de la dirección personal (¡Dios es Espíritu!). El tercero puede servir como fundamento para rechazar el sobre énfasis en los credos, aunque no de los credos en sí mismos. Y, finalmente, el cuarto punto acentúa la soberanía del Espíritu Santo.

Para los pentecostales, conocer a Dios es estar en una relación correcta, caminar en la luz y en el Espíritu. Conocer la verdad y no practicarla, es una falacia, es existir en contradicción. En ese caso, incluso la luz que se tenga se convertirá en tinieblas. Así, por ejemplo, afirmar que 'Dios está con nosotros', sin estar con Dios, es mentir o simplemente especular. La teología cristiana como espiritualidad tiene que ser consistente, apropiada y sensible a su fuente y objeto: El Dios viviente.

Esta teología es muy parecida a la teología de los padres apostólicos quienes fueron 'esencialmente prácticos, despreocupados de la teología especulativa, no conscientes de los asuntos culturales'.[60] Pero también es muy parecida a la teología patrística-monástica posterior, en la que no había distinción entre oración y teología:

Hasta el siglo XII la teología no era un tema de conocimiento sino una manera de oración. La teología no era una doctrina por analizar en un

---

[59] Saliers, in Barth, *Prayer*, pp. 17-19.
[60] McDonnell, 'The Experiential', p. 48.

centro académico. El propósito de la teología no era explicar a Dios, sino conocerlo en contemplación, adoración, alabanza y acción de gracias. Si la teología fue una ciencia, lo fue con la incorporación de los afectos. Esta concepción orante de la teología prevaleció hasta la primera mitad del siglo XII.[61]

Por lo tanto, hacer teología, no es hacer de la experiencia la norma. Antes bien, consiste en reconocer la prioridad epistemológica del Espíritu Santo en una receptividad orante. Howard Ervin cuando se refiere a la epistemología pneumática afirma que:

> … las Escrituras son el producto de una experiencia con el Espíritu Santo que los escritores bíblicos describen con un lenguaje fenomenológico … la interpretación de este lenguaje fenomenológico es mucho más que un ejercicio sobre la semántica o la lingüística descriptiva. Cuando uno encuentra el Espíritu Santo en la misma experiencia apostólica, acompañada por la misma fenomenología carismática, entonces uno está una mejor posición para conectarse con el testimonio apostólico en una forma verdaderamente existencial … en el sentido que la dimensión vertical de la existencia del hombre es reconocida y afirmada. Uno, entonces, se posiciona en continuidad 'pneumática' con la comunidad de fe que dio a luz las Escrituras.[62]

Además de una epistemología distintiva, otros eruditos pentecostales, están llamando la atención a una ontología y una hermenéutica con la que se pueda construir una teología sistemática *digna del nombre pentecostal.*[63] Para David Nichols, ese acercamiento implicaría una ontología *espiritual* que es una analogía del amor, en comparación con la analogía de la fe o del ser.[64] Esta ontología tomaría de una manera seria la presencia transcendente de Dios como la cuarta dimensión de la realidad. Dios quien es 'otro' no está fuera del mundo, del tiempo, del espacio y de la materia.[65] Nichols cree que ha llegado la hora para que la teología pentecostal 'se sacuda libremente de los grillos del racionalismo exclusivo, (adaptaciones de Hodge, de Shedd, de Warfield, etc.) y del irracionalismo, y se

---

[61] McDonnell, 'The Experiential', p. 48.

[62] H.M. Ervin, 'Hermeneutics: A Pentecostal Option', *Pneuma* 3.2 (Fall, 1981), p. 22.

[63] D.R. Nichols, 'The Search for a Pentecostal Structure in Systematic Theology', *Pneuma* 6.2 (Fall, 1984), pp. 57-76.

[64] Nichols, 'The Search', pp. 68-75.

[65] Nichols, 'The Search', pp. 68-69.

afirme sobre sus propios pies con una comprensión dimensional de la verdad espiritual'.[66]

Todo esto sirve para enfatizar la importancia del Espíritu santo como el punto de partida para un acercamiento distintivamente pentecostal a la teología como espiritualidad. Sin embargo, ¿al hacer esto significa que los pentecostales colocan al Espíritu sobre la Palabra, elevando así la experiencia, desde la categoría de fuente para la teología, al nivel de norma? La respuesta es 'Sí' y 'No'. Sí, porque el Espíritu es anterior a la Palabra de Dios escrita. Pero el Espíritu inspira, preserva e ilumina esa Palabra dentro de la comunidad de aquellos que son formados, corregidos, consolidados y equipados por esa misma Palabra. Sí, porque el Espíritu no existe solo para iluminar la Escritura y aplicar los beneficios de la salvación al creyente. La tarea diaria, permanente del Espíritu, es capacitar con dones y guiar a los creyentes en comunidad y a la comunidad de creyentes como un todo. Las señales y el poder del Espíritu no son una adición opcional para que la iglesia pueda hacer frente a los principados y poderes, sufriendo hasta la muerte.

Sin embargo, considerando la relación entre la Palabra y el Espíritu, la Palabra como Palabra viviente de Dios en Jesús es, por supuesto, igual con el Espíritu. La persona y la obra del Espíritu están en continuidad salvífica con la persona y la obra de Cristo, pero no se agota allí. La recuperación del equilibrio dialéctico, o de una integración apropiada de Espíritu con la Palabra, nos enfrenta a la crisis de autoridad en la iglesia actual y expresa también una característica central de la teología pentecostal. Esta integración es violada de varias maneras por las diferentes tradiciones cristianas.

La teología católica romana, aún desde Vaticano II, tiene todavía la tendencia de colocar a la iglesia sobre la Palabra y, posteriormente, a colocar la tradición al mismo nivel de la Escritura. El escolasticismo fundamentalista protestante tiene tan subyugado al Espíritu a la Escritura que la única función significativa del Espíritu es testificar de la Biblia cuando es interpretada por la razón humana. Otros grupos van más allá, desde el otro extremo, ponen al Espíritu sobre la Escritura y desarrollan 'revelaciones' privadas más allá y por encima de las Escrituras, ¡contradiciendo o corrigiendo a las

---

[66] Nichols, 'The Search', p. 73.

Escrituras! Existe, entonces, una sutil subyugación o domesticación del Espíritu Santo. En tal sentido, el Espíritu sirve solamente para proveer ánimo para la compresión eclesiástica, se convierte en otra palabra para la gracia de los sacramentos (de modo que uno reciba la gracia y no a Dios el Espíritu Santo), o como en las versiones más liberales de la teología, se identifica al Espíritu con la luz de la razón o de la experiencia humana común. Todas estas maneras de identificar al Espíritu están en correlación con una comprensión inadecuada de la relación Espíritu-Palabra. James Jones, concordando con Calvino y Lutero, afirma lo siguiente en un importante, aunque rechazado libro:

> … la Biblia tiene poco valor sin la obra soberana del Espíritu Santo. La Biblia no tiene ninguna significación cuando está separada del contexto de la experiencia del Espíritu. El rechazo por ubicar al Espíritu bajo la Palabra limita al Espíritu solo a confirmar el texto y callarse.[67]

Podríamos agregar también que esto limita al Espíritu a no hacer más de que lo que el creyente da por hecho y, entonces, también callarse. Pero Jones continúa puntualizando que:

> El Espíritu no contradice a las Escrituras, pero su obra es más que solamente repetir lo que podemos encontrar leyéndolas… Juan indica que el Señor esperó que el Espíritu dirigiera la iglesia en esas áreas no cubiertas por las enseñanzas de Jesús (Jn. 15.7-12) ... El primer concilio apostólico volvió al pacto del Antiguo Testamento con Noé. Pero justificó su decisión sosteniendo 'nos pareció bien al Espíritu Santo y a nosotros (Hch. 15.28; 11.15-17).[68]

Aún más, Jones sostiene que la polémica del pasado ha separado a la Biblia del Espíritu en comunidad y, consecuentemente, ha destruido cualquier base válida para la fe cristiana:

> Los protestantes tienen la Biblia, pero la Biblia sin el Espíritu y la comunidad es una letra muerta que da lugar a un escolasticismo árido. Los católicos tienen la comunidad, pero la comunidad sin la Biblia y el Espíritu llegan a ser solamente una cáscara institucional. Los pentecostales tienen el Espíritu, pero el Espíritu sin la Biblia y la comunidad, conduce inevitablemente al subjetivismo y al fanatismo. En el cuerpo

---

[67] J.W. Jones, *The Spirit and the World* (New York: Hawthorn Books, 1975), p. 99.

[68] Jones, *The Spirit and the World*, pp. 98-99.

de Cristo completamente lleno del Espíritu, como Pablo lo retrata, estas tres autoridades parciales se complementan. El Espíritu inspira la Palabra y construye a la comunidad. La Palabra nos permite entender nuestra experiencia del Espíritu y nos enseña la forma de vivir en comunidad. La comunidad forma el contexto en el cual se entiende la Palabra y se encuentra el Espíritu. Utilizar la Biblia para destruir en lugar de construir la iglesia, utilizar la Biblia para aplastar al Espíritu, utilizar el Espíritu como pretexto para ir más allá de los límites del evangelio, ha destruido los fundamentos del cristianismo en el mundo actual, más que cualquier ataque externo de los ateos y de los escépticos.[69]

La integridad del cuerpo de Cristo dada en la relación apropiada del Espíritu, la Palabra y la comunidad, tiene como corolario una visión de espiritualidad que es la integración de creencias, afectos y acciones (de conocer, ser y hacer). De hecho, para una teología-como-espiritualidad pentecostal, con el Espíritu Santo como punto de partida, esta es la correlación necesaria. Mark McLean insiste en que:

> Este es simplemente el tiempo para admitir que la comprensión pentecostal de la forma como Dios está presente en su pueblo, en conjunción con nuestro uso de la Escritura en la vida diaria de la Iglesia, resulta en una hermenéutica y una teología pentecostal, que en sus puntos principales es diferente de una hermenéutica y teología ortodoxa no-pentecostal. La tarea que está delante de nosotros consiste en entender y explorar las implicaciones de ese hecho para nuestra comprensión de que Dios continúa activo en el mundo, y para una comprensión de nuestra autoidentidad y las tareas dadas por el viviente, actuante y hablante Creador de todas las cosas.[70]

Esta tarea teológica exige la integración de creencias, afectos y acciones, para que la espiritualidad y la teología no se fragmenten en intelectualismo, sentimentalismo y activismo respectivamente. Cuando la teología es restaurada a su significado antiguo, la dicotomización que tan a menudo ocurre o se percibe entre teología y espiritualidad, puede ser superada. La experiencia del Espíritu, que es el agente de la reciprocidad y de la interrelación en la Trinidad y

---

[69] Jones, *The Spirit and the World*, pp. 100, 106.
[70] McLean, 'Pentecostal Hermeneutic', p. 50.

en la iglesia,[71] conduce hacia y requiere esa integración de creencias, afectos y prácticas, que es a la vez la definición de la espiritualidad y de la tarea teológica.

Para insistir en esa exigencia de una manera más formal: Ortodoxia (la adoración-confesión correcta), ortopatia (los afectos correctos) y ortopraxis (la acción correcta) se relacionan de una manera análoga con las interrelaciones del Santísima Trinidad. El Dios que es Espíritu crea en la humanidad una espiritualidad que a la vez es cognoscitiva, afectiva y de comportamiento, conduciendo así hacia una epistemología, una metafísica y una ética unificadas. Hablar sobre este asunto, así como desear la realización completa de esta realidad, es el privilegio y el dolor de la teología cristiana. Hay un sentido de desear la realización escatológica Trinitaria del reino del Dios que Jürgen Moltmann ha descrito de una forma tan elocuente en su libro *La Trinidad y el Reino*. Los compañeros de diálogo en el desarrollo del sentido de esta realización han sido Karl Barth, Juan Wesley y Jürgen Moltmann, con sus contribuciones distintivas para comprender los alcances de la ortodoxia, la ortopraxis y la ortopatia, respectivamente.

Ya se ha explicado anteriormente la forma como Karl Barth comprende la relación que existe entre la oración y la vocación teológica. A la vez que insiste en que toda acción debe proceder de, y ser juzgada por una cierta conciencia cognoscitiva de los 'hechos' de la revelación divina. Sin embargo, Barth deja ver algo de su visión integral (holística) de 'conocimiento' y 'ortodoxia' en la siguiente cita:

No podemos ser lo suficientemente reiterativos sobre el hecho de que en el lenguaje de la Biblia *conocer* (*yada, gignoskein*) no signifique la adquisición de una información neutral, que se puede expresar en declaraciones, principios y sistemas, referente a algo que enfrenta al hombre, ni significa entrar en una contemplación pasiva de un ser que exista más allá del mundo de los fenómenos. Lo que realmente significa es el proceso histórico en el que el hombre, ciertamente observando y pensando, con sus sentidos, inteligencia e imaginación, pero también con su voluntad, acción y 'corazón', y por lo tanto como hombre entero, llega a conocer otra historia en la que en primera instancia

---

[71] Jürgen Moltmann, *The Trinity and the Kingdom* (New York: Harper & Row, 1981).

se encuentra como un extranjero sin historia, y llega a conocer de una manera que lo obliga a no ser neutral con respecto a ella …[72]

Esta declaración fue usada por Jürgen Moltmann que, aunque difiere a veces de Barth, sin embargo, sigue siendo su discípulo en muchas formas. En su libro *La Trinidad y el Reino*, Moltmann desarrolla la doctrina de la historia Trinitaria de Dios en la dirección de una realización escatológica trinitaria del reino. Moltmann ve la historia en Dios y a Dios en la historia sin disolver a Dios dentro de la historia o sin dejar a la historia una libertad y responsabilidad significativas. Su meta es permitir a la iglesia unirse a Dios en una ortopraxis (la acción correcta) que intente ser una anticipación, una representación y/o una resistencia a la luz del reino que está viniendo y está ahora.[73] La verdad existe tanto para ser hecha como para ser creída, y ésta requiere un apasionado compromiso con la comunidad mesiánica del Señor crucificado y resucitado que, por el Espíritu, da una esperanza viviente que sostiene y moviliza.

Si Barth acentuó la fe evangélica, y Moltmann la esperanza radical, Juan Wesley podría ser descrito como el teólogo del amor del Dios. Él y Jonathan Edwards representan una corriente profunda del pensamiento evangélico que ha sido integrado completamente en las organizaciones evangélicas establecidas de Norteamérica. Su preocupación, a lo que el teólogo metodista contemporáneo Theodore Runyon ha llamado *ortopatia*, surgió de sus años de lucha, del estudio y de las prácticas personales en y entre las sociedades, las bandas y las clases metodistas que estaban en la vanguardia del avivamiento, de la renovación y de la reforma en el siglo XVIII en Inglaterra. Runyon considera a esta ortopatia como lo que proporciona 'un necesario, pero actualmente desaparecido, complemento a la ortodoxia y a la ortopraxis'. Para él, ortopatia es 'la experiencia religiosa como un acontecimiento de conocimiento entre la Fuente Divina y el participante humano', la misma que implica cuatro factores correlacionados:

---

[72] K. Barth, *Church Dogmatics* (Edinburgh: T. & T. Clark, 1961), IV.3.1, pp. 183-84, citado y discutido en Nichols, 'The Search', p. 67.

[73] Moltmann, *Trinity and the Kingdom*, pp. 124-28, 209-22, y *The Church in the Power of the Spirit* (New York: Harper and Row, 1977), pp. 189-96.

1. La fuente divina de la experiencia que deja huellas en los sentidos espirituales de los seres humanos.

2. El *telos* de la experiencia: la intención de la fuente, el propósito y la meta para el humano.

3. La transformación provocada a través de la experiencia.

4. Las sensaciones que acompañan a la experiencia.[74]

Su descripción de estos componentes esenciales de la experiencia reconoce:

> ... la contribución importante de gran alcance y absolutamente necesaria que la experiencia proporciona a la identidad, a la movilización y a la misión de la iglesia; y al mismo tiempo, los controles y los equilibrios necesarios si la experiencia ha de ser dirigida hacia los canales más productivos ... La experiencia necesita la palabra de la ortodoxia si ha de comunicarse correctamente y, las acciones de la ortopraxis, si ha de ser el instrumento para la santificación del mundo. Pero las palabras y los hechos necesitan ser llenados con el poder y el impacto del Espíritu motivante, mediado, recibido y comunicado primariamente a través de la experiencia ... [Son] las sensaciones las que enfocan nuestras energías nos alistan, nos motivan y nos apasionan. ¿Quién luchará contra la injusticia, los prejuicios y la corrupción, si no lo hace apasionado por la justicia y contra los atentados de la injusticia? ¿Quién se sacrificará por otros y se comprometerá en actos de misericordia si no siente compasión? ¿Quién pasará largas horas sobre un microscopio o investigando en libros sin conocer los sentimientos de alegría y satisfacción que vienen con el hecho de descubrir una nueva verdad o encontrar una nueva confirmación de una vieja verdad? ¿Quién trabajará arduamente con un gran costo emocional, poniendo el matrimonio a un lado, si no siente la importancia de esas relaciones para todos aquellos que son tocados por ellos?[75]

---

[74] T.H. Runyon, *The Importance of Experience of Faith* (Ministers Week Address, Emory University, 1988), p. 4. El discurso ha sido revisado y aparece en R. Maddox (ed.), *Aldersgate Reconsidered* (Nashville: Abingdon Press, 1990), pp. 93-108.

[75] Runyon, 'Experience', p. 16.

En esta investigación, construyendo y avanzando sobre la perspectiva de Runyon, se utiliza el término ortopatia, para referirse a los afectos que motivan el corazón y caracterizan al creyente. Además, Saliers, Clapper y Knight,[76] muestran los afectos cristianos, que son compatibles con el corazón de la espiritualidad de Edwards y Wesley. Estos son el corazón de la espiritualidad pentecostal.

El centro de integración personal de la ortodoxia y de la ortopraxis es la ortopatia. Esos afectos distintivos son creencia formada, praxis orientada y características de una persona. Los afectos no son ni estados episódicos, momentos de sensaciones ni sentimientos individualistas. Existen, por supuesto, sensaciones o emociones acompañantes, las mismas que vienen, van y se mezclan en el afecto, en un cierto momento. Pero a diferencia de los *sentimientos*, estos efectos son formados y determinados distintivamente por la historia bíblica, y evidencian las marcas de una ubicación comunitaria e histórica particulares.

En el capítulo 3 analizaré tres afectos cristianos en su configuración distintiva pentecostal. Esto, sin embargo, no es una mera tentativa de crear un balance entre la razón y la emoción. Balance es un término usado a menudo en la cultura general y en las principales iglesias evangélicas para referirse a cierta clase de salud mental o a un indicativo de normalidad. Balance indica el hecho de darle un peso igual a ambas, a la razón y a las sensaciones. Los que hablan de esa manera ven a menudo a la religión de las clases más bajas, de los desheredados, de los afroamericanos y de los pentecostales, como simplemente emocionales y llenas de manifestaciones psicomotoras. Aunque reconocen el valor de la sensación como motivación y entusiasmo, no pueden ver el papel crucial y fundamental de los afectos en la salvación y, consecuentemente, en la tarea teológica en general. En tal sentido, se escoge deliberadamente la palabra 'integración', en lugar de la palabra balance.

Integración en ciertas crisis de opresión, de dominación y de quebrantamiento, puede ser parecida a la fusión de la bomba de

---

[76] Ver D.E. Saliers, *The Soul in Paraphrase* (New York: Seabury Press, 1980), *Worship and Spirituality* (Philadelphia: Westminster Press, 1984); H.H. Knight, III, *The presence of God in the Christian Life* (Metuchen, NJ: Scarecrow Press, 1992); G.S. Clapper, *John Wesley on Religious Affections: His Views on Experience and Emotion and their Role in the Christian Life and Theology* (Metuchen, NJ: Scarecrow Press, 1989).

hidrógeno. La sociedad occidental, especialmente las clases blancas medias y altas, valoran el control y el quietismo en materia de religión (no ocurre lo mismo con el deporte, las campañas políticas, las discotecas, los conciertos de rock, etc.). En contraste, cuando los oprimidos por las fuerzas demoníacas o los violados y profanados alcanzan la visión del reino que los libera, santifica y empodera en una nueva existencia, casi en forma inevitable, se da una respuesta muy intensa. La alegría y la exuberancia, la profundidad del dolor y de la espera, el testimonio valeroso de millones de esas personas, no pueden describirse simplemente como histeria, psicosis masiva o escapismo barato.

Es crucial que los pentecostales consideren cuidadosamente sus creencias, afectos y prácticas antes que de una manera acrítica se acomoden a la cultura. Antes que sean asimilados en las denominaciones históricas, o sean cooptados por ideologías sociopolíticas. En las palabras del pastor Pentecostal chileno Juan Sepúlveda:

> No proponemos rechazar la reflexión teológica en el contexto pentecostal (de hecho, aquí estamos reflexionando teológicamente), solamente estamos procurando reparar el camino para una forma de reflexión teológica que asuma la riqueza y la especificidad de la experiencia pentecostal. El énfasis en las doctrinas es lo que ha creado la idea de que el pentecostalismo propone una salvación de otro mundo, cuando en realidad lo que el testimonio de la experiencia pentecostal demuestra es, sobre todo, la oportunidad de una salvación aquí y ahora.[77]

O como el pastor Pentecostal peruano Bernardo Campos afirma:

> Los pentecostales siempre hemos hecho teología ... y la entendemos como la experiencia viviente y la reflexión (método), de la iglesia como comunidad de fe (tema), en un espacio social y en un tiempo dados (contexto), referente a la acción del Dios en el mundo en Jesús y por su Espíritu Santo (objeto, contenido), con dos propósitos fundamentales de experimentar y de dar cuenta de:
>
> 1. la evangelización y la reconciliación del mundo con Dios, en la dinámica de la creación y crecimiento de la nueva persona.

---

[77] Sepúlveda, 'Reflections', p. 1.

2. la creación de una nueva sociedad (tierra nueva) en la dinámica del avance del reino de Dios en la historia ...

La iglesia cristiana ha experimentado dos tradiciones teológicas dignas de consideración: Una tradición sistematizante (Tomás de Aquino, Calvino, Barth) y una tradición experimentada, no-sistemática (Müntzer, Kierkegaard, Unamuno, etc.). Uno tiene que preguntarse, '¿Cuáles son las ventajas y los riesgos de la sistematización y, ¿cuáles son las ventajas y los riesgos de una teología de la experiencia, sin divorciar ambas?'[78]

Campos describe, la experiencia pentecostal primero, como 'un modo de ser, de hacer y de vivir de toda la comunidad'.[79] Son las formas de comprensión las que se mueven, desde la experiencia al testimonio, a la doctrina y a la teología, y regresan nuevamente en un ir y venir dinámico que es más implícito que explícito, más oral que escrito, más afectivamente racional que principalmente racional, más narrativo que estrictamente proposicional. La integración afectiva que abarcan los afectos pentecostales es la experiencia central de una teología distintiva que en menos de un siglo ha impactado cada continente y cada denominación cristiana.

Quizás esta es la falla de muchos acercamientos reformados (especialmente luteranos), para apreciar la salvación como la integración afectiva ('la fe que obra en amor'), lo que les dificulta entender teológicamente a los pentecostales, los wesleyanos, los afroamericanos y a aquellas iglesias multitudinarias del Sur Global. Hay, por supuesto, excepciones notables a esto.[80] Sin embargo, tomándolas en conjunto, las principales críticas contemporáneas han venido de fundamentalistas dispensacionalistas como John MacArthur,[81] y las críticas más informadas y variadas pertenecen a críticos tales como

---

[78] B.L. Campos, 'From Experience to Pentecostal Theology' (trad. J. Beaty and S.J. Land, documento presentado en el Encuentro Pentecostal Latinoamericano, Buenos Aires, Argentina, 1989), pp. 1, 4, 5.

[79] Campos, 'From Experience', p. 1.

[80] Synan examina el movimiento carismático en las iglesias 'principales' (mainline) en *The Twentieth Century Pentecostal Explosion* (Altumante Springs, FL: Strang, 1989), esp. Pp. 109-20. Véase también la excelente teología carismática luterana de Christenson (ed.), *Welcome Holy Spirit* (Minneapolis: Augsburg, 1988).

[81] J. MacArthur, Jr, *The Charismatics: A Doctrinal Perspective* (Grand Rapids: Zondervan, 1978) y *Speaking in Tongues* (Chicago: Moody Press, 1988).

James Dunn y Dale Frederick Bruner.[82] Aunque el propósito de esta investigación no consiste en ofrecer una refutación directa, si bien se agrega y construye sobre aquello ya ofrecido por los pentecostales, se espera que este acercamiento clarifique algunas de las razones del malentendido y ayude a sobrepasar a otros.

La espiritualidad como teología primaria forma el punto de vista teórico para un análisis del pentecostalismo que hará reconocible a los pentecostales y producirá una base para la revisión y el diálogo. Pero, antes que continuemos con el análisis, son necesarias dos observaciones de valor sustancial para el desarrollo de la tesis. Una se relaciona con la limitación y la otra con el contexto total.

Orígenes y continuidad

Como ya hemos dicho, investigación aceptará como limitación histórica, los primeros diez años del siglo XX como el corazón y no la infancia de la espiritualidad pentecostal.[83] Walter Hollenweger, uno de los académicos más reconocidos en los estudios sobre la variedad y la dinámica de este movimiento, considera a 'la espiritualidad pentecostal temprana como la norma con la cual se tiene que medir su historia subsecuente'.[84]

Las corrientes de Pietismo, Puritanismo, Wesleyanismo, del cristianismo Afroamericano y del Avivamiento de Santidad del siglo XIX, constituyen una confluencia que eventualmente se convirtió en un mar de creyentes pentecostales.[85] Consecuentemente, aunque existe un arsenal increíblemente diverso de denominaciones

---

[82] Bruner, *A Theology of the Holy Spirit*, J.D.G. Dunn, *Jesús and the Spirit* (Philadelphia: Westminster Press, 1970). Véase las respuestas pentecostales en H.M. Ervin, *Conversion-Initiation and the Baptism in the Holy Spirit* (Peabody, MA: Hendrickson, 1984); idem, *Spirit Baptism: A Biblical Investigation* (Peabody, Massachusetts: Hendrickson, 1987); y H. D. Hunter, *Spirit Baptism: A Pentecostal Alternative* (Lanham, MD: University Press of America, 1983); y R. Williams, *Renewal Theology* (3 vols.; Grand Rapids: Zondervan, 1993).

[83] W.J. Hollenweger, 'Pentecostals and the Charismatic Movement', en Jones, Wainwright y Yarnold (eds.), *El estudio de la espiritualidad*, pp. 549-53.

[84] Hollenweger, 'Pentecostals and the Charismatic Movement', p. 551.

[85] Para una perspectiva histórica más amplia, consultar S.M. Burgess, *The Spirit and the Church: Antiquity* (Peabody, MA: Hendrickson, 1984); R.A.N. Kydd, *Charismatics Gifts in the Early Church: An Exploration into the Gifts of the Spirit during the First Three Centuries of the Christian Church* (Peabody. MA: Hendrickson, 1984); S. M. Burgués, 'The doctrine of the Holy Spirit: The Ancient Fathers', *DPCM*, pp. 417-32; 'The doctrine of the Holy Spirit: The Medieval Churches', *DPCM*, pp. 432-44.

pentecostales a inicios del siglo XXI, continúa vigente una espiritualidad original o esencial, originada en el XIX, que ha dejado su marca en todas ellas y que permanece para ser revisada, si es que el movimiento ha de tener coherencia teológica y continuidad. Este foco histórico captura lo que, probablemente, son las dos espiritualidades más importantes que formaron los elementos que dieron origen al pentecostalismo: los wesleyanos del siglo XIX y los afroamericanos del siglo XX.[86]

La espiritualidad wesleyana incorporó la tradición específicamente católica de la transformación que incluyó figuras occidentales y orientales. Wesley tradujo y abrevió muchas de estas fuentes en una biblioteca cristiana que él produjo para la edificación de sus líderes laicos.[87] Él enseñó acerca de una segunda crisis de experiencia, precedida y seguida por un desarrollo, comenzando en un nuevo nacimiento y mantenida solamente con el habitar en Cristo momento-a-momento.

Después de Wesley los líderes del movimiento de santidad del siglo XIX como Finney, Moody, Hannah Whitall Smith, Asa Mahan y Phoebe Palmer—tanto de trasfondo wesleyano como reformado estaban de acuerdo que había una *santificación subsecuente* al nuevo nacimiento, un '*bautismo en el Espíritu Santo* o una '*vida superior*' que es una posesión adquirida en el Calvario para cada creyente.

Generalmente se reconoce que el avivamiento pentecostal inicial se construye sobre el fundamento wesleyano. Luego, del movimiento de santidad abraza al *evangelio quíntuple* o '*evangelio completo*' de la justificación, la santificación, el bautismo del Espíritu, la sanidad divina, y el regreso premilenial de Jesús. Todas éstas eran experiencias definidas que fluían de la redención. En otras palabras, el cristiano podría recibir por la fe la bendición completa y los beneficios de una bendición de cinco contenidos. Estos si confiando en Cristo buscaba al Señor, y *pagaba el precio* de pedir, buscar y llamar. La siguiente canción, citada en La *Fe Apostólica* en 1906, ilustra ese deseo:

---

[86] Hollenweger, 'Twenty Years' Research', p. 4.
[87] Hollenweger, 'Twenty Years' Research', p. 4.

'Bautizado con el Espíritu Santo'
(Por F.E. Hill)

Si deseas ser lleno de alegría y libertad,
Para ser fuerte en Dios y su gloria ver,
Obedece entonces su palabra y tú serás,
Bautizado con el Espíritu Santo.

CORO

'Serán bautizados', dijo Jesús,
Bautizado con el Espíritu Santo.
Esperen con voluntad firme,
Bautizado con el Espíritu Santo
Sí, seré bautizado con su poder,
Bautizado con el Espíritu Santo;
Yo veo el don que el Padre me prometió,
Bautizado con el Espíritu Santo.

Conságrate a Él ahora por completo,
Déjalo hacer a Él mientras Él te llama,
Si esperas en fe, el poder caerá,
Bautizado con el Espíritu Santo.

Es el don de Dios para el santificado,
Él nos confortará, no conducirá y será nuestro guía,
Y morará en nosotros, viniendo a habitar
Bautizado con el Espíritu Santo.

Alegre rinde tu voluntad a los pies del Salvador,
Deja tus dudas sobre Él y sé completo,
Detente allí en paz y dulce comunión,
Bautizado con el Espíritu Santo.

Puedes ahora cantar alabanzas a Dios, y en breve tiempo,
Hablarás en lenguas y profetizarás,
En el poder de Dios testificarás,
Bautizado con el Espíritu Santo.[88]

De no haber habido un movimiento wesleyano en siglo XVIII y un movimiento de santidad en el siglo XIX, no habría habido un

---

[88] *AF* 1.4 (1906), p. 2.

movimiento pentecostal en el siglo XX, ya que el pentecostalismo no se puede explicar sin esa herencia teológica. Incluso, los investigadores de las raíces 'no-wesleyanas' del pentecostalismo, reconocen su linaje Wesleyano. Como Edith L. Blumhofer, cuya disertación doctoral trató sobre los antecedentes no-wesleyanos del pentecostalismo ha señalado: 'hasta 1910, la mayoría de los pentecostales aceptaron indiscutiblemente la insistencia de que una experiencia de perfección cristiana precedía al bautismo del Espíritu'.[89] Los movimientos no-wesleyanos de Oberlin y Keswick del siglo XIX fueron *wesleyanizados* y *arminianizados*. William Menzies el historiador de las Asambleas de Dios, quien ha estudiado las raíces no-wesleyanas del movimiento ha puntualizado que el wesleyanismo a través del movimiento de santidad fue la cuna del pentecostalismo.[90]

La importancia de los orígenes del movimiento wesleyano para la comprensión y la revisión de la espiritualidad pentecostal no pueden ser exagerados. Esto ha sido discutido detalladamente, tanto por los historiadores Vinson Synan[91] y Melvin Dieter,[92] como por el historiador sistemático Donald Dayton.[93] Por su parte, Donald Wheelock en su disertación doctoral de 1983, sobre El bautismo en el Espíritu en el pensamiento pentecostal norteamericano, concluye que:

> Los pentecostales wesleyanos y no-wesleyanos están de acuerdo en que la santidad personal precede al bautismo del Espíritu. Para los primeros es la experiencia definitiva de crisis en la cual la 'raíz' del pecado se quita, mientras que para los últimos es una cuestión de consagración

---

[89] E. Blumhofer, 'Purity and Preparation', en S.M. Burgess (ed.), *Reaching Beyond: Chapters in the History of Perfectionism* (Peabody, MA; Hendrickson, 1986), p. 275.

[90] W.M. Menzies, 'The Non-Wesleyan Origins of the Pentecostal Movement', en V. Synan (ed.). *Aspects of Pentecostal-Charismatics Origins* (Plainfield, NJ: Logos, 1975), p. 97.

[91] V. Synan, *The Holiness-Pentecostal Movement in the United States* (Grand Rapids: Eerdmans, 1971).

[92] Dieter, 'The Holiness Revival' y 'The Development of Nineteenth Century Holiness Theology', *Wesleyan Theological Journal* 20.1 (Spring, 1985), pp. 61-77; y 'The Wesleyan Holiness and Pentecostal Movements: Commonalities, Confrontation and Dialogue' (documento inédito, Society for Pentecostal Studies, Asbury Theological Seminary; Wilmore, KY, 1988).

[93] Dayton, *Theological Roots of Pentecostalism*.

victoriosa que es mantenida y profundizada con la ayuda del Espíritu
Santo.[94]

Wheelock indica, además, que casi todos los pentecostales norteamericanos establecen las siguientes *condiciones* para el bautismo
del Espíritu: Obediencia a Dios visibilizada en la separación de todo
pecado conocido, un compromiso con la oración y la unidad con
otros, un culto lleno de adoración y una fe llena de expectación.

Melvin Dieter, tomando en cuenta el conflicto intenso que exis-
tió entre las iglesias de santidad y los pentecostales, observa que no
sólo se trató de un conflicto de familia entre hermanos, sino de un
conflicto entre hermanos gemelos idénticos. Dieter concluye que
hasta la denominación pentecostal más grande y más 'bautista', las
Asambleas de Dios, tiene una dinámica espiritual que es:

> … derivada casi en los mismos términos, o aún más fuertemente, tanto
> de los campamentos de perfeccionismo como de cualquier categoría
> Reformada clásica. A los odres teológicos y experienciales de la baja-
> iglesia Anglicana de Keswick y otros movimientos a través de quienes
> el mensaje de la vida superior regresó a su hogar norteamericano… les
> ha sido difícil contener el vino de la santidad. Para utilizar otra metá-
> fora, los genes dominantes de la pneumatología vigorosamente Cris-
> tocéntrica que residían en nuestro padre común, el avivamiento de
> Santidad, han dejado en toda la progenie una impresión tan unificada
> de la espiritualidad y de la experiencia que cada uno de nosotros sere-
> mos los perdedores si no lo podemos reconocer... La última carga de
> Warfield y sus amigos contra el movimiento (la Nueva Escuela de avi-
> vamiento de Finney, Mahan, *et al.*) fue que realmente eran 'Metodistas'.
> La conexión de santidad es importante para los pentecostales, porque
> lleva con ella las preocupaciones del siglo XIX por la abolición de la
> esclavitud, la prohibición, los derechos de las mujeres, y la reforma de
> la sociedad según los estándares justos de Dios. Cuando el pentecos-
> talismo y las iglesias de santidad fueron afectados por las consecuen-
> cias de la guerra civil, de la reconstrucción, del nuevo alto criticismo
> de la Biblia, del evangelio social 'liberal' y del 'aburguesamiento' del
> Metodismo, fueron forzados a elegir entre el fundamentalismo y el
> modernismo. Eligiendo al fundamentalismo, la agenda Wesleyana para
> la 'extensión de la santidad escritural a través de la tierra' fue reducida
> a las misiones de rescate, a las iglesias con bodegas, con cocinas para
> preparar sopa y otras clases de actividades persona-a-persona. Un

---

[94] Wheelock, 'Spirit Baptism', p. 210.

resultado de esta primera alianza fue la presencia de los dos movimientos en la fundación de la Asociación Nacional de Evangélicos en los años 40, a pesar del hecho de que la palabra 'evangélico' en Norteamérica excluye o redefine generalmente el paradigma pentecostal de la santidad en favor del paradigma más presbiteriano-fundamentalista. Esto introdujo a los movimientos—wesleyano y de santidad—en discusiones sobre la inerrancia y los alejó de repensar y de practicar su herencia fundamentalmente transformacionista.[95]

Todas estas preocupaciones, con característicamente wesleyanas, se pueden notar en las palabras de Frank Bartleman quien fue un testigo y un participante en el avivamiento de la Calle Azusa:

Necesitamos liberación de la distensión y de la confusión, una consagración más profunda y morir a nosotros mismos...El fuego de Dios cae sobre el sacrificio, como en el caso de Elías. Cuanto mayor es el sacrificio, la consagración, mayor es el fuego. Pero Ananías y Safira están en el actual trabajo misionero. Están asaltando a los *Pedros* muertos con su dinero e influencia. El hombre que está pagando el precio completo en la consagración tiene poca voz en las reuniones... Predique no para favorecer a un 'partido' sino para levantar el estándar... Dios reunió a muchos santos en 'Azusa', quienes en el principio fueron sometidos y purificados con meses de oración y años de experiencia con Dios. Vivimos en una edad agradablemente ligera... Se rechaza los fuegos de la purificación y la santidad del corazón y tenemos una atmósfera de confusión. Entonces, hay demasiado trabajo 'profesional', de buscadores de objetos en las vías del tren, como en los consultorios de falsos médicos. Esto produce un Pentecostés 'falso', con 'lenguas falsas'. Los 'cantos en el Espíritu' también son imitados. Los hombres pueden aprender a hacer cosas sin el Espíritu y sugieren a otros que los imiten. Incluso hemos oído el llamado de los líderes para hacer demostraciones para conseguir de la gente lo que ellos querían. ¿Qué diría Pedro a esas demostraciones?... Anunciamos 'milagros', a predicadores maravillosos, etc., y tenemos muchedumbres siguiendo carteles de 'señales' para la próxima gran reunión. ¿Pero están 'siguiendo señales'? Los hombres aman lo espectacular. Lo que no entendemos es lo que consideramos 'maravilloso'.[96]

---

[95] Dieter, 'The Wesleyan-Holiness and Pentecostal Movements', pp. 2-4.
[96] F. Bartleman, *Azusa Street* (South Plainfield, NJ: Bridge Publishing, 1980), pp. 164, 166.

Dieter y Bartleman, cada uno a su propia manera, demuestran por qué es vital considerar las raíces wesleyanas. Pero está también la otra corriente, la espiritualidad negra, porque esta espiritualidad fue la mediadora inmediata de la Calle Azusa en la persona de William Seymour. En los Estados Unidos, una de las denominaciones pentecostales más grandes es la Iglesia de Dios en Cristo, que en gran parte es afroamericana. Esta fue fundada por C. H. Mason, cuyo nombre se le dio al primer seminario pentecostal establecido en el mundo y que está ubicado en Atlanta, Georgia, Estados Unidos. Esta espiritualidad negra fue registrada por escritores de himnos y evangelistas. Hollenweger sostiene que la razón del crecimiento del pentecostalismo descansa en sus raíces afroamericanas. Hollenweger enumera las características de la espiritualidad negra de esta manera:

—Oralidad de la liturgia;

—Narratividad en la teología y en el testimonio;

—Máxima participación en todos los niveles de reflexión, oración y toma de decisiones. Y, por lo tanto, se trata de una forma de comunidad reconciliadora;

—Inclusiones de sueños y visiones en la adoración personal y pública. Estos funcionan como una muestra de iconos para el individuo y para la comunidad;

—Una comprensión de la relación entre el cuerpo y la mente la cual es informada por las experiencias de mutua correspondencia entre el cuerpo y la mente. La forma más llamativa de esta percepción es el ministerio de sanidad por medio de la oración.[97]

Fue entonces la confluencia de las espiritualidades afroamericanas y wesleyanas la que dio lugar a este movimiento de participación en el Espíritu, conocido como pentecostalismo. Un aspecto bastante significativo de la herencia wesleyana y del movimiento de

---

[97] Hollenweger, 'Twenty Years' Research'. Ver también L. Loveit, 'Black Origins of Pentecostalism', en *Aspects of Pentecostal-Charismatic Origins* (Plainfield, NJ: Logos, 1975), pp. 145-58. Ver también W.J. Hollenweger, 'The Black Pentecostal Concept: Interpretations and Variations', *Concept* 30 (1970); y S.S. Dupree (ed.), *Biographical Dictionary of African-American, Holiness-Pentecostals 1880-1990* (Washington, DC: Middle Atlantic Regional Press, 1989).

santidad fue el ministerio de mujeres.[98] Ya en el siglo XIX, tanto en
el lenguaje de la santificación como en el bautismo del Espíritu, se
había demostrado una actitud de inclusividad al permitir que las
mujeres actuaran como profetas. Los hijos y las hijas debían profetizar. Las mujeres testificaban, predicaban, fundaban iglesias y lo
hacían en el poder del Espíritu.[99] Un poco más adelante trataremos
más sobre este tema. Pero, nuevamente, se tiene que señalar que no
se puede exagerar la importancia de las raíces wesleyanas en el pentecostalismo.

Una igualdad escatológica parecía florecer dondequiera que la
visión y la realidad del reino de Dios fueron experimentadas con
urgencia misionera y celo espiritual. La metáfora principal para la
iglesia de los últimos días fue la figura de la *novia* preparándose para
la boda con el novio. Esta *feminización* de la iglesia mediante el Espíritu Santo era otra afrenta a la sociedad y una advertencia a la iglesia
en general respecto a que Dios estaba haciendo una cosa nueva. Si
la iglesia iba a dar testimonio a todas las naciones antes de la pronta
venida del Señor, parecía que la estrategia del Espíritu era alistar a
cada uno—varones y mujeres—en el ejército de Dios. Nuevamente,
esta era una reflexión que discernía la realidad viva del derramamiento del Espíritu sobre los hijos y las hijas. Esta reflexión condujo a los pentecostales a la convicción de que lo que se decía en
las Escrituras sobre 'el silencio' de las mujeres tenía que ser reinter-
pretado. Esa reinterpretación ya había comenzado en el movimiento de santidad, con el libro *La promesa del Padre* de Phoebe Palmer.[100] Pero recibió un nuevo impulso en la nueva *realidad pentecostal*.

Escatología y coherencia

Para los pentecostales el Espíritu Santo es el agente del reino del
Dios. Cristo es el Rey o Regente. Y el Espíritu Santo es la presencia
reinante activa. Es el Espíritu que hace conocido a Cristo y al Padre.
Es en el Espíritu que los creyentes son presentados al Padre a través
de Cristo. El reino del Dios está ya presente, pero todavía no se ha
consumado. A diferencia del dispensacionalismo fundamentalista

---

[98] D.W. Dayton, *Discovering an Evangelical Heritage* (Peabody, MA: Hendrickson, 1976).

[99] R.M. Miss, 'Role of Women', *DPCM*, pp. 893-99.

[100] P. Palmer, The *Promise of the Father* (Boston, MA: H.V. Degen, 1859).

que traza una línea bien definida entre la edad del reino y la edad de la Iglesia, los pentecostales testifican sobre la irrupción del reino de Dios y se gozan en ese hecho. Lo que explica por qué, para ellos, los llamados dones y señales de la edad apostólica no han cesado. Acá es importante afirmar que Agustín y, posteriormente los dispensacionalistas, estaban equivocados. Los pentecostales están de acuerdo con Wesley, cuando afirmó que, si los dones habían sido quitados o no fueron evidenciados, fue debido no a una dispensación divina que los enmarcaba, sino a la caída de la iglesia bajo Constantino y a que el amor de muchos *se había enfriado*. Los pentecostales tampoco tienen ningún problema con la aseveración de Barth, respecto a que Dios concedería de nuevo sus señales y maravillas, dondequiera que el Espíritu es *clamado y deseado*.[101] Así que cuando los pentecostales hablaron de restauración, no se referían primariamente a una restauración de tal o cual característica externa de la iglesia primitiva, sino a la restauración del poder para servir y la expectativa apostólica del cumplimiento de la misión de la iglesia.

De hecho, la presencia trascendente de Dios entre la gente en un fluir considerado como *la restauración de Pentecostés'*, es lo que le da coherencia al testimonio, a las prácticas y a los afectos pentecostales. La restauración de las lluvias tardías del poder Pentecostal era para la evangelización de los últimos días. Su misión fue llamar a la iglesia al arrepentimiento, consagración, a vestirse de las vestiduras blancas, y llenar de aceite su lámpara, antes de la aparición del Novio. El evangelio eterno, el evangelio del reino, tenía que ser anunciado por los testigos que habían sido probados por los poderes de la edad venidera y cuyos ojos habían visto las evidencias de ese poder obrando entre ellos.

Era urgente que hombres y mujeres fueran llamados de la oscuridad a la luz, porque ya amanecía la Era del Reino. Espiritualmente, los creyentes estaban enteramente santificados. Con Wesley podrían concordar que la fe en Jesucristo los *calificaba* para el cielo y que la entera santificación les daba el *cupo* para el cielo.[102] Si los creyentes guardaban iniquidad en sus corazones, no estarían listos para el Rapto y, pasarían por la Gran Tribulación. Además, esas resistencias

---

[101] Barth, *Evangelical Theology*, p. 58.
[102] J. Wesley, 'On the Wedding Garment', en A.C. Outler (ed.), *The Works of John Wesley: Sermons IV* (Nashville: Abingdon Press, 1987), pp. 139-48.

y estancamientos en sus vidas obstaculizarían su receptividad al Espíritu Santo y serían pobres testigos del Señor. Por otro lado, la *ley del amor* requería que los creyentes lavaran sus ropas y las blanquearan en la sangre del Cordero. La negación obstinada a hacerlo podría llevar a que sus nombres fueran borrados del *libro de la vida del Cordero.*

El bautismo en el Espíritu Santo era derramado sobre vidas santificadas. El mismo Espíritu que resucitaría a los muertos y raptaría a la Novia llenaría a cada buscador hambriento y obediente. Esta llenura parecía ser otro paso hacia la confirmación de la esperanza de la resurrección. Debido a ello, más poder era concedido y la persona era *sellada* y dejada *lista para el rapto.*

Las sanidades era una anticipación de la sanidad final de todas las cosas. Lo material se relacionaba con lo espiritual y viceversa. La sanidad anticipó la restauración milenial de todas las cosas—el cielo viene a la tierra y no hay más enfermedad ni dolor. Este deseo por la sanidad universal se expresa en las palabras de la canción popular cristiana 'El regreso de nuestro Señor a la Tierra' (basada en Hch. 2.9-11):

1. Estoy esperando por la llegada de ese día de alegría milenial,
Cuando nuestro bendito Señor vendrá y tomará a su Novia que lo espera.
¡Oh! mi corazón se llena de éxtasis cuando trabajo, espero y oro,
Por nuestro Señor que está volviendo a la tierra otra vez.

2. Jesús que vuelve será la respuesta al triste grito de la tierra,
El conocimiento del Señor llenará la tierra, cielo y mar;
Dios quitará toda enfermedad y las lágrimas de las víctimas se secarán, Cuando nuestro Salvador vuelva a la tierra otra vez.

3. Sí, los liberados del Señor vendrán a Sión con alegría,
Y en toda su montaña santa nada lastimará o destruirá;
La paz perfecta reinará en cada corazón, y amor sin aleación
Después que Jesús vuelva a la tierra otra vez

4. Entonces el pecado y el dolor, el dolor y la muerte de este oscuro mundo cesarán,
En un reinado de mil años de paz, glorioso con Jesús;

Toda la tierra está gimiendo, gritando por ese día de dulce liberación,
Para que nuestro Jesús vuelva a la tierra otra vez.

CORO

¡Oh! nuestro Señor está volviendo a la tierra otra vez,
Sí, nuestro Señor está volviendo a la tierra otra vez;
Satán será atado mil años, no tendremos tentador entonces,
Después que Jesús vuelva a la tierra otra vez.[103]

La Novia estaba siendo preparada. Ya los corazones habían sido
llenados de *éxtasis* mientras trabajaban, esperaban y oraban. Los
santos *gemían* con el Espíritu y con toda la tierra por el '*día de la dulce
liberación*'. Muchas enfermedades eran curadas, los pecados perdonados, secadas las lágrimas de los dolientes. La paz nacía en corazones rendidos, llenos de amor, *sin corrupción*. La fe, la visión del
mundo, la experiencia y las prácticas pentecostales eran profundamente escatológicas. Los creyentes vivían dentro de la tensión del
ya, pero todavía no de la consumación del reino. Si el Espíritu Santo
era el corazón o el centro de esa tensión. Él también era el puente
o el enlace entre las edades.

Así como lo experimentó Juan Wesley, muchos pentecostales
también viajaron en el Espíritu adelante o atrás en el tiempo. Atrás
fueron al Sinaí, al Calvario, a Pentecostés. Adelante al Armagedón,
al Juicio del Gran Trono Blanco, a la Fiesta de Bodas del Cordero.
El tiempo y el espacio fueron fusionados y trascendidos en el Espíritu, y se vivió en el corazón con el testimonio, la expectación y
adoración, que proclamaba a Jesús como Salvador, Santificador, Sanador, Bautizador con el Espíritu y Rey que viene. Fue así como
Dios el Padre recibió a todos los hijos pródigos a través de Jesús. Y
luego los envió en el nombre de Jesús y en el poder del Espíritu
prometido a predicar el evangelio a todas las naciones ... *y entonces
será el fin*.

Al tener en cuenta ese contexto escatológico entendemos mejor
la espiritualidad pentecostal y la hacemos más comprensible y útil
para el análisis y la comprobación.

---

[103] J.M. Kirk, en *Church Hymnal* (Cleveland, TN: Tennessee Music and Printing
Co., 1951), p. 327.

Una Visión Panorámica

La tesis de esta investigación será desarrollada en dos capítulos interrelacionados. Primero, tomaremos en cuenta las preocupaciones teóricas, históricas y personales del Capítulo 1, que estudia la mezcla distintiva de creencias, narrativas y prácticas de adoración y testimonio. En el Capítulo 2, analizamos el *ethos* de la espiritualidad pentecostal. En ese capítulo se discute que la tensión entre *ya, pero todavía no*, de la visión escatológica pentecostal, es decisivamente importante para entender la forma y el poder de esa espiritualidad.

El corazón de la espiritualidad pentecostal está localizado en los afectos. Así que en el Capítulo 3 intentamos demostrar cómo es que los tres afectos esenciales—el agradecimiento (gratitud) como expresión de alabanza y acción de gracias, la compasión como amor y deseo y, la valentía como fuente de confianza y esperanza—son los ingredientes de la comprensión y experiencia pentecostal de la salvación, adoración, testimonio y, lo más importante, la oración. Estos afectos operan bajo una cierta regla *gramatical* y existen en un modo que es recíproco y condicionante con las creencias y las prácticas de la fe. A estos se les puede llamar, legítimamente, *afectos apocalípticos* debido a que son constituidos por una esperanza escatológica y una visión distintiva pentecostal.

Después de analizar las creencias, las prácticas y los afectos centrales del pentecostalismo, el Capítulo 4 ofrece una revisión de dicha espiritualidad, la cual está en continuidad con la espiritualidad original del movimiento. En este capítulo se observa ciertas tensiones internas y algunas críticas externas, que son brevemente respondidas, en la discusión de los capítulos precedentes. Estas tensiones y críticas también sirven como parte de la motivación para la revisión de la espiritualidad pentecostal. Esta construcción busca establecer una visión de la vida, historia, iglesia y misión cristiana en una espiritualidad explícitamente Trinitaria que es históricamente consistente. Esta está en armonía con las raíces del movimiento, es internamente sanadora y evita algunas divisiones en el cuerpo. Es ecuménicamente receptiva y profundamente misionera a la vez.

Así, la estructura de esta investigación se mueve, desde una formulación distintiva de la espiritualidad y de la tarea teológica, hacia un análisis de las creencias y de las prácticas constitutivas. En el

Capítulo 2, revisamos la integración de las creencias y las prácticas en los afectos. En el Capítulo 3, hacemos una revisión de base de la espiritualidad y, en el Capítulo 4, utilizamos una hermenéutica Trinitaria para explicar la espiritualidad pentecostal.

2

LA ESPIRITUALIDAD PENTECOSTAL COMO VISIÓN APOCALÍPTICA: UN ANÁLISIS NARRATIVO Y PRÁCTICO

Los primeros pentecostales entendieron el derramamiento del Espíritu del primer siglo en el marco de Pentecostés. De igual manera, el inicio del movimiento pentecostal del siglo XX se entendió como el cumplimiento de las promesas divinas, particularmente la profecía de Joel, con respecto a los últimos días.[1] En ambos casos esos eventos contenían, al mismo tiempo, la evidencia del *cumplimiento* de la promesa, pero esa promesa todavía tenía un cumplimiento futuro. En las dos ocasiones, la interpretación del evento contenía la proclamación del evangelio que era a la vez sobre Jesús y sobre el fin.

La razón de la existencia del pentecostalismo era cumplir con el mandato misionero universal para los últimos días. Eso iba ser realizado por aquellos que, como Cristo, testificaban en el poder del Espíritu Santo. El reino de Dios ya estaba obrando entre el pueblo de Dios y la evidencia fue la misma tanto en el siglo XX como en el siglo I. Las maravillas y los dones del Espíritu Santo en el ministerio de Jesús estaban siendo repetidas (Mateo 11.4-6; Lc. 11.20). Pero éstas no fueron las únicas señales observadas por los primeros pentecostales. Los siguientes testimonios y las canciones de los

---

[1] Véase, R. Stronstad, *The Charismatic Theology of St Luke* (Peabody, MA: Hendrickson, 1984).

primeros pentecostales indican tanto los *signos de los tiempos* como la respuesta apropiada a estos:

> No hay duda de que la venida del Señor está acerca. Muchas señales se están viendo en perfecto acuerdo con la profecía de las Escrituras, pero dos señales son de hecho las que prevalecen ahora, y pueden ser notadas por cualquier observador. El amor de muchos se está enfriando porque la iniquidad abunda (Mt 25.12).

> Por sus acciones, sino por sus mismas palabras, muchos están diciendo, 'Mi Señor está demorando su venida' (Lucas 12.45). En sus testimonios expresaban con una certeza celestial y una sonrisa feliz, que creían que Jesús estaba viniendo pronto, y eran felices porque se sentían listos para encontrarse con Él. Hoy muchas de estas mismas voces están en silencio. Despierten, amados, su Señor vendrá mientras ustedes están durmiendo, si no se sacuden y esperan. Él vendrá en el momento que Uds. menos piensan. ¡Vamos! ¡Estén listos! Ustedes pueden estar listos si quieren. Sacudan el don que hay en ustedes, mediante la oración y el ayuno si es necesario, y testifiquen y adoren, hasta que estén satisfechos y llenos nuevamente de Su amor.

> No importa lo que pueda hacer el resto, no importa lo que puedan decir. Mantén el fuego ardiendo en tu alma, ¡enciéndelo! Sé verdadero con Dios, y Él te recompensará en el día del juicio, Mantén el fuego ardiendo en tu alma, ¡Enciéndelo!

> Y cuando tu corazón empiece a enfriarse, necesitarás encenderlo. Mantén el fuego ardiendo en tu alma, ¡Enciéndelo! Sólo permanece en el aposento alto hasta que tu corazón sea sacudido. Mantén el fuego ardiendo en tu alma, ¡Enciéndelo![2]

El fervor urgente de la visión apocalíptica que los pentecostales proclamaban es evidenciado por una adoración y un testimonio que descansa crucialmente en el testimonio del Espíritu y está constantemente relacionado con la presencia y la parusía de Jesucristo. Aunque a menudo se describe al pentecostalismo como una mera emotividad o como una experiencia trasplantada en distintos jardines cristianos, en este capítulo demostraremos la lógica distintiva de las creencias y las prácticas pentecostales, y como ambas expresan la realidad apocalíptica que todavía cubre y conforma la vida que es compartida por la comunidad. Después de considerar la visión

---

[2] *The Evening Light and Church of God Evangel* 1.1 (March 1, 1910), p. 8.

apocalíptica original y la experiencia pentecostal de tres etapas, esta espiritualidad se examinará más analíticamente en cuatro categorías formales, utilizando testimonios, cantos, artículos, panfletos y libros, entretejidos en esta rápida descripción de la narrativa y de la praxis pentecostal.

La Presencia Pentecostal: La Irrupción del Espíritu en los Últimos Días

Dios, que es Espíritu, en el Compañerismo Trinitario, está presente en los creyentes y entre los creyentes, en virtud de la actividad del Espíritu Santo. La persona *natural* no puede conocer, mucho menos amar o seguir a Dios (1 Corintios 2.14-16). Sólo una persona espiritualmente sensible, puede caminar en la luz, en amor y, en el poder del Espíritu, como testigo de Cristo. Además, es el Espíritu quien lleva al Hijo y al Padre a habitar en el creyente (Juan 14.6). La iglesia es hecha la morada de Dios a través del Espíritu (Efesios 2.22). Por el Espíritu los creyentes saborean los poderes de la era venidera (Hebreos 6.1-6) y, reciben el anticipo o la promesa de la redención prometida (2 Corintios 1.23; Ef. 1.14). El Espíritu es el poder efectivo reinante y el agente soberano del reino en el que el Rey es Jesús (Juan 3.8). El Espíritu es el *dedo de Dios* que, hecha fuera demonios, limpia leprosos y empodera a la proclamación del evangelio (Lucas 11.20; Mt. 11.4-6). Según los primeros pentecostales, fue esta obra visible y concreta del Espíritu Santo en el culto y en el testimonio, la que fue recibida en estos últimos días.

La fe apostólica: La recuperación de la visión escatológica

Los pentecostales se refirieron a sí mismos como a un movimiento de fe apostólica debido a su deseo de recuperar, para la era presente, la fe y el poder de la iglesia apostólica. Paradójicamente, fue esta preocupación orientada a la experiencia de la iglesia primitiva, la responsable de su pasión por la venida de Cristo. Para ellos, la restauración de la fe primitiva era el preludio de la restauración de todas las cosas.

Los pentecostales tuvieron tres clases de preocupación por la fe apostólica primitiva, dos de las cuales, hunden sus raíces en el siglo XIX. (1) Su primitivismo eclesial los hizo sospechar de los credos y de las instituciones *hechas-por-los-hombres*. (2) Su primitivismo ético los condujo a una ardiente pasión por la santidad. El pueblo de Dios, la Esposa de Cristo, tiene que lavar sus ropas y blanquearlas en la sangre del Cordero. Sin embargo, (3) fue su primitivismo experiencial el que catalizó y dirigió a los otros dos, hacia el inminente retorno del Señor. Los creyentes de este tiempo razonaron ellos, pueden y deben evidenciar el mismo deseo y el mismo poder que los primeros cristianos, si están en continuidad escatológica con el inicio y el fin de la iglesia de Pentecostés. Entonces, recuperar la fe apostólica, significó vivir en la expectativa de la venida de Cristo en el tiempo de las Lluvias Tardías.

Así, el fluir del Espíritu en Pentecostés, constituyó a la iglesia como una comunidad escatológica con una misión universal en el poder y demostración del Espíritu.[3] Las lenguas en Pentecostés y el subsecuente sermón de Pedro, significan que la iglesia en general y cada individuo llenado por el Espíritu, están para ser testigos y dar testimonio de los actos poderosos de Dios para la salvación de la humanidad. Este testimonio se centra en Jesucristo y tiene que ser dado en el poder del Espíritu, si ha de tener continuidad con su ministerio y cumplir la promesa del Padre a través de Cristo. El evangelio completo de Jesús como Salvador, Santificador, Sanador, Bautizador en el Espíritu Santo y Rey que viene, tiene que ser proclamado en la llenura del Espíritu para que el reino de Dios sea manifestado en el mundo, con palabras y hechos.

Cuando aquellos hombres y mujeres llegaban a los servicios pentecostales y experimentaban ese poder escatológico, esa restauración de la era apostólica, miraban a las Escrituras, a ellos mismos y al mundo, de una manera diferente: La resurrección de Jesús fue vista como su propia resurrección, el primer Pentecostés como su propio Pentecostés, la crucifixión de Jesús como su propia crucifixión. Todos estos eventos fueron vistos a la distancia, fusionados e iluminados por la expectación que traía el mensaje de todo el movimiento pentecostal: *¡Jesús está regresando!* Pero ¿cómo supieron que este fluir del Espíritu eran *Las Lluvias Tardías* y la señal del arribo inminente del Rey? Lo supieron porque ellos, como los que estaban con Pedro en la casa de Cornelio, hablaban en otras lenguas (Hechos

---

[3] H.R. Boer, *Pentecost and Missions* (Grand Rapids: Eerdmans, 1961).

10.46-47). Señales y maravillas, incluso apariciones de lenguas, habían ocurrido a través de la historia, pero nunca como parte de una restauración a gran escala de la fe y del poder apostólico.

Los visitantes se centraron rápidamente en las lenguas como lo indicativo de todo un movimiento de protesta irracional, avivamentista e histérica de los desheredados y de los iletrados. Si esta no fue una evidencia de demonización, como sostienen muchos fundamentalistas hasta la actualidad, entonces fue, en el mejor de los casos, una prueba de locura. Las reacciones de quienes entraron en contacto directo con el movimiento pentecostal fueron de un extremo al otro, desde referirse al pentecostalismo como el 'último vómito de Satán', hasta considerarlo como una sandez retrógrada.[4] Pero esta llave escatológica, esta experiencia revelatoria apocalíptica, fue vista por los pentecostales como la fuerza conductora y la visión galvanizante de todo el movimiento. Una visión que está comenzando también a ser apreciada actualmente fuera del movimiento pentecostal. Además de la disertación doctoral cuidadosa, masiva, contundente y persuasiva de William Faupel,[5] hay quienes como el sacerdote dominico John Orme Mills, entienden que:

> …lo que hizo importante al avivamiento pentecostal en los Estados Unidos en los comienzos de este siglo, que lo puso contra el mundo como una práctica religiosa contemporánea como si fuera algo con un nuevo protagonismo, algo que podía transformar las vidas de los hombres, no fue que la gente 'habló en lenguas'. Después de todo, si es considerado aparte de su contexto cristiano, el hablar en lenguas no es un fenómeno inusual ni particularmente interesante, ya que es algo que solamente asombra o desconcierta al mundo cristiano.

> No, lo que sostenía a esos primeros pentecostales del siglo XX era la convicción (una convicción que en su opinión les había sido confirmada irrefutablemente por el hablar-en-lenguas y por otros dones) de que el nuevo derramamiento del Espíritu Santo de Dios sobre ellos les había empoderado para compartir totalmente la vida de la iglesia de los apóstoles, la 'iglesia de Pentecostés'. Tan viva estaba su visión de la iglesia del Nuevo Testamento, que esta experiencia significó que experimentaron una experiencia fresca y de expectación que la podían identificar con la que conocieron la primera generación de cristianos.

---

[4] H. Ward, 'The Anti-Pentecostals Argument', pp. 99-111.
[5] Faupel, 'Everlasting Gospel', p. 266.

Interpretaban las manifestaciones carismáticas emergentes entre ellos—lenguas, sanidades, exorcismos, profecías—como señales que anticipaban los 'últimos tiempos'. Las Escrituras estaban siendo cumplidas: Ya estaba presente la lluvia Tardía anunciada por Joel y Santiago, aguardando la venida del Señor en gloria al final del mundo. ¿Resulta sorprendente que ellos tuvieran esa confianza, esa esperanza? ¿No veían a su alrededor las indicaciones que todas las cosas eran hechas nuevas, según lo dicho en el libro de Apocalipsis?[6]

Aunque Mills puede no asignarle mucha significación a la señal de las lenguas en los primeros pentecostales, sin embargo, está en el lado opuesto de los observadores y comentaristas que los clasifican *como un movimiento de lenguas*. Únicamente dentro de esa *gestalt* de la narrativa apocalíptica, narrativa de la que los pentecostales se consideran parte, puede ser conocido el significado de su espiritualidad. Localizar el centro teológico del pentecostalismo en el bautismo del Espíritu, como lo hace Bruner,[7] o considerar únicamente a las lenguas como una cosa que distingue a la espiritualidad pentecostal, de los movimientos de santidad o de los evangélicos, implica perder de vista el conjunto. Es el cambio escatológico hacia el premilenianismo, dentro del movimiento de santidad, lo que señala lo decisivo. Dayton y Faupel han descrito ese cambio. No obstante, resulta crucial observar que no se trata de un cambio desde Cristo al Espíritu, desde el amor al poder, o desde un cambio gradual a un cambio

---

[6] Los primeros tres capítulos del libro de Apocalipsis revelan a Jesucristo y la situación de la iglesia por Él conocida y dirigida por el Espíritu Santo. Apocalipsis es una revelación del significado de la historia en Jesucristo, por el Espíritu Santo, así como del trato progresivo y particular de Dios con la iglesia y el mundo a la luz del fin. Ver J.O. Mills, 'New Heaven? New Hearth?', en S. Tugwell, G. Every, P. Hocken y J.O. Mills, 'New Heaven? New Earth?' (Londres: Darton, Longman & Tood, 1976).

[7] Bruner fue el primero en usar el término 'pneumatobauticentrismo'. Ver su obra *A Theology of the Holy Spirit*, especialmente la p. 337, o en el índice bajo 'Cristocentrismo'. Bruner no logra ver lo que está en todas partes en el movimiento primitivo: un abrumador énfasis Cristo céntrico en Jesús como Salvador, Santificador, Sanador, Bautizador del Espíritu y Rey venidero. Los himnos, las cartas, los testimonios, los sermones, todas las formas en que 'hacían' teología, dan testimonio de Jesucristo. Ciertamente, enseñan, predican y experimentan 'el bautismo en el Espíritu Santo', pero inmediatamente se convirtieron en testigos de Cristo en palabra, poder y demostración del Espíritu. Pero eso también fue cierto para los santos del Nuevo Testamento. Véanse las pp. 94, 120 y 121 para un mayor desarrollo del 'carácter distintivo' de la espiritualidad.

instantáneo de los individuos y la sociedad.[8] Estas realidades se fusionan en lugar de apartarse o, incluso, de priorizarse. Es una infusión—debido a la efusión del Espíritu—de visión y de poder apocalípticos que cambian la manera de ver a Cristo, a la iglesia y a la vida cristiana. Lo que Käsemann ha afirmado sobre 'toda la teología cristiana' se puede decir sobre la teología pentecostal: 'la teología apocalítica fue la madre …'[9] Los pentecostales fueron adoptados por esta *madre* y llegaron a ser hijos e hijas, profetas y profetizas, del nuevo orden de *Las Lluvias Tardías* del Espíritu.

La privación social y la adaptación funcional a modelos de análisis psicosociales, utilizados por personas como Robert Mapes Anderson en su libro *Vision of the Disinherited: The Making of American Pentecostalism* (La Visión de los desheredados: La Construcción del Pentecostalismo Americano), solamente nos cuentan las partes más obvias y superficiales de la historia. Grant Wacker, cuando comenta críticamente el libro de Anderson, subestima la importancia de la discontinuidad apocalíptica para la comprensión de la continuidad pneumática de los pentecostales con la iglesia primitiva. Él afirma que:

> Después de que las computadoras se hayan apagado y los científicos sociales se hayan ido a sus casas, todavía el trabajo real de los 'nuevos' historiadores sociales esperará ser realizado: cómo entender la dialéctica entre las formas sociales y las vidas privadas que las formas sociales contienen. Esto significa, entre otras cosas, que el historiador que busca desenredar los orígenes de un movimiento religioso como el pentecostalismo carga con la tarea de demostrar cómo es que hombres y mujeres sencillos atrapados en una posición particular en el sistema social, paradójicamente invirtieron sus vidas con significado para discernir el caos en el orden, así como a la inversa. Se puede concluir que el fortalecimiento de la visión de los desheredados prosperó precisamente porque estaba tan desesperadamente fuera de ritmo con los tiempos …[10]

---

[8] Faupel, 'Everlasting Gospel', pp. 134-95.
[9] Käsemann, *New Testaments Questions of Today*, p. 102.
[10] G. Wacker, *Review of Vision of the Disinherited* by R.M. Anderson, *Pneuma* 4.2 (Otoño, 1982), pp. 53-62.

Podrían haber dicho que el movimiento floreció porque produjo una visión desbordante en la que se sostenía que la vida en la tierra podría ser un anticipo del cielo. Y una advertencia de la cólera por venir.[11]

El fluir del Espíritu en la comunidad post-Pascual creó y sostuvo la tensión y visión escatológica que caracterizaron a la iglesia primitiva y a los primeros pentecostales. Ahora todo era considerado desde el punto de vista de la parusía inminente. En la transcendente presencia de Dios las categorías de tiempo y espacio fueron fundidas y, puesto que Jesús estaba cerca, se acercaba el fin. El Espíritu que levantó a Jesús, lo hizo presente en salvación, señales y maravillas, y mostró las cosas por venir. El Espíritu es quien encendió una esperanza intensa y empoderó al testigo, es el superintendente de la misión en curso. Vivir en el Espíritu era vivir en el reino. Donde estaba presente el Espíritu, estaba presente el poder escatológico, estaba la iglesia de Pentecostés. Al finalizar su tratado sobre *The Spirit and the Bride (El Espíritu y la Esposa)*, G. F. Taylor dio el siguiente consejo a quienes deseaban ser equipados para el servicio y estar listos para la aparición del Novio:

> Aun cuando tú puedes ser ayudado grandemente siguiendo estas instrucciones, debes evitar toda formalidad. Tú no puedes vencer a Dios en ninguna forma ni en ningún asunto especial. El mejor consejo después de todo es, consigue el Espíritu, permanece en el Espíritu, y sigue al Espíritu a cualquier costo.[12]

Esto significa que la escatología (y especialmente la visión apocalíptica), no es ni una introducción ni una postdata a la teología, sino una parte constitutiva de todo el conjunto. Es 'una conceptualización que es prescrita por la proclamación del reino por Jesús y por sus apariciones después de la resurrección'.[13] Es un apocalipticismo que 'comienza con la historia especial y contingente de Jesucristo, la resurrección del crucificado y sus apariciones pascuales, y tiene como objetivo la proclamación universal de su divinidad.

---

[11] Wacker, *The functions of Faith*, pp. 353-75.

[12] G.F. Taylor, '*The Spirit and the Bride*', en D.W. Dayton (ed.), *Three Early Pentecostal Tracts* (New York: Garland Publishers, 1985).

[13] J. R. Drayer, *The significance of Apocalypticism in Contemporary British Escathology* (disertación doctoral presentada en el Southern Baptist Theological Seminary, 1970), p. 242.

Investiga después el futuro de Dios y anuncia su venida en la proclamación de Cristo'.[14]

En su reciente trabajo *Holiness in Israel* (Santidad en Israel) John Gammie ha encontrado que escritores apocalípticos toman sus temas de los sacerdotes, profetas y sabios, pero los integran en sus propias preocupaciones escatológicas.[15] La santidad de Dios, así como su mismo fin, no puede ser cooptada o manipulada por el presente. Pero esa misma distancia, crea una nueva historia, nuevas posibilidades que son anunciadas y movidas por Dios y por aquellos que viven en el Espíritu divino de la Palabra.

Una fe apocalíptica: Vivir en los últimos días

Mientras que Pentecostés fue agregado a las enseñanzas de Jesús en la experiencia de la iglesia primitiva. El bautismo en el Espíritu Santo fue agregado al evangelio cuádruple (Jesús como Salvador, Santificador, Sanador y Rey que viene) del movimiento de santidad. El bautismo en el Espíritu fue una ruptura, una discontinuidad, un punto de quiebre en la historia de la iglesia y de los primeros pentecostales. Fue una ruptura que señaló la intervención de Dios para que se cumpla la tarea misionera de anunciar el evangelio del reino a todas las naciones hasta el fin. Esto significó que ni el nexo de causas y efectos sociopolíticos, ni las oposiciones y obstáculos demoníacos y hasta religiosos, podrían detener el cumplimiento del plan de Dios.

Esto dio un nuevo sentido de esperanza a cada creyente. Era la voluntad del Padre darles el reino (Lucas 12.32). Esta esperanza los mantendría puros, completamente sinceros y devotos a la misión. El fluir del Espíritu los hizo testigos primarios y no testigos secundarios del Señor resucitado. Podrían decir que habían visto y oído cosas referentes a la misión actual de Jesucristo para salvar, sanar, enviar. La esperanza no es dada para el orden actual del mundo que ya está pasando. Esto no significa que degradaron este mundo. Era una esperanza que tenía continuidad ya que hablaba de un nuevo cuerpo, una tierra nueva, un nuevo cielo. Pero se trataba al mismo tiempo de una esperanza discontinua, porque se trataba de una

---

[14] J. Moltmann, 'Theology as Eschatology', en F. Herzog (ed.), *The Future of Hope* (Nueva York: Herder y Herder, 1970), p. 7.

[15] J. G. Gammie, *Holiness in Israel* (Minneapolis, MN: Fortress, 1989).

nueva creación. Con un pie en la creación y, con el otro en la era por venir, los pentecostales esperaron la salvación de los perdidos y desearon la venida de Jesús.

Su venida era inminente. Pero ninguna fecha podía ser fijada. La vida diaria y los acontecimientos llegaron a ser investidos de una significación cósmica porque Dios estaba trabajando en todas las cosas. No había mucha *adiáfora* para los pentecostales. De hecho, no era esta una época para tonterías, bromas sin sentido, o para actuar de una forma mundana. El Señor estaba cerca. Las prácticas y las restricciones del siglo XIX fueron mantenidas por muchos pentecostales norteamericanos hasta la mitad del siglo XX. Todavía en este tiempo continúan siendo conservadores en muchos aspectos. Aunque ciertos lujos actuales son más cómodos que antes, no se comparan con el compromiso que una vez tuvieron con el mundo.[16] Sin embargo, con respecto al sentido de ruptura, a una nueva esperanza y al conocimiento de estar participando en una lucha cósmica con los poderes y principados, el pentecostalismo vivió y vive en una existencia apocalíptica palpable existencialmente por la presencia, las manifestaciones y el poder del Espíritu Santo.[17]

Este deseo por la venida del Señor, por el Espíritu Santo y por el reino de Dios, forma parte de una misma realidad: Es una pasión y, para los pentecostales se trata de una pasión que lo cambia todo. El bautismo en el Espíritu Santo fue la puerta de entrada hacia esta vocación de testimonio orientada escatológicamente. Atravesar esa puerta podía ser un acto muy poderoso como en el caso del universitario N. J. Holmes, o muy apacible, como en el caso de Joseph H. King, uno de los primeros líderes de la Iglesia Pentecostal de Santidad. Holmes reporta que él había:

> ... ayunado por tres días, sin comer o beber cualquier cosa... Ocasionalmente todo se ponía oscuro, tan oscuro que toda mi experiencia

---

[16] La Iglesia de Dios (Cleveland, Tennessee), por ejemplo, ha retirado las restricciones sobre joyería, películas, etc. Ahora que todo esto se encuentra más disponible, parece que ha llegado a ser más permisiva. Las declaraciones éticas ya no son prohibiciones largas y aburridas; ahora son principios y proposiciones con Escrituras apropiadas para ser enseñadas. Como la historia cambió lo mismo pasó con la ética. Pero ninguna nueva historia unificadora ha emergido para dirigir el comportamiento ético y, claramente, la 'permisividad' no es ni una postura bíblica ni, particularmente, una postura ética teológicamente satisfactoria.

[17] J. O. Mills en Tugwell, *et al. New Haven? New Earth?* pp. 69-118.

parecía perderse ... Una noche mientras mi corazón estaba siendo elevado por Espíritu Santo, pareció que todo el cuarto se llenaba de una niebla celestial, y mi cuerpo entero estaba impregnada por ella. Un gran rodillo de niebla estaba sobre mi cabeza como una cascada ... Sentía mi lengua sacudirse de arriba a abajo y el movimiento se hacía más y más fuerte. Era consciente de que no era yo quien hacía esto, y estaba seguro de que era el Espíritu Santo, y mis dientes comenzaron inmediatamente a rechinar sin mi esfuerzo o control ... Reconocí la presencia y el poder del Espíritu Santo en todo esto, y tan pronto como descubrí como controlar mi boca, testifiqué y adoré a Dios por Pentecostés.[18]

Esa descripción de viaje de Holmes del presbiterianismo al movimiento de santidad y, de allí, al pentecostalismo es fascinante. Pero lo realmente significativo para nuestro propósito es el deseo intenso por Dios y la satisfacción profunda que Holmes obtuvo cuando fue visitado por su *Pentecostés*. Los cambios de denominación fueron comunes y no sorprende que no se les diera la última autoridad a los credos (hubo una mala comprensión de los credos). Sin embargo, el punto es que la llegada del Espíritu fue tan definitiva y profunda que cualquier cambio necesario era posible para obtener la bendición, el equipamiento, el *Pentecostés*. Algunos fueron como el ministro metodista en Kansas quien objetó que los pentecostales habían fallado al mantener a *los negros en su lugar*. Pero antes que pudiera ser bautizado en el Espíritu tuvo que atravesar todo un campamento compuesto mayoritariamente por afroamericanos. Él testificó posteriormente, 'Dios seguramente me quebrantó bajo la rueda de mis prejuicios'.[19]

La continuidad con su identidad racial, cultural y/o denominacional, se pudo interrumpir y alterar por la discontinuidad del bautismo del Espíritu. Al establecer una continuidad experimental y pneumática con la iglesia de Pentecostés del siglo I, uno fue forzado a considerar la conformidad con la iglesia del fin, de la *Novia* santa compuesta de todas las razas, lenguas y nacionalidades. Los primeros pentecostales, aunque observaron los avivamientos previos del Espíritu y las manifestaciones carismáticas a través de la historia, no

---

[18] N.J. Holmes y L.S. Holmes, *Life sketches and Sermons: The Story of Pentecostal Pioneer N.J. Homes* (Royston, GA: Press of the Pentecostal Holiness Church, 1920), pp. 139-140, 143-144.

[19] *Pentecostal Evangel* (Marzo 22, 1924), 6-7, citado en Wacker, *The Functions of Faith*, p. 155.

hicieron nada por establecer o legitimar sus prácticas. Algunos pentecostales saltaron sobre los

> …años intermedios gritando, 'Regresemos a Pentecostés'… No reconocemos una doctrina o una costumbre como autoritativa a menos que pueda ser remontada a esa fuente principal de la institución de la iglesia del Señor y de sus apóstoles… Si es que podemos ordenar nuestras vidas para que quepan en el Nuevo Testamento. No nos importa la pérdida de las evidencias que la mayoría de nuestros profesores de religión ubican en la pasado, sino que lo hacemos por la abrumadora evidencia que la mayoría de los pentecostales nos presentan hoy.[20]

En este pasaje B. F. Lawrence, un pionero pentecostal, ilustra lo que algunos han llamado el carácter ahistórico del movimiento o un deseo por saltar sobre las edades regresando hasta Pentecostés. Pero, considerado de otra manera, se trata de una preocupación profética por volver a la raíz, al pacto original, como los profetas de Israel proclamaban constantemente frente al *establishment* religioso de sus días. El futuro puede llegar a ser la promesa de Dios, solo si es primero una palabra, un convencimiento apocalíptico de pecado, justicia y juicio, que concede voz y crea un espacio para el grito de los desposeídos, las masas sufrientes que se sienten movidas por la inmediatez de Dios y se sienten victimizadas por fuerzas culturales y eclesiales que tienden a cerrar sus procesos históricos.[21]

Una relativización de este *establishment* y sus procesos se hace necesaria para traspasarlos, dar voz al dolor de aquellos que esperan en Dios, y al mundo que está perdido. Para los miles de participantes en los grupos más radicales del movimiento de santidad, haber nacido de nuevo y recibir una llenura de amor santificante, intensificó ese deseo. Volver a Pentecostés significó volver al Espíritu Santo y, entonces, avanzar al futuro que Dios daría pronto. No como producto de la tecnología de predecir-y-controlar, de la cultura del optimismo evolutivo o, del realismo crítico y del elitismo aburguesado. Los pentecostales se comprometieron con las creencias fundamentales del cristianismo, sin embargo, como señala B. F. Lawrence, fueron:

---

[20] B.F. Lawrence, 'The Apostolic Faith Restored', en D.W. Dayton (ed.), *Three Early Pentecostal Tracts* (New York: Garland Publishers, 1985), p. 12.
[21] W. Brueggemann, 'II Kings 18, 19: The Legitimacy of a Sectarian Hermeneutic', HBT 7 (1985), pp. 1-42.

… trabajando para obtener ese carácter supernatural de la religión que era la marca tan preeminente en los días pasados. No queremos decir que otros que creen en el nuevo nacimiento hayan perdido esto, pero deseamos un retorno al poder y a las costumbres del Nuevo Testamento a lo largo de todas las líneas de actividad que hicieron evidente más allá de la controversia de que la iglesia era el cuerpo vivo de un Cristo vivo. Creemos que la sanidad del cuerpo, la expulsión de los demonios, el hablar en otras lenguas, fueron en los primeros tiempos, el resultado de una actividad del Espíritu Santo en armonía directa con una fuerza persistente, el resultado directo de la actitud divina hacia la iglesia y el mundo. Más aún, esperamos que fuese solo la única consistente con la naturaleza divina. Si es verdad, entonces, podemos decir con el escritor de la carta a los hebreos, 'Jesucristo es el mismo ayer, hoy y siempre', y esperamos que la naturaleza inmutable mantenga una actitud sin cambios acompañada por los mismos resultados gloriosos.[22]

Dios no ha cambiado. Las promesas eran para los hijos y para los hijos de los hijos—a tantos como Dios quisiera llamar (Hechos 2.39). La recuperación del poder pentecostal fue un acontecimiento histórico, visible y definido. Fue el cumplimiento de la promesa del Padre, que era necesaria para realizar el mandato misionero universal de la iglesia. Al lograr que todas las naciones hayan escuchado el evangelio con poder y demostración del Espíritu, ocurriría la prometida venida del Rey de reyes, para tomar a su Novia.

Los pentecostales eran el pueblo de la promesa. Por supuesto que el movimiento de santidad del siglo XIX también había hablado mucha de la promesa del Padre. Pero para los pentecostales el cumplimiento de la promesa pentecostal en manifestaciones visibles, concretas y globales, anunció algo nuevo que Dios estaba haciendo y todavía hace. Esto dio un sentido de historia y de dirección a las vidas individuales. El presente estaba pasando, el futuro era esperado, buscado y anticipado. El reino de justicia, paz y gozo en el Espíritu Santo estaba ya obrando y pronto sería consumado. El presente estaba para ser vivido en esperanza, obediencia y santidad. Dios, que no ha cambiado, guardará las promesas divinas y dará sorpresas, representaciones, insinuaciones y vistazos del futuro en el camino a través de los dones del Espíritu. Cada vez que un creyente era llenado

---

[22] Lawrence, 'The Apostolic Faith Restored', p. 13.

con el Espíritu, cada vez que el poder caía en una nueva asamblea o país, la historia se acercaba más a su propio fin. La iglesia, los individuos, la familia, todo había de cambiar a la luz de la nueva dirección, ímpetu y enfoque.

Este fin había comenzado con la vida, muerte y resurrección de Jesús. Aunque los elementos de la fe apocalíptica habían sido restaurados después de la caída de la iglesia en la era de Constantino, ahora, con la recuperación del *profetismo* universal y el testimonio de todos los creyentes, la restauración de los dones, el poder apostólico y, el bautismo del Espíritu Santo *sobre la vida santificada*,[23] todo estaba en su lugar para la movilización total de la iglesia. La historia se convirtió en misión, y la iglesia fue constituida en un movimiento misionero. Los creyentes eran agentes, no víctimas; eran una señal del reino venidero. La Esposa no esperó al Esposo en el templo; ella salió a invitar a otros al banquete nupcial, para lo cual cada servicio de adoración era un ensayo y una anticipación.

El evento histórico de restauración de Pentecostés en el siglo XX, así como la realidad del reino de Dios todavía no consumado, fueron unidos a la categoría de promesa. El Espíritu prometido, el reino prometido, la llenura con el Espíritu Santo prometido, los dones prometidos, todas estas eran promesas creídas y recibidas por los pentecostales. Creyendo estas promesas, el creyente llegaba a ser una participante de la naturaleza de Dios, un ciudadano del reino presente y venidero y un participante en un proceso mundial histórico cuyo fin estaba asegurado, porque Dios estaba obrando en todas las cosas para bien.

No era una ocasión para la resignación frente *al destino de Dios*. Ahora uno tiene que caminar en la luz, caminar en amor, caminar en el poder del Espíritu, si es que uno quiere caminar con Dios. El reino que estaba viniendo era uno de justicia, amor perfecto, llenura de gozo en el Espíritu Santo, sanidad para las naciones, y victoria final sobre la muerte y sobre Satán. Creer en este reino era caminar según la naturaleza, voluntad y objetivos del Rey. La salvación era participar en la vida de Dios, a través de transformaciones hechas por la

---

[23] La frase 'bautismo del Espíritu Santo sobre la vida santificada' se repite con frecuencia en *The Apostolic Faith*, y parece indicar que los primeros pentecostales wesleyanos consideraron la santificación como transformación, y el bautismo como un empoderamiento, una obra de gracia.

gracia, mediante la fe. La historia era la historia de Dios y cada persona tenía un papel que desempeñar en esa historia, un don que ofrecer, un testimonio que dar. Había algo que se podría describir, como lo describe Moltmann cuando se refiere a 'una apocalíptica buena', a una 'historificación del mundo' y a 'una universalización de la historia'.[24]

Pero, si había esa *apocalíptica buena,* era porque estaba también la *mala* apocalíptica. Ocasionalmente, las personas que habían tenido una conducta pasiva claudicarían en una visión de la profecía como destino. Verían a Dios solamente como contra el mundo, especialmente durante las épocas de rechazo y de persecución culturales. No pudiendo ver la profecía en su contexto histórico, desarrollarían en ocasiones, aplicaciones concretas altamente especulativas, individualizadas y fantásticas que emocionaron, pero no movilizaron. Hasta llegaron al punto de verse como conservadores fundamentalistas, contra los liberales modernistas, y dejaron el énfasis propio del movimiento de santidad del siglo XIX de 'expandamos la santidad escritural a través de la tierra'.[25] Los comedores donde se atendía a los necesitados, los orfelinatos, las misiones de rescate, etc., fueron utilizados, pero las dimensiones sociales, mundiales y cósmicas más amplias del reino, fueron limitadas a una cosa: La predicación del evangelio a todas las naciones.

Inicialmente la realización de la espiritualidad apocalíptica dio un sentido de pertenencia, de dignidad y de poder a muchos que se habían visto así mismos como víctimas. Aunque todos los pentecostales caían en la categoría de oprimidos, muchos, quizás la inmensa mayoría, estaba entre los pobres. Con todo, la mayoría de esos pobres que oyeron el mensaje pentecostal, no lo aceptaron. Así, la ubicación social del pentecostalismo no puede explicar

---

[24] A. J. Conyers, *God, Hope and History: Jurgen Moltmann and the Christian Concept of History* (Macon, GA: Mercer University Press, 1988), p. 77. El libro de Conyers es un guía confiable y proporciona una descripción provechosa de la discusión de Moltmann sobre 'historización del mundo' y 'universalización de la historia'. Ver el comentario de Moltmann: 'Mientras que la apocalíptica concibe su escatología en términos cosmológicos, con todo no es el final de la escatología, sino el principio de una escatología cosmológica o de una escatología ontológica, para los cuales el ser se convierte en histórico y el cosmos se abre al proceso apocalíptico' en p. 137 y la discusión adicional en su libro *Theology of Hope* (trad. J.W. Leitch; Nueva York: Harper, 1967), pp. 124-38.

[25] T. Smith, *Revivalism and Social Reform* (Gloucester, Ma: Peter Smith, 1957).

adecuadamente a este movimiento o la motivación de los que llegaron a participar tanto en ese tiempo como en la actualidad.

Pero, lo que no está en discusión, es que para los primeros pentecostales, la iglesia estaba en el mundo para dar testimonio en el poder del Espíritu, en los últimos días. Era un pueblo hambriento de Dios y lleno de una expectación premilenial. Desafortunadamente, los pentecostales norteamericanos, materialmente pudientes, para quienes el mundo parece estar mejor; la movilidad social ascendente está afectando claramente el fervor y la urgencia apocalípticos. Estos tienen una conciencia culpable y luchan a menudo con sus raíces cristianas históricas.[26] La expectación escatológica inicial y la actividad ferviente del testigo se ven casi en su estado prístino entre las crecientes iglesias pentecostales del Sur Global. Ellos, como los primeros pentecostales, se mantienen *encendidos* por medio de las narrativas y de las prácticas que cada comunidad misionera. Para explicar y demostrar el reino de Dios emplean su fervor espiritual durante el tiempo de adoración y testimonio congregacional.

La Narrativa Pentecostal: Participando en la Historia de Dios

El drama bíblico y la vida cristiana

En el primer día de Pentecostés la adoración y el testimonio marcaron la entrada de la iglesia, así como de cada creyente, en una nueva fase del drama de redención de la historia de la salvación. La predicación de Pedro a las multitudes que preguntaron por el significado de este acontecimiento revela—en la especificación *esto es lo que*— que este es un cumplimiento específico de la profecía bíblica que requiere obediencia al evangelio de Jesucristo. Es la confirmación de la exaltación del Señor resucitado y una anticipación de su parusía. Las promesas de la venida del Espíritu y del retorno del Salvador son parte de la única promesa de Dios de redimir su creación.[27]

---

[26] M. Poloma, *The Assemblies of God at the Crossroads: Charism and Institutional Dilemmas* (Knoxville: University of Tennessee Pres, 1989).

[27] El contexto entero de Hechos 1 y 2 es escatológico: Es una fusión salvífica de las profecías del Antiguo Testamento, la vida, muerte, resurrección y *parousia* de Jesús, y el fluir del Espíritu Santo. Todos estos temas encuentran expresión en la evangelización, visión escatológica y experiencia de llenura del Espíritu

En el día de Pentecostés Pedro anunció—en la ciudad donde habían crucificado a Jesús, una ciudad dimanada por Roma, la ciudad donde él había negado a Jesús—que se había escrito un nuevo capítulo. Crucifixión, resurrección, Pentecostés, *parusía*, todos forman una gran redención, una historia en la cual ellos fueron participantes con papeles específicos que desempeñar. Pentecostés significó que la victoria atestiguada en la resurrección del crucificado y la *parusía* prometida no podía ser simplemente contada por aquellos que esperan pasivamente al Señor venidero. No. Ya que el poder de la era venidera había sido derramado sobre la iglesia para el cumplimiento de la proclamación universal de la redención particular en Jesucristo, de una proclamación en palabras, poder y demostración del Espíritu.

Los primeros pentecostales se vieron a sí mismos como recuperando y trayendo de nuevo esta realidad pentecostal. La presencia viva del Espíritu aumentó la expectación, impulsando hacia la misión, vivificando la adoración e incrementando la consagración, preparándose para la aparición del Señor de la cosecha. Nadie podía tener garantizada su lugar en la cena de las bodas del Cordero. Las vírgenes sabias que tendrían aceite en sus lámparas, serían llenadas

---

pentecostales. Ver G.E. Ladd, *The Presence of the Future* (Grand Rapids: Eerdmans, 1974), pp. 322. 324, 327:

El mismo Dios que ahora está actuando en el acontecimiento histórico para traer el cumplimiento de la salvación mesiánica actuará al final de la historia para traer su reino a la consumación… El punto importante es que estos dos actos redentores –el histórico y el escatológico– son de hecho un evento redentor en dos partes… La consumación escatológica del reino es inseparable y dependiente de aquello que Dios está haciendo en la persona histórica y en la misión de Jesús…

El tema de los Apocalipsis (IV Esdras 4.25ss.; ver también 6.18ss.; 8.63ss.; En.80.2ss.; 99.1ss.; 100.1ss.; Jub. 23.16ss.; Sib.Or. 2.199; Apoc.Bar. 25.1ss.; 48.31ss.; 70.2ss.) es que el mal que ha dominado la era presente llegará a intensificarse y, al final, reinará el caos completo tanto en las relaciones sociales humanas como en el orden natural. El tema del Discurso del Monte de los Olivos (Mt. 24.3ss) es una extensión del conflicto central que es entendido como la misión de Jesús y la misión de sus discípulos en esta era. Jesús concordó con los apocalípticos en que el mal marcará el curso de esta era; el reino de Dios suprimirá el mal solamente en la era venidera. Pero en esta era malvada algo nuevo ha venido: las buenas noticias (Mr. 13.10) sobre el reino de Dios (Mt. 24.14). Este mensaje de los actos redentores de Dios en la historia deberá proclamarse en todo el mundo antes que llegue el fin, consecuentemente, la historia no está abandonada al mal.

del Espíritu, mirando, esperando, trabajando por el Novio.[28] La paradoja de esperar un acontecimiento repentino y no saber cuándo ocurrirá—esperando en preparación y en indeterminación—fue vivido en paralelo con una actividad vigorosa de adoración y testimonio (preparando a los santos y al mundo para su venida) y el anhelo del descanso de los santos.[29] Esperar y descansar, testificar y adorar, buscar al Señor y esperar en el Señor, estos fueron los ritmos del avivamiento primitivo. Y todo esto tuvo sentido a la luz de lo que Dios había hecho, estaba haciendo y un día finalizaría.

Esta historia de redención en el Espíritu dio sentido a las *subidas y bajadas* en la vida diaria de los participantes. En el Espíritu ellos caminaban con los hijos de Israel, los profetas, los apóstoles y los creyentes de la iglesia primitiva. En el Espíritu ellos anticiparon las bendiciones. Y los juicios de cada día eran interpretados como parte de una historia de redención. Así, interpretando su vida diaria y la adoración en términos de los acontecimientos significativos de la historia bíblica, sus propias vidas y acciones recibieron significación. Cada uno llegó a ser un testigo del Calvario, de su propia crucifixión con Cristo, del Pentecostés bíblico y del propio Pentecostés, de las sanidades de los discípulos y de sus propias sanidades, etc. La siguiente canción refleja la normatividad presente de los eventos bíblicos y, por esa misma razón, la necesidad de una participación en ese evento y de una apropiación existencial:

En la cruz, en la cruz
Do primero vi la luz
Y las manchas de mi alma yo lavé.
Fue allí, por fe, do vi a Jesús,
Y siempre feliz con Él seré.[30]

Para ellos, el Calvario no fue solamente un evento histórico específico, sino también un testimonio y un evento para su vida diaria. De la expiación en la sangre de Cristo como se dijo, una y otra vez, fluyen todos los beneficios. Estos beneficios de redención completa

---

[28] La parábola de las vírgenes sabias e insensatas fue un motivo favorito de sermones y artículos en los primeros círculos pentecostales. Sirvió como apología y como una exhortación para la llenura del Espíritu que era comparada con el *aceite en la lámpara.*

[29] Ladd, *Presence,* p. 328.

[30] I. Watts and R.E. Hudson, 'At the Cross,' en *Church Hymnal,* p. 264.

estaban presentes en el Antiguo Testamento, como promesas, como tipo y sombra. La revista *The Apostolic Faith* de septiembre de 1907 proclamó que las fiestas del Antiguo Testamento se cumplieron en nuestras almas hoy:

> A través de todo el Antiguo Testamento leemos de las fiestas que Dios decretó para ser celebradas en el culto a Él. Había cuatro fiestas: la Fiesta de la Pascua, la Fiesta de los Primeros Frutos, la Fiesta de Pentecostés (o Fiesta de las Semanas), y la Fiesta de los Tabernáculos. Todas ellas tipifican lo que ahora conseguimos a través de la cruz: justificación, santificación, el bautismo con el Espíritu Santo, y, entonces, una fiesta continua. Juntas tipifican la redención completa.[31]

De acuerdo con los primeros pentecostales, para habitar en la Palabra se tenía que habitar, simultáneamente, en Jesús y en la Palabra escrita. Seymour estableció que 'mientras usted viva en la Palabra de Dios, Él siempre estará presente'.[32] Los eventos de la redención viven en los creyentes, porque estos están en Cristo y Cristo está en ellos por el poder del Espíritu. La Biblia como Palabra-Espíritu es la luz que brilla en el camino iluminando el viaje de la vida como salvación y misión. La Biblia fue y es inspirada. En la comunidad de alabanza y testimonio, de adoración y proclamación, la Biblia es escrita, vivida y predicada. Pero no es tanto un libro de texto y proposiciones, sino la historia de la redención en Cristo por el Espíritu Santo y del viaje en el Espíritu Santo al Padre a través de Cristo. Las doctrinas de la inspiración y de la infalibilidad verbal son precipitaciones de una espiritualidad que practicó una doctrina mucho más completa de la Palabra de Dios.

Habitar en la Palabra era utilizarla como la norma para la evaluación de creencias y prácticas. Como trataban con fanatismos y especulaciones había un fuerte énfasis en apegarse a la historia bíblica: si algo no se encontraba en las Escrituras, entonces no debía constituirse en ley. Esto no significó que no había dirección diaria específica del Espíritu Santo para la iglesia y para los individuos. Mas bien significaba que las Escrituras proporcionarían los medios para probar y proveer dirección y, a la vez, proporcionarían los límites. Las

---

[31] *AF* 1.9 (Junio-Septiembre, 1907), p. 2.
[32] *Christ Abides in Sanctification*, AF 1.9 (Junio-Septiembre, 1907), p. 2.

nuevas experiencias serían a menudo la ocasión para encontrar nuevas visiones de las Escrituras. Las Escrituras familiares adquirirían un nuevo significado. Pero todas las creencias, los afectos y las prácticas, tendrían que ser probadas por la Palabra.

Así, el foco de la espiritualidad pentecostal no fue tener una o varias experiencias, aunque ciertamente hablaron de experiencias discretas. El foco era experimentar la vida como parte de un drama bíblico de participación en la historia de Dios. La iglesia estaba en movimiento desde afuera hacia la corte del Santo de los santos; desde Egipto a través del desierto hacia Canaán, luego de cruzar el Jordán; desde Jerusalén a Judea, Samaria y hasta lo último (y las partes más alejadas de la tierra); de la justificación a la santificación y al bautismo del Espíritu. Y, entonces, de la justificación, santificación y el bautismo del Espíritu, hacia la cosecha.

Aun cuando fue expresado en términos de dispensaciones bíblicas, de experiencias personales discretas, o de viajes misioneros, todos estos lenguajes hablaron de los actos poderosos de la historia de la redención de Dios en las Escritura, en sus vidas y en el mundo. De hecho, la participación obediente en la historia era como un ropaje de justicia utilizado por los santos que un día caminarían con Cristo en gloria, porque ahora caminaron con Él en el servicio. Así, su preocupación no estaba tanto en guardar un *orden salutis* (orden de salvación), sino una *vía salutis* (vía de salvación). La narrativa de la salvación proporcionó la estructura para la formación dentro del movimiento misionero.

La congregación entera estuvo implicada en el proceso de formación. Los cantos, las predicaciones, los testimonios, las ordenanzas (el bautismo, la cena del Señor, el lavamiento de pies),[33] los llamados al altar, las reuniones de oración, los dones del Espíritu, todos los elementos de la adoración comunitaria prepararon al pueblo y lo llamaron al nuevo nacimiento, a la santificación, al bautismo del Espíritu y a una vida de testimonio misionero. Estas formas de recordar la Palabra bíblica mediaban las realidades bíblicas en una suerte de sacramentalidad pentecostal[34] en la que había una interacción constante y mutuamente condicionada, entre el

---

[33] H. D. Hunter, 'Pentecostal Ordinances', DPCM, pp. 653-54; P. D. Hocken, 'Theology of the Church', DPCM, pp. 211-18.

[34] Ranaghan, 'Rites of Initiation', pp. 688-94.

conocimiento y la experiencia vivida, 'donde el aprender sobre Dios y el experimentar directamente a Dios, informan y dependen perpetuamente, uno de otro'.[35]

Esta forma de conocimiento, de formar a los testigos pentecostales, se encuentra en la palabra utilizada en Antiguo Testamento para conocimiento, *yada*, (ידע) que va más allá de 'la conceptualización de un objeto', a 'la actualización de una relación'.[36] Esta es la razón por la cual *yada* se utiliza para el acto de amor marital (como en Gn. 4.1) y la intimidad de un pacto (como en Jer. 1.5; 22.16; 31.34).[37] La fuerza y el poder con que esto ocurrió, con frecuencia en los servicios pentecostales, indicaron que la transformación, antes que una mera información, fue la meta del proceso. La adoración era un encuentro de crisis, un evento de reunión con el Dios que precipitaba ciertas crisis en la vida del creyente, según donde ella o él estaba ubicado en su viaje de salvación.

Estas crisis en la vida del creyente fluyeron desde la redención realizada en Jesucristo hacia la *parusía* y la consumación del reino de Dios. Cuando Jesús dijo en la cruz *consumado es*, él no quiso significar que todo lo que necesitaba ser realizado por Dios o los creyentes, fue hecho. La '*obra consumada del Calvario* fue la finalización de su vida, enseñanzas y ofrecimiento de sacrificios terrenales. La misión del Espíritu surgió desde esa vida ofrecida, pero tenía su propio propósito soberano. Esta visión se opone a algunas visiones Reformadas que en efecto consideran a la *obra consumada del Calvario* como un hecho realizado cuyas ventajas son aplicadas a través de la identificación personal con Cristo. Éste también es un evento, pero no particularmente uno que transforma y, ciertamente, no un evento que presiona hacia el reino.

Aunque los primeros pentecostales entendían ciertamente el significado de la imputación y de la justificación, estaban más preocupados con la impartición de la justificación y la santificación, con la transformación de vidas y la movilización empoderada de la iglesia.

---

[35] R.D. Moore, 'A Pentecostal Approach to Scripture', *The Seminary Viewpoint* 8.1 (1987), pp. 1, 2.

[36] R.D. Moore, 'Canon and Charisma in the Book of Deuteronomy', *JPT* 1 (1992), p. 90.

[37] Ver especialmente su Moore, 'Canon and Charisma, pp. 75-92, para mi uso de las bases teológicas del AT en el tema de la relación Espíritu-Palabra, en esta investigación.

El énfasis de la salvación no estaba tanto en *estar firme* sino en el *movimiento*. No era una cuestión primaria de identificación con Cristo sino de conformarse a Él. No era tanto una *posición* sino una *participación*. Éste era un resultado directo de la perspectiva wesleyana del siglo XVIII que, aunque fue un poco diluida y distorsionada en sus adaptaciones americanas del siglo XIX, sin embargo, conservó el sentido Arminiano de la acción y de la responsabilidad personales (respondibilidad).[38]

El viaje hacia Dios era un viaje con Dios en Dios. Era caminar hacia el Padre con Jesús en el Espíritu. Pero este viaje era también, fundamentalmente, un viaje en Dios: Un tipo de viaje místico, ascético que buscaba conocer y avanzar, más profundamente y más alto. Conocer a Dios era ser dirigido por la voluntad de Dios, ser motivado por el amor de Dios y ser consolidado por el poder de Dios. Ya que Jesús había venido a hacer la voluntad del Padre, entonces el creyente había sido enviado para satisfacer la justicia. El punto no era solamente ser declarado justo y perdonado inicialmente en el nuevo nacimiento y, después de eso, cada día. El punto era también, simultáneamente, declarar *para* justicia. El Padre diseñó a los creyentes para sí mismo a través de Jesús y del Espíritu. Pero Él los diseñó para ponerlos en el camino de la justicia y la vida, sacándolos del camino del pecado y de la muerte. Ellos entonces deberán volverse, nacer de nuevo y avanzar en el camino.

Había entre los primeros pentecostales una mención constante de la importancia de caminar en toda la luz que se tenía. Los otros creyentes (los no pentecostales), no serían condenados, porque ellos caminaban en la luz que tenían. Ellos podían, por supuesto, perderse las bendiciones completas de Pentecostés. Pero eran, sin embargo, cristianos. Algunos sentían que no se irían en el Rapto porque no tenían el sello del Espíritu, sin embargo, podrían pasar por la Tribulación mediante la fe en Jesús.

---

[38] C. E. Jones, 'Holiness Movement', *DPCM,* pp. 406-409; D. D. Bundy, 'Keswick Higher Life Movement', *DPCM,* pp. 518-19. Nota del traductor: Con *respondibilidad,* el autor se refiere a la capacidad de reacción de una persona que le lleva a un tipo particular de acción, a realizar una acción necesaria o apropiada en su situación particular. En este caso, sería la respuesta del creyente que reaccionaría a las acciones de Cristo y que conformarían su vida a la imagen de Cristo.

Había una gran inconsistencia en este punto polémico. La lucha se evidencia en Seymour quien, mientras enseñaba la necesidad del bautismo del Espíritu para ser parte de la Esposa de Cristo en el Rapto, también aconsejaba con estas palabras a los pentecostales que eran tentados al orgullo y al abuso hacia otros creyentes:

> Tú no puedes ganar a la gente abusando de tu iglesia o de tu pastor. Mientras tú predicas a Cristo, tú alimentas a las almas; pero tan pronto como te elevas sobre el predicador, afliges al Espíritu … pero si tú predicas contra las iglesias, encontrarás que el dulce Espíritu de Cristo que no envidia, ni se envanece, ni piensa lo malo, y que todo lo sufre y es bueno, se pierde y, un espíritu de juicio toma su lugar. Pero, si, por el contrario, los alimentas de Cristo, encontrará al mismo Espíritu ardiendo en sus corazones.

> El punto principal es, ¿estás tú en Cristo? Las iglesias no deben ser responsabilizadas por las divisiones. La gente busca la luz. Construyeron denominaciones, porque no conocían una manera mejor … nosotros no tenemos tiempo para predicar cualquier cosa sino a Cristo. El Espíritu Santo no tiene tiempo para magnificar cualquier cosa sino la sangre de nuestro Señor Jesucristo. Estando firmes entre los vivos y los muertos, necesitamos llevar el cuerpo de nuestro Señor que muere, que las personas vean solamente a Cristo en nosotros, y nunca tengan la oportunidad de vernos a nosotros. ¡Somos simplemente una voz que grita, 'vean al Cordero de Dios!' Cuando gritamos de más, entonces, Cristo morirá en nosotros…

> Cuando las personas dejan el amor de Dios, predican algo más; predican sobre ropas, alimentos, y doctrinas humanas, y predican contra las iglesias. Todas estas denominaciones y su gente son nuestros hermanos. El Espíritu no va a echarlos y enviarlos al infierno. Debemos reconocer a cada creyente que honre la Sangre de Cristo. Tan sólo busquemos la paz y no la confusión. Los que tenemos la verdad debemos manejarla muy cuidadosamente. En el momento en que sentimos que tenemos toda la verdad, o sabemos más que cualquiera otra persona, entonces caeremos de esta.[39]

Seymour, después, urgió a una concentración en Cristo e indicó que las personas eran responsables de la luz que tenían. El *camino iluminado* de los primeros pentecostales era un *camino de santidad* cuyas señales del camino fueron claramente marcadas en los mapas

---

[39] 'The Church Question', *AF* 1.5 (January 1907), p. 2.

del testimonio, de modo que los viajeros conocieran el camino. Estas señales eran las etapas o los pasos que hacían referencia a las *experiencias* que debían esperar y que constituían, en su interacción acumulativa y compleja, la *experiencia pentecostal*.

Dentro y fuera de los círculos pentecostales, muchos han observado que cuando los creyentes de estas iglesias anhelan experiencias personales, implícita o explícitamente, reconocen la centralidad de la presencia de Dios en la adoración pentecostal.[40] La palabra *experiencia* se utiliza con cierto grado de cuidado, refiriéndose en ocasiones a sensaciones transitorias que finalmente son parte de una catarsis emocional. En el mejor de los casos se refiere a la importancia del Dios vivo entre su pueblo y, como algunos señalan actualmente, la contribución principal del pentecostalismo radica en el reconocimiento de cierta dimensión carismática o una habilidad vocacional para realzar lo que ya estaba ahí previamente,[41] o una liberación de la gracia implantada en la iniciación bautismal.[42]

Cualquiera sea la terminología que se utilice para estas experiencias, para los pentecostales, la categoría de la crisis es importante. Hay un paralelo entre la visión del fin como una crisis que conduce a un cielo y una tierra nuevos y la visión de la vida cristiana como una serie de crisis. Nuevo nacimiento, santificación, llenura del Espíritu, sanidades, profecías, llamados al ministerio, todas estas crisis definitivas o intervenciones de Dios; todas son manifestaciones actuales de la vida del reino venidero. Por supuesto que cada crisis existe en una cierta continuidad con lo que ha sido antes y, especialmente, con la meta escatológica de todas las cosas. Sin embargo, también es verdad que la crisis a menudo hace posibles visiones nuevas y/o suplementarias en el pasado, nuevas expectaciones para el futuro y, por lo tanto, una nueva autocomprensión del presente.

---

[40] R. Spittler, 'Pentecostal Spirituality', en D. L. Alexander (ed.), *Christianity Spirituality: Five views of sanctification* (Downers Grove, IL: IVP, 1988); E. O'Connor, *The pentecostal movement in the Catholic Church* (Notre Dame: Ave Maria Press, 1971); McDonnell, *Distinguishing Chracteristics*, pp. 117-28.

[41] Lederle y Hunter avanzan más que Bruner y mantienen una segunda dimensión de la experiencia y la obra del Espíritu, carismática y vocacional respectivamente. Ver H.I. Lederle, *Treasures old and new: interpretations of Spirit- Baptism in the Charismatic Renewal movement* (Peabody, MA: Hendrickson, 1988) y Hunter, *Spirit Baptism*, p. 653.

[42] McDonnell, 'The Experiential', pp. 43-58.

Esta escatología está en contraste con la del fundamentalismo dispensacionalista tradicional que está de acuerdo con Agustín, Warfield y otros que creyeron que los dones del Espíritu, los llamados *dones o señales*, fueron limitados solo para la era apostólica. Esta delimitación dispensacional significa que uno está ahora en la *era de la iglesia* donde hay una división definida entre la iglesia y el reino, entre los pasajes de las Escrituras del reino del Sermón del Monte y las prescripciones paulinas para la iglesia, y entre esta era y la era venidera.

Para los fundamentalistas dispensacionalistas estrictos lo que acontece en una era no puede volver a ocurrir en otra era. Pero para los pentecostales las líneas de distinción se dibujan de una manera diferente. Sin embargo, influenciados por el dispensacionalismo de Scofield,[43] dieron un giro diferente a esto. Muchos pentecostales operaron en tres dispensaciones, en lugar de siete o doce. Es decir, vieron una era del Padre, una del Hijo y una del Espíritu Santo. Estas tres eras o dispensaciones, correspondieron aproximadamente a la historia de Israel; a la vida, ministerio, muerte, resurrección y ascensión de Jesús; y a Pentecostés, como el principio de la actual era del Espíritu. Hubo un traslape e interpenetración de estas dispensaciones, y una suerte de desarrollo progresivo, lógico. Las historias habladas (los testimonios) de esta continuidad proveyeron un desarrollo, no solamente con lo realizado antes, sino, más específicamente, con el Apocalipsis futuro.

La develación completa de eventos, como a veces fue gráficamente representado en *mapas* que se exhibían en los santuarios alrededor del mundo, era de hecho un proceso continuo de la revelación divina. El último libro de la Biblia, el Apocalipsis, proveía una perspectiva con la que se veía hacia atrás como un todo. Casi de la misma manera, cuando se lee el último capítulo de una novela de misterio, para leer de manera diferente los capítulos anteriores. Permanecía mucho misterio, pero al final Dios, un Dios de amor y poder justos, prevalecía junto con todos aquellos, que eran justos con él, lo amaban y vivían de su poder, mientras que la Bestia, el Falso Profeta y

---

[43] Véase, para una breve descripción del dispensacionalismo y su continuo impacto en el pentecostalismo, con una cierta disensión pentecostal contemporánea H. Gause, W. Horton y F. L. Arrington 'Dispensationalism', *DPCM*, pp. 247-48, y P.H. Alexander, 'Finis Jennings Dake', DPCM, pp. 235-36.

el Anticristo eran derrotados. Los espíritus asociados a estas figuras escatológicas estaban y están ya obrando y las representaciones o las anticipaciones de estas se podrían identificar tanto en la arena política mundial como muy cerca del hogar. Los poderes de la era venidera estaban siendo derramados sobre los muros dispensacionales levantados por los *mapas* tradicionales de la historia dispensacionalista. La iglesia era el nuevo Israel y tenía una preocupación especial por la nación de Israel debido a las promesas dirigidas a ella. Sin embargo, mientras que había una diferencia entre la nación de Israel y la iglesia, el destino espiritual era el mismo. Las promesas de Dios veían hacia adelante, al mismo reino y *trono de David*, que se restaurará cuando Jesús se siente en el reino milenial y gobierne a las naciones.

El reino estaba irrumpiendo desde el futuro y el Espíritu estaba siendo derramado. Los pentecostales no vendieron todo y se fueron a las montañas para esperar su aparición. No se retiraron a una cueva a orar. No fijaron las fechas para su venida. Aunque, como la iglesia primitiva, estaban seguros de que el Señor llegaría pronto, ellos fueron llamados a predicar el evangelio a las naciones y para conseguir que la Novia esté lista para el Novio. Las experiencias de crisis dentro de este proceso orientado escatológicamente fueron las etapas a lo largo del camino, marcas a lo largo del pasillo, hacia el altar y el banquete matrimonial. No eran experiencias por el gusto de las experiencias. Eran las preparaciones necesarias para un reino donde todo es santidad junto al Señor, un reino que incluso ahora es justicia, paz y gozo Espíritu Santo (Rom 14:17).

No había consideración de méritos ni derechos de trabajo. La fe era un don de Dios por gracia. Pero la fe que justifica trabajaba a través del amor. En respuesta a la justicia declarada por Dios para el creyente, el creyente declaraba, y caminada en toda justicia. Aquellos que amaron a Jesús tenían que amar a la iglesia y al prójimo. Los que fueron salvados por el poder de Dios tenían que recibir poder para inundar con el evangelio liberador a todas las naciones.

Esto significa que la iglesia se convirtió en una fraternidad misionera donde los testimonios se daban constantemente con el propósito de desarrollar entre los oyentes las virtudes, la expectación, las actitudes y las experiencias de aquellos que testificaban de Cristo. Un testimonio primitivo típico (así como los cultos y los periódicos siempre estaban llenos de ellos) sería algo parecido a esto: '*Estoy tan agradecido al Señor que me salvó, me santificó, y me llenó con el bendito Espíritu Santo. Estoy agradecido de ser parte de Su Iglesia y en camino al cielo*.[44] Entonces habría seguido una revisión de los acontecimientos recientes o próximos que eran ocasiones de alabanza o petición para la iglesia. Las sanidades, las pruebas, las tentaciones y las victorias podían reflejarse en la iglesia. Escuchando y dando a testimonios la congregación era involucrada en una praxis de reflexión teológica que, aunque abierta finalmente, producía gran uniformidad y llevaba a construir relevancia.

También había control del *fuego salvaje* o fanatismo.[45] Consideremos el siguiente extracto de una carta fechada el 27 de febrero de 1907 del influyente evangelista y líder eclesial G. B. Cashwell en Dunn, Carolina del Norte:

> Estoy recibiendo cartas cada día del norte, sur, este y oeste de personas que han atendido a mis reuniones diciendo que ellos recibieron su Pentecostés y hablan en lenguas.

> La gente ha sido estafada en su fe, con la reconsagración, el bautismo de fuego, y la 'dinamita', hasta el punto de que casi la pierde la fe. Alaben a Dios por Pentecostés. Alcance su experiencia de justificación en buena forma, entonces conseguirán experimentar la santificación de un corazón limpio. Cuando su fe se haya asido de la promesa del Padre y del Hijo, y de la Palabra de Dios, usted tendrá la misma gran alegría que tuvieron los que subieron del Monte de los Olivos a Jerusalén. Entonces podrás adorar y bendecir a Dios y el Espíritu Santo vendrá a tu interior y adorarás a Dios en una lengua desconocida [sic] y tú no dudará más, aunque te quemen en una pira de fuego o te decapiten. Él testificará de sí mismo. No perdamos la promesa.[46]

---

[44] Una versión típica de este testimonio desde los primeros años hasta los años 60 era: '¡Alabado sea Dios!' *'Me salvó, santificó, llenó con el Espíritu santo, soy miembro de la gran Iglesia de Dios y en mi camino al cielo estoy determinado a sostenerme hasta el fin'*.

[45] Quizás más que cualquier otro grupo en Norteamérica, actualmente, los pentecostales han desarrollado una sensibilidad especial hacia los charlatanes y a lo simplemente exótico. Antes de que sus escándalos aparecieran en las noticias, muchos pentecostales tradicionales o clásicos desconfiaban de Jimmy Swaggart, estaban desconcertados con Oral Roberts y en desacuerdo abierto con muchas de las creencias y prácticas de los Bakkers. Todos los grupos cristianos tienen escándalos -generalmente no muy originales: como, por ejemplo, dinero, sexo y poder. Pero los pentecostales están especialmente abiertos a la crítica debido a sus *altas* demandas y expectativas doctrinales y éticas.

[46] G. B. Cashwell, *AF* 1.6 (1907), p. 3.

Los evangelistas y las congregaciones que habían *ardido en exceso* aprendieron, algunas veces, a *probar los espíritus* y a reconocer lo que no era escritural, edificante o unificador. Pero si había experiencias falsificadas fue, solamente, porque las cosas verdaderas eran tan maravillosas.

La triple experiencia pentecostal

Ahora será provechoso considerar la *experiencia pentecostal* del creyente en su correlación con la visión de Dios, los medios empleados, las evidencias buscadas y los resultados deseados. Recordando el análisis de Runyon de la experiencia en términos de su fuente, *telos*, la transformación acompañante y las sensaciones del asistente, veremos que esta discusión, con algunas modificaciones, se construye sobre sus percepciones. Dios es la fuente y, en un sentido verdadero, el *telos* de estas experiencias. Dios forma a las personas a través de estas experiencias en un conglomerado para una comunidad eterna consigo misma cuando el reino de Dios haya sido consumado. La penúltima meta de esta formación es el entrenamiento para el servicio cristiano.

El pentecostalismo primigenio organizó su comprensión de la vida cristiana alrededor de tres *bendiciones* o *experiencias*: (1) Justificación, (2) santificación y (3) bautismo del Espíritu. Cada *experiencia* es una realización penúltima de un aspecto del reino venidero y se correlaciona con un atributo de Dios. Las experiencias recapitulan el develamiento progresivo de la economía salvífica de Dios.

La manifestación de los dones del Espíritu confirma que el poder del primer siglo sigue actuando todavía. Dios sigue siendo la fuente; y, lo más importante, el poder del fin está obrando actualmente llevando todas las cosas hacia su cumplimiento en Cristo. ¿Qué significa, entonces, ser justificado, santificado y llenado con el Espíritu Santo a la luz del inminente regreso de Cristo? Veamos a continuación.

Justificación

Experimentar la justificación es simultáneamente atestiguar el perdón, el nuevo nacimiento, la regeneración, la adopción y estar en un mundo nuevo. En un ambiente pentecostal, *ser salvo* significa el ingreso en el programa de entrenamiento de la comunidad misionera en la que, con los pecados perdonados, uno puede continuar caminando en la luz, hacer las cosas correctas y la paz con aquellas personas a las que uno pudo haber ofendido (restitución), y perdonar a los que habían pecado contra uno. Dios es justo, y la justicia es una palabra que describe todos los requisitos de una relación recta o del caminar en la luz con Él. ¿Cómo podrán dos caminar juntos sino están de acuerdo? (1 Juan 1.16; Amós 3.3).

Si el creyente está realmente justificado, no caminará más en la oscuridad y en el pecado. Ahora, a través del poder del Espíritu, uno puede resistir al diablo, negar la carne y caminar separado del mundo. Uno debería *practicar lo predicado* y *predicar lo practicado*. Hacer menos que esto, es ser un hipócrita. Y, en el peor de los casos, reincidir en la misma falta es un pecado grave. Todas las *'experiencias'* son admisibles, y todas pueden ir en aumento, pues el creyente crece en sabiduría, conocimiento y poder.

En la justificación uno reconoce la voluntad de Dios como la dirección para toda la vida. Puesto que Jesús vino para hacer la voluntad del Padre y para satisfacer toda justicia, cada creyente debe vivir en justicia, para llegar a ser justificado por Dios en Cristo, de modo que brillará como luz en la oscuridad en un mundo que se muere. Es necesario que la luz brille, especialmente, porque en los últimos días la oscuridad aumentará y el bien y el mal crecerán juntos.

Las reglas de justicia y las prácticas de santidad adoptadas del movimiento de santidad del siglo XIX sirvieron para marcar la diferencia entre la iglesia y el mundo, entre el santo y el pecador. Como la luz de la Escritura ilumina el camino por medio de la Palabra y el Espíritu, uno camina en él. Fallar en esa demanda significa volver atrás. Esta visión de la vida cristiana, como un viaje, está presente en el himno: 'Yo siento que estoy en el camino'. Allí se afirma lo siguiente:

1. Mi hogar celestial es brillante y bello,
    Yo siento que estoy en el camino,
    Ni el dolor, ni la muerte pueden entrar allí.
    Yo siento que estoy en el camino

2. Brilla mejor que el sol,
    Yo siento que estoy en el camino,
    Esa mansión divina será mía,
    Yo siento que estoy en el camino.

3. He dejado de buscar un hogar abajo,
    Yo siento que estoy en el camino,
    ¿Qué llamas lo consumirán o qué aguas lo inundarán?
    Yo siento que estoy en el camino.

4. Mi felicidad es que una parte sea mía,
    Yo siento que estoy en el camino,
    Una mansión divina cerca del trono,
    Yo siento que estoy en el camino.

5. El Señor ha sido tan bueno conmigo,
    Yo siento que estoy en el camino,
    Hasta ver ese bendito hogar,
    Yo siento que estoy en el camino.

CORO

Sí, yo siento que estoy en el camino,
Yo siento que estoy en el camino;
Mi hogar divino es brillante y bello.
Yo siento que estoy en el camino.[47]

Muchas otras canciones hablan del cambio e imploraban al Salvador que los 'lleve todo el camino a través del tormentoso mar de la vida'.[48] Los adoradores declaraban a menudo en canciones que ellos 'no querían conformarse a este mundo',[49] porque la 'Santidad al Señor'[50] era su canto y su señal. Ser justos era obedecer con urgencia la voz de Dios mientras las 'Lluvias tardías caían'.[51] Uno era llamado para vivir como 'Si el fin del mundo fuera hoy'.[52]

---

[47] W. Hunter and J.D. Vaughn, en *Church Hymnal,* p. 133.

[48] W.M. Ramsey, 'The Land of Perfect Day', en *Church Hymnal,* p. 22. See also A.E. Brumley, 'Jesus, Hold My Hand', p. 52.

[49] S.J. Massengale, 'I Don't Want to Get Adjusted', en *Church Hymnal,* p. 218.

[50] 'Holiness unto the Lord' de la Señora C.H. Morris aparece en himnarios pentecostales desde los primeros días hasta el presente; cf. Henry Date and E.A. Hoffman, *Pente-costal Hymns Number Three: A Winnowed Collection for Evangelistic Services, Young People's Societies and Sunday-Schools* (Chicago: Hope Pub. Co., 1894), p. 52.

[51] M.S. Lemons and E. Haynes, en E. Haynes y M.S. Lemons (eds.), *Church of God Songs: Tears with Joy* (Cleveland, TN: Church of God Publishing House, 1920), p. 8.

[52] C. Taylor y T. Benton, en Haynes y Lemons (eds.), *Church of God Songs: Tears with Joy,* p. 97.

Varios aspectos del *ethos* Pentecostal inicial y de su ubicación social se registran en el siguiente himno:

'Qué vergüenza para la gente que sigue este camino'

1. Algunos van al culto porque aman a Dios.
   Y siguen el camino que los peregrinos recorrieron;
   Hay paz, hay paz para la gente que sigue este camino.

2. Algunos van al culto y se deleitan,
   Aman alabar a Jesús desde la mañana hasta la noche;
   Hay paz, hay paz para la gente que sigue este camino.

3. Algunos van al culto y se quejan y gritan,
   Y en un momento estos cristianos se vuelven hacia afuera,
   Hay paz, hay paz para la gente que sigue este camino.

4. Algunos predicadores celebran cultos y usan sus sacos largos,
   Pero todos ellos son buenos para tomar nuestras cabras;
   Vuélvanse, vuélvanse, de los predicadores que hacen así.

5. Alguna gente va a la reunión y toman los primeros bancos,
   Y después de la reunión siguen fumando, maldiciendo y masticando tabaco;
   Hay vergüenza, hay vergüenza, para la gente que sigue este camino.

6. Alguna gente va a la reunión, usando ropas finas,
   Pero ante el evangelio verdadero, dan vuelta su nariz;
   Vuélvanse, vuélvanse, de la gente que hace así.[53]

Este era el fuerte sentimiento de la iglesia como un cuerpo de creyentes comprometido y disciplinado (como los Anabautistas del ala radical de la Reforma Protestante) que le dio identidad y sentido de pertenencia a la fe. ¡Aunque, obviamente, podía hacer que cualquier persona que entrara en ese *ethos* se sintiera muy incómoda! Este grupo de seguidores fieles interpretó al mal, aunque muy activo, como no teniendo ya dominio sobre sus vidas. Ya que ellos disfrutaban de un descanso divinamente otorgado para su alma:

---

[53] C. Taylor, en Haynes y Lemons (eds.), *Church of God Songs: Tears with Joy*, p. 98.

'Hay un descanso que permanece'

1. Hay un descanso que permanece para el bueno y el ben-
   dito,
   Para el fiel, el probado y el verdadero;
   Y es para nosotros hoy, quienes andamos en el camino,
   Jesús nos dice qué hacer.

2. Temamos no sea que caigamos, hay un descanso para to-
   dos nosotros,
   Dejemos de vacilar ante el camino;
   Es la gracia para esta hora, ¡Oh! es un poder maravilloso,
   Cuando el Consolador viene a quedarse.

3. Tú puedes encontrarlo demasiado tarde, cuando seas lla-
   mado a la puerta,
   Si malgastas tu tiempo lejos;
   Él ahora te está llamando, quiere que llegues humilde-
   mente,
   Él te salvará de un camino oscuro de pecado.

4. Te digo que hay peligro, puedes alejarte de Él,
   Él te está llamando ahora tan dulcemente;
   ¿Te alejarás de Él hasta el día del gran juicio?
   ¿Por qué no vienes y te arrodillas ante Él?

CORO

Hay un descanso, dulce descanso, para los buenos y los
benditos,
Y un hogar en el cielo algún día;
Recompensas ricas por nosotros allí, en esas mansiones
tan hermosas,
Si lo seguimos a Él todo el camino.[54]

La paradoja del descanso y el trabajo se capta con mayor
contraste en una selección de *Canciones de Poder Pentecostal* de 1908
titulada 'Trabajaremos hasta que Jesús venga':

1. Oh tierra de descanso, suspiro por Ti,
   ¿cuándo vendrá el momento?;

---

[54] Haynes y Lemons (eds.), *Church of God Songs: Tears of Joy*, p. 98.

¿Cuándo dejaré mi armadura,
y moraré en paz en mi hogar?

2. No conozco alegrías en la tierra,
ningún refugio seguro;
Este mundo es un desierto de aflicción,
este mundo no es mi hogar.

3. A Jesucristo huí por descanso;
Él hizo que dejara de vagar,
Y se inclinó para socorrerme en Su pecho,
hasta que Él me conduzca a mi hogar.

4. Yo busqué inmediatamente a mi Salvador,
no vagarán más mis pasos;
Con Él afrontaré la terrible marea de la muerte,
y alcanzaré mi hogar celestial.

CORO

Trabajaremos hasta que Jesús venga,
Trabajaremos hasta que Jesús venga,
Trabajaremos hasta que Jesús venga,
Y estaremos juntos en el hogar.[55]

En esta canción, la piedad pentecostal, retrata al mundo como lugar de desgaste y de aflicción. Pero este mismo mundo es un campo de cosecha que está completamente destinado a ser renovado en el milenio. El mundo, sin embargo, es actualmente un sistema que interrelaciona las realidades institucionales y espirituales que son conducidas por la pasión de la carne, la lujuria de la vista y el orgullo de la vida (1 Juan 2.15-17). Cuando uno nace de nuevo, no sigue más a la *muchedumbre*, sino que sigue a Jesús en justicia.

En ese tiempo de caos moral, ser un discípulo era seguir en el camino de justicia y vivir por ciertas reglas o disciplina de vida. Y era más que la mera aplicación de principios bíblicos a distintas situaciones y decisiones. Era un seguimiento personal que discernía a Jesús en el Espíritu. Había condiciones que cumplir si uno

---

[55] Elizabeth Mills y W. Miller, en R.E. Winsett, *Songs of Pentecostal Power* (Dayton, TN: R.E. Winsett, 1908), p. 179.

continuaba fiel en el camino. Como se indica en el siguiente himno, la condición principal era la humildad:

'Humíllate para caminar'

1. Si quisieras estar con el querido Salvador del cielo,
    Camina por este lado desde la mañana a la noche.
    Hay una regla que cada día debes seguir,
    Humíllate para caminar con Dios.

2. Así como el Señor en los tiempos antiguos,
    Ha caminado y comulgado con profetas y sabios,
    Él vendrá ahora si cumples las condiciones,
    Humíllate para caminar con Dios.

3. Así como un arroyo encuentra un lecho tranquilo,
    Jesús camina con el puro y el santo,
    Arroja fuera tu orgullo, y constriñe tu corazón,
    Humíllate para caminar con Dios.

CORO

> Humíllate y el Señor se acercará a ti,
> Humíllate y Su presencia te animará;
> Él no caminará con el orgulloso o el altivo,
> Humíllate para caminar con Dios.[56]

Los justificados caminaban humildemente en la luz, y eso requiere al Espíritu, tanto como una linterna requiere de baterías. La preocupación por caminar en el Espíritu, en la presencia de Jesús, significaba que el pecado era muy personal. Ésta es una de las contribuciones más significativas del movimiento pentecostal, incluso, actualmente: Un sentido de pecado no solamente como transgresión sino como una afrenta personal al Espíritu Santo. El pecado es transgresión. Y, fundamentalmente, un rechazo de la convicción o del convencimiento del Espíritu referente al pecado, la justicia y el juicio. Uno no puede ser un testigo convincente si no vive diariamente las convicciones enseñadas por el Espíritu referente a estas realidades. El Espíritu puede ser afligido, resistido, insultado, apagado, mentido y, lo que es más grave aún, blasfemado (Efesios 4.36;

---

[56] J. Oatman, Jr y W.J. Rogers, en Winsett, *Songs of Pentecostal Power*, p. 60.

Hch. 7.51; He. 10.29; 1 Ts. 5.19; Mt. 12.31; Lc. 12.10). Pero para caminar en la luz se tiene que caminar en el Espíritu que guiará a toda verdad, mostrará las cosas para venir, y dará a conocer las cosas de Cristo (Juan 14-17).

Caminar en el Espíritu requiere no sólo iluminación—lo cual fundamenta todo—sino también el llamado, el nombramiento, la dirección, la sabiduría y el ritmo del Espíritu. Un comportamiento Escritural requería de acciones particulares continuas del Espíritu Santo que también era el líder y el Señor de los santos. Esto fue expresado en los testimonios como narraciones, de la providencia y de la vida cristiana, como una conversación en la que estaban involucrados Dios, los creyentes y el mundo. La piedad pentecostal, como la espiritualidad wesleyana, estaba muy de acuerdo con el orden juanino: caminar en la luz, como compañeros, para ¡así ser limpiados de toda injusticia! (1 Juan 1.7).

Dejar que el Espíritu ordene y dirija la vida y, caminar según ese orden y dirección, era caminar en justicia. Esa caminata comenzaba en el acto regenerador que le otorgaba al creyente una nueva fuente para su vida. Consecuentemente, él o ella, podía caminar según el Espíritu y no según la carne. Como un primer testimonio de justicia el creyente pentecostal podía *seguir a Cristo en el bautismo* declarando públicamente que ahora estaba disponible para 'cumplir toda justicia' (Mateo 2.13-17). Esto era una celebración comunitaria y llevaba una bendición especial y un incremento del gozo. Casi siempre era por inmersión, y, durante los primeros diez años del movimiento, fue realizado universalmente en el nombre del Padre, del Hijo y del Espíritu Santo. Ser bautizado indicaba, no solamente la conversión, sino también una voluntad de seguir todo lo que el Señor le mandara. La penúltima meta diaria era caminar en la luz.

Santificación

La narrativa de la justificación implica generalmente el confesar las resistencias y los estancamientos en el deseo del creyente de vivir y satisfacer la voluntad de Dios. Hacer la voluntad de Dios, caminar en la luz, resistir al diablo y negarse así mismo, es lo bueno. Pero la santificación implica buscar activamente toda la voluntad de Dios para la vida, amando al Señor con todo el corazón y llevar las cargas alegremente, sin quejarse. Inicialmente la santificación ocurría con la justificación y el nuevo nacimiento, pero la santificación entera tenía que esperar, ser deseada y ser buscada. Nuevamente, como en el caso de la justificación y del nuevo nacimiento, escuchar las Escrituras, los testimonios y las canciones, prepara el camino. '¿Está tu Todo en el altar?', 'Límpiame' y 'La ola purificadora', de Phoebe Palmer, eran cantadas igual que, por supuesto, el insuperable himno de Carlos Wesley: El 'Divino amor'. El efecto de este proceso de exposición a la predicación, enseñanza, canto y testimonio de la santidad es capturado en la narrativa del siguiente himno de F. M. Graham:

'Cantaremos y predicaremos la santidad'

1. Cuando oí hablar de la santidad pensé 'debe ser correcto';
    Parecía caber en la Biblia, ser la luz del cristiano.
    Oí a gente cantar y testificar también:
    Parecían amar a su Salvador, como los cristianos deben hacer.

2. Pensé alguna vez unirme, pero dije que no me podría mantener,
    Para estar entre esa gente que es llamada la 'banda santa'.
    El mundo los menospreciaba y decía que eran tan impulsivos,
    Hablaron a menudo contra ellos y decían que eran solamente basura.

3. Pero fui a oírlos y vi la manera en que lo hacían,
    Vi que tenían un tesoro oculto a la gente del mundo.
    Parecían ser felices y llenos con el amor cristiano;
    Cuando la gente los criticaba solamente miraban hacia arriba.

4. Mi corazón comenzó a tener hambre, a tener sed y a arder por dentro:
    Deseé la salvación completa, la libertad de todo pecado.
    Fui a Dios por santidad y clamé a Su nombre;
    Él limpió totalmente mi corazón, y lo llenó de él.

5. Y ahora soy uno que lleva el nombre de esa feliz banda santa;
    He cruzado el río Jordán y en la tierra de Canaán,

La atmósfera es agradable y hay toda clase de frutos,
Cuando alcances los portales del cielo no seré dejado
atrás.[57]

Si la justicia era una relación y una dirección correcta para la vida,
la santidad era el estándar para vivir y la esencia de la vida cristiana.
El deseo del pecado debía ser crucificado, los actos de la carne mortificados, y las manchas del pecado y sus tendencias debían ser limpia-
das. Si la justificación señaló una ruptura radical con el mundo, entonces la santificación era ocuparse radicalmente de la carne, de la
vieja naturaleza o del yo carnal. El ego (yo) fue negado en la justificación y, desde entonces, tenía que hacerse a diario. Pero en la santificación, el ego (yo) venía a una nueva integración de amor perfecto
perpetuada en una continua respiración espiritual. La santificación
entera, la limpieza interna completa, sería evidenciada en permanecer en el gozo, la acción de gracias y la oración. Las prácticas de santidad no tenían límites establecidos para su obediencia. Eran simplemente los primeros pasos, el entrenamiento básico para ejerci-
tarse en la justicia y en la santidad de corazón y de vida. Amar los
mandamientos no era nada pesado o gravoso.

¿Pero qué de una segunda experiencia definitiva de gracia santificante? Incluso en la experiencia de la Calle Azusa hubo quienes
no experimentaron ningún intervalo entre la santificación y el bautismo del Espíritu, sino que recibieron ambos—la santificación y el
bautismo del Espíritu—simultáneamente. A pesar de ello, para los
líderes en la Calle Azusa y, particularmente para W. J. Seymour, fue
importante describir el bautismo del Espíritu como el flujo del Espíritu 'sobre la vida santificada'.[58] La justificación y la santificación
eran dos obras de gracias separadas. Eran las obras de la gracia que
habían sido restauradas a la iglesia con las reformas luterana y wesleyana respectivamente. El bautismo del Espíritu se daba sobre la vida
santificada. El Espíritu Santo testificaba al espíritu humano que la
obra se había completado.

En la justificación uno tenía que caminar en toda la luz, en la
voluntad del Padre. En la santificación el creyente tenía que caminar

---

[57] F.M. Graham, en Winsett, *Songs of Pentecostal Power,* p. 213.
[58] La declaración de *The Apostolic Faith*, encontrada en casi cada tema, sostenía
que el bautismo del Espíritu se daba en una vida santificada.

en el amor perfecto de Jesús. Ese amor llenaba el corazón y, sin él, nada aprovechaba (1 Corintios 13). Así como Jesús había rogado por la santificación de sus discípulos y de los que habrían de venir después de ellos, los creyentes debían rogar por su santificación. Puesto que él se santificó a sí mismo en un completo auto-ofrecimiento en la muerte, el creyente debía crucificar la carne con sus pasiones y descansar totalmente en las manos del Padre.[59] Los medios de la santificación eran el Espíritu, la limpieza por la Palabra y, fundamentalmente, la sangre de Jesús. El Espíritu dirigía al creyente a las resistencias internas a la voluntad de Dios. Era necesario que hubiese armonía, entre la voluntad y la naturaleza del creyente, así como la armonía que existe en la santidad de Dios. De hecho, el llegar a esa armonía y a esa paz en amor, era la misma esencia de la santificación. Era un deleitarse en la voluntad y en la presencia de Dios, y un deseo sincero de agradar al Señor en todas las cosas. Cuando se era santificado, la comunidad de creyentes se regocijaba al oír el testimonio y, después, estaban allí para asistir al crecimiento en la santificación que vendría, ahora, sin obstáculos por la resistencia de la carne.

La fe superaba al mundo, la crucifixión había matado *la carne*. ¿Pero qué sobre el diablo y su oposición a la misión, que era el mismo corazón de la vida de la iglesia?

Bautismo del Espíritu

Había una tercera experiencia, el bautismo en el Espíritu Santo, que equipaba al creyente para la batalla espiritual de derribar las fortalezas del enemigo y alcanzar al perdido. ¿Cómo se relacionaba el poder del Espíritu con la pureza, previamente mencionada, del corazón y de la vida? En 1908, *The Apostolic Faith*, contestó una serie de preguntas sobre varios aspectos de la vida cristiana. Muchas de las primeras respuestas se relacionaban con la santificación, el bautismo del Espíritu y su evidencia:

Preguntas Contestadas

---

[59] R.H. Gause, en la más significativa soteriología pentecostal escrita hasta la fecha, se enfrenta con el problema de una experiencia de la salvación aparentemente fragmentada, episódica y organizada por etapas. Él hace uso extenso de Jn. 17 para demostrar la correlación entre la santificación, el gozo, la unidad y la misión. Ver R.H. Gause, *Living in the Spirit: The Way of Salvation* (Cleveland TN: Pathway Press 1980; revised and expanded edition CPT Press, 2010).

¿Debe una persona buscar la santificación antes que el bautismo con el Espíritu Santo?

Sí. La santificación nos hace santos, pero el bautismo con el Espíritu Santo nos empodera para el servicio después que somos santificados, y nos sella para el día de la redención. La santificación destruye al cuerpo de pecado, al viejo Adán (Ro. 6.6-7), cuando una persona ha sido salvada de sus pecados, entonces esta se consagra así misma a Dios para ser santificada, y su cuerpo de pecado es destruido o crucificado.

¿Cuál es la evidencia verdadera de que un hombre o una mujer han recibido el bautismo con el Espíritu Santo?

El amor divino, que es caridad. La caridad es el Espíritu de Jesús. Tendrán los frutos del Espíritu (Gál. 5.22): 'el fruto del Espíritu es amor, gozo, paz, paciencia, benignidad, bondad, fe, mansedumbre, templanza; contra tales cosas no hay ley. Pero los que son de Cristo han crucificado la carne con sus pasiones y deseos.' Esta es la evidencia bíblica verdadera en su conducta y conversación diaria; y las manifestaciones exteriores; hablarán en lenguas y las señales los seguirán: echarán fuera demonios, y sobre los enfermos pondrán las manos y sanarán, y el amor de Dios por las almas aumentará en sus corazones.

¿Es necesaria la imposición de manos para recibir el Espíritu Santo?

No. El creyente lo puede recibirlo en su habitación. El regalo del Espíritu Santo viene por la fe en la palabra de Dios. Usted puede recibir el Espíritu Santo ahora, si está santificado. El bautismo del Espíritu es un don de poder sobre la vida santificada y, cuando la gente lo recibe, hablará más pronto o más tarde en lenguas, como manifestación del Espíritu recibido. Una persona puede no hablar en lenguas por una semana después del bautismo, pero tan pronto como comience a orar o alabar a Dios en la libertad del Espíritu, hablará en otras lenguas. Las lenguas no son para salvación. Es un don del Espíritu Santo. La gente no tiene que trabajar y agonizar por el bautismo, porque cuando todo el trabajo cesa entonces Dios viene. Cesemos de nuestras propias obras, que es un tipo verdadero del milenio.

¿Un alma necesita el bautismo en el Espíritu Santo para vivir una vida pura y santa?

No. La santificación nos hace santos (Heb. 2.11). El Espíritu Santo nunca murió por nuestros pecados. Fue Jesús quien murió por nuestros pecados, y es su sangre la que limpia nuestros pecados (1 Jn 1.7, 9). Es la sangre la que nos limpia y nos hace santos, y la sangre nos prepara para recibir el bautismo del Espíritu Santo. El Espíritu Santo viene en respuesta a la obra santificadora de la sangre.

¿Es el hablar en lenguas el estándar de la comunión con el pueblo pentecostal?

No. Nuestra comunión no viene con los dones y las demostraciones exteriores, sino por medio de la sangre y por el Espíritu de Cristo. Si un hombre es salvado y vive según la palabra de Dios, él es nuestro hermano, incluso, si él no ha recibido el bautismo en el Espíritu Santo con la manifestación de hablar en otras lenguas.[60]

Dos preguntas relacionadas fueron formuladas con respecto a la posibilidad de la restauración de una 'pérdida de la experiencia Pentecostal' y como cuidar 'la unción del Espíritu después de recibir el bautismo Pentecostal'. El redactor contestó con respecto a lo primero que una persona podría 'arrepentirse y hacer las primeras obras, y consagrarse para recibir la santificación, y esperar el bautismo' otra vez.[61] La presunción era que la experiencia pentecostal se había perdido por haber 'caído en la tentación y ser vencido por Satán'. A la pregunta referente al mantenimiento de la unción pentecostal, el redactor contestó que se podía guardar 'viviendo en la palabra de Dios, con obediencia perfecta'. ¡Ningún antinomianismo en la respuesta! Al parecer, algunos se habían preguntado, sobre el lugar del estudio de la Biblia después de 'recibir el Espíritu Santo'. El redactor dio la siguiente precaución al interrogador:

Sí (necesitamos estudiar); si no, uno llega al fanatismo o muchas veces será conducido por espíritus engañosos y comenzará a

---

[60] *AF* 1.11 (October-January, 1908), p. 2.
[61] *AF* 1.10 (September, 1907), p. 2.

tener revelaciones y sueños contrarios a la Palabra o comenzará a profetizar y a pensar de sí mismo con grandeza, creyéndose más grande que otros cristianos. Pero por la lectura de la Biblia en actitud de oración, esperando ante Dios, nos hacemos como niños humildes, y nunca sentiremos que tenemos más que los demás hijos de Dios.[62]

Estas preguntas y respuestas, evocadoras de las conferencias de Juan Wesley con sus ministros en el siglo XVIII, indican que desde muy temprano en este avivamiento hubo una reflexión comunitaria sobre la realidad viva de Dios en medio de ellos. La Escritura, los testimonios, las canciones, las vigilias de oración, la poesía, los dones espirituales, las vidas santas, todo sirvió para formar a las personas que compartieron una historia común. En todo esto la autoridad preeminente fue la Escritura.[63] El Espíritu revela las Escrituras desde 'Génesis hasta Apocalipsis y todo lo que usted debe hacer para seguir'. Según las Escrituras, el 'amor libre' y cualquier cosa asociada a impropiedades sexuales se condena como si fuera un 'hoyo del infierno. Es un dragón que devora a los que se salgan de la Palabra. Pero Él ha dado a sus hijos el conocer y discernir los espíritus'. Puesto que no hay mención en la Escritura al acto de escribir en lenguas desconocidas, eso no fue animado en las reuniones de la Calle Azusa. Todo tenía que ser medido 'por la Palabra para guardar a la obra de todo fanatismo'.[64]

Una declaración de fe fue desarrollada muy pronto en el avivamiento de la Calle Azusa y publicada en varios ejemplares de *The Apostolic Faith*. Consiste en frases breves, citas de la Escritura, afirmaciones en cuanto a la restauración de la fe apostólica y a las prácticas de la 'antigua fe' de campamentos, de los avivamientos, de las misiones, del trabajo en las calles y en las prisiones, y de la unidad cristiana en todas partes. Esta combinación de creencias, de declaraciones y de prácticas era una lista definitiva de los hechos distintivos por los que se vieron como una pequeña, pero significativa, comunidad de peregrinos.[65]

---

[62] *AF* 1.10 (September, 1907), p. 2.
[63] *AF* 1.10 (September, 1907), p. 2.
[64] *AF* 1.10 (September, 1907), p. 2.
[65] Ver las primeras declaraciones de fe en *AF* 1.1. (1906), p. 2.

El camino al reino

La justificación, la santificación y el bautismo del Espíritu, permitieron a los creyentes caminar en la luz, en amor perfecto, y en el poder y demostración del Espíritu Santo, respectivamente. Éste era el camino al reino. Era un viaje en Dios y con un Dios justo, santo, poderoso que estaba transformándolos a ellos y al mundo, por el poder del evangelio en preparación y anticipación del Apocalipsis final. La revelación del drama bíblico, de la historia de la iglesia y de la historia individual, todo esto era develar la acción histórica de Dios. La Escritura era la prescripción y la descripción normativa de estos acontecimientos. Pero las vidas de los creyentes eran significativas, como epístolas vivientes y luces brillantes en el anochecer, que señalaban el crepúsculo de la vieja era y el amanecer de lo nuevo. Y en todo esto el factor primordial y determinante era la revelación final de Dios: La meta de toda la historia, de todas las naciones y de toda la gente. Creer en este Dios santo, justo, poderoso, cuyo reino era justicia, paz y gozo, era ser transformado al final a través de Cristo, en el Espíritu. La indeterminada pero inminente venida de Jesús era entonces, tanto en el primer siglo como actualmente entre los pentecostales que estaban en continuidad pneumática con esos pioneros, la creencia decisiva y el entorno diario para todas las prácticas de adoración y de testimonio:

> 'Jesús viene pronto', es el mensaje que el Espíritu Santo está hablando hoy a través de cada uno que recibe el bautismo con el Espíritu Santo. Muchas veces traen la interpretación del mensaje hablado en lenguas desconocidas y muchas veces otros tienen la comprensión de las lenguas habladas. Muchos reciben visiones de Jesús y Él dice, 'Estoy viniendo pronto'. Dos santos en Minneapolis recientemente cayeron bajo el poder, fueron elevados hasta cielo, y vieron la nueva Jerusalén, la mesa extendida, y a muchos de los santos allí, ambos veían las mismas visiones al mismo tiempo. Dijeron que Jesús venía muy pronto y que nosotros teníamos poco tiempo para trabajar.[66]

Las creencias en las narrativas pentecostales bajo la influencia de esta visión apocalíptica del cumplimiento inminente llevaron los

---

[66] *AF* 1.11 (October [1907] to January 1908), p. 2.

creyentes a prácticas distintivas, que son señales, confirmaciones, y celebraciones del poder y legitimidad de estas creencias. Y, ocasionalmente, se convirtieron en la base para la refinación, corrección y complementación de estas creencias. La adoración y el testimonio eran los medios para expresar y para inculcar las creencias en estas narrativas. Todas las prácticas del movimiento de santidad del siglo XIX, el avivamiento evangélico y el metodismo primitivo en Estados Unidos y Gran Bretaña ('testimonio personal, hablar en lenguas, arrebatos emocionales y motrices, postraciones, oraciones espontáneas, llamadas del altar, sitios de oración, profecías, movimientos de manos, y un involucramiento corporativo más amplio en el culto y el ministerio'),[67] aparecieron en el pentecostalismo, así como muchas de las prácticas litúrgicas más tradicionales. La diferencia era la *gestalt*, esa mezcla particular de la intensificación escatológica evidenciada en la urgencia, expectativa y manifestaciones del Espíritu que dio lugar a una comunidad misionera cuya afirmación de *Las Lluvias Tardías* (su 'esto es...', al estilo de Hch. 2.16) cambió a los miembros del movimiento de santidad en miembros de una fuerza misionera pentecostal mundial.

Las Prácticas Pentecostales: El Culto y el Testimonio a la Luz del Fin

La restauración del evangelio completo de los últimos días
El hablar en lenguas y la sanidad habían estado ocurriendo a través del siglo XIX. De hecho, los pentecostales fueron los últimos en mostrar una continuidad limitada, pero significativa, de las lenguas y de otros dones que irrumpían a través de la historia desde Pentecostés hasta el presente. Adicionalmente ya había una extensa creencia en la venida premilenial del Señor. Pero hablar en lenguas y sanidades, como muestras de la irrupción escatológica del reino de Dios señalando el retorno inminente de Cristo, no era frecuente y, ciertamente, interpretar el 'evangelio quíntuple' como una restauración de los últimos días para la proclamación del evangelio del reino en toda la tierra, no se había escuchado antes de la aparición de la renovación pentecostal del siglo XX.

---

[67] Ranaghan, 'Rites', p. 654.

Esto no significa que la escatología no desempeñó ningún papel en la teología del movimiento de santidad del siglo XIX. A partir de la época del sermón de Juan Wesley 'Vestidos para la Boda',[68] siempre hubo una preocupación por la preparación y el estar listos entre quienes enseñaban la santificación wesleyana. El don de sanidad fue una manifestación notable durante el siglo XIX que miraba de nuevo al ministerio de Jesús y adelantaba el reinado milenial de Jesús cuando no habría enfermedad. Todavía, generalmente, la gama entera de dones del Espíritu era considerada como rara u ocurriendo solo esporádicamente, sin el significado o importancia escatológica para la comprensión de la vida cristiana, la naturaleza de la iglesia, y el testimonio misionero.

Se podría decir lo mismo sobre la noción más general del poder para el servicio. Los componentes de pureza y poder, de la enseñanza de la santificación del siglo XIX, habían sido como dos lados de una moneda. Fueron tratados en función de la necesidad de piedad y de poder personales para la vida santa y, al final, dispersaron la santidad Escritural a través de la tierra por medio de la evangelización y de varios programas de reforma social. Estas prácticas del esmero personal y del testimonio social, sirvieron para expresar y propagar el énfasis de la santidad y eran la aplicación de las creencias de la santidad. Con la intensificación escatológica, al interior de la llamada *ala más radical* del movimiento de la santidad, estas prácticas fueron consideradas como la preparación para el fin y la anticipación de este.

Pero ¿por qué fue necesario distinguir a la santificación del bautismo del Espíritu? ¿Qué nuevo ímpetu y dirección le dio esto al movimiento pentecostal? Sí, hubo un cambio en las categorías escatológicas de postmilenialismo a premilenialismo. Sí, hubo un cambio del énfasis en la santificación al bautismo del Espíritu, de la pureza y el poder, al poder para el servicio y la experiencia de una vida santa. Las lenguas se habrían podido entender como evidencia de la santificación, vista como bautismo del Espíritu, o viceversa. Ya había un reconocimiento de la diferencia entre la pureza y el poder.

La razón teológica central de esta distinción se basó en un conocimiento de la diferencia entre la misión de Jesucristo y la misión del Espíritu Santo. El Espíritu Santo no era solamente el Espíritu de

---

[68] Wesley, 'On the Wedding Garment' (see p. 54, n. 1).

Cristo ahora, sino también el Señor soberano. Los creyentes vivían para ser como Cristo, pero su testimonio era ser como el Espíritu. Era estar en paralelo con Jesús quien había testificado sobre sí mismo por el poder del Espíritu. Pero esto significó también que los creyentes tuvieron que tratar de esperar y buscar al Espíritu para dirección, comprensión y empoderamiento. Esto representó un cambio, de lo que era esencial y funcionalmente una práctica *binitaria*, a una práctica más trinitaria, con el peligro latente de un nuevo unitarismo del Espíritu.

Irónicamente, pero con una clase de 'Jesúscentrismo' reavivamientista lógico, el unitarismo que se desarrolló fue uno de la segunda persona de la Trinidad en lugar de la tercera persona. Quizás esta fisura del *nombre de Jesús* o *sólo Jesús* que se dio en el pentecostalismo temprano era una manera de colocar un sentido subconsciente del peligro del triteísmo y de reconocer la fuerte piedad *Jesúscéntrica* del pentecostalismo temprano y del avivamentismo anterior. También, se podría ver como una conclusión *lógica* de la concentración total que se daba en el movimiento del Evangelio Completo quíntuple, de Jesús como Salvador, Santificador, Bautizador, Sanador en el Espíritu y Rey que viene otra vez, en el que al Espíritu se le entendió simplemente como instrumental.

Cualquiera sea el resultado de la investigación histórica del cambio que dio lugar a la separación del pentecostalismo del movimiento de la santidad, cualquiera sea el veredicto en cuanto a las razones teológicas o sobre las preocupaciones inherentes en este cambio, resulta claro del análisis de las prácticas que la presencia escatológica de Dios en, entre y a través de los pentecostales, dio lugar a una recuperación del llamado universal para testificar en el poder y la demostración del Espíritu, con el propósito de cumplir la misión universal de la iglesia en los últimos días. La naturaleza misionera y carismática de la iglesia y, por lo tanto, de la vida cristiana, era ahora un tema y una preocupación de normatividad central.

Las evidencias y las manifestaciones sobrenaturales caracterizaron al nuevo movimiento. La demanda era que cada creyente en particular y, la iglesia universal, estaban llamados a testificar de Cristo en el poder y la demostración del Espíritu Santo con un sentido de urgencia y pasión escatológica. Los pentecostales no fueron más emocionales que los creyentes de los avivamientos y de los

despertares del siglo anterior. Luchaban para encontrar una nueva
integración teológica que hiciera mayor justicia a las nuevas experiencias, prácticas y percepciones bíblicas que emergían.

Las prácticas pentecostales eran aquellas acciones establecidas
sobre la base de la creencia, expresión y manifestación de los afectos,
e impactaron en la irrupción del reino de Dios con poder y manifestaciones espirituales. Era importante *practicar lo hablado* y *hablar lo
practicado*. Uno no puede entender la espiritualidad pentecostal,
aparte de un conocimiento de las prácticas congregacionales e individuales del culto y del testimonio, bajo la influencia del fin de los
tiempos. Las creencias acerca de la Biblia, la segunda venida, el Espíritu Santo, la vida cristiana y el culto en sí, son expresadas y formadas por esas prácticas. Si, como fue indicado en el capítulo 1, la tarea
teológica se entiende como una reflexión que discierne la realidad
vivida, llega a ser evidente que, para los pentecostales, como para las
teologías de la liberación (y, por supuesto, también diferente que
para ellos), la reflexión sobre una praxis distintiva, apocalíptica-
mente informada, es esencial para esa tarea.

Más que simplemente enumerar algunas de las prácticas, mi pro-
cedimiento será agrupar un número selecto de ellas, utilizando cuatro categorías que sean descriptivas de la espiritualidad y, sean a la
vez, reflejo de la experiencia escatológica particular de los pentecostales. Estas cuatro categorías descriptivo-analíticas son las siguientes:

a. Tensiones Fusión-Fisión.
b. Formación Oral-Narrativa.
c. Correspondencia Espíritu-Cuerpo.
d. Dialéctica Crisis-Desarrollo.[69]

La categoría fusión-fisión se coloca primero porque representa,
lo más directa y decisivamente posible, la tensión del *ya, pero todavía
no*, del apocalipticismo pentecostal. Esta tensión también se refleja
en las tres categorías siguientes y es, por lo tanto, fundamental a cualquier explicación de las prácticas pentecostales. La *Fusión* se refiere
a esas polaridades o pares de conceptos que son de igual

---

[69] S.J. Land, 'Pentecostal Spirituality: Living in the Spirit', en L. Dupre y D.
Saliers (eds.), *Christian Spirituality: Post-Reformation and Modern* (New York: Crossroad, 1989), pp. 484-90.

importancia y que, en el fuego apocalíptico de la espiritualidad, están fenomenológicamente fusionados. La *Fisión* se refiere a esos elementos o dinámicas que están separados, de valor desigual para el creyente y que, a veces, son mutuamente excluyentes. La primera (fusión) expresa una integración mientras que la segunda (fisión) expresa una segregación o una distinción importante.

Fusión: la irrupción y la transformación del reino

El espacio y el tiempo están fundidos en el cálculo profético creado y sostenido por el Espíritu del fin. Aquí y ahora, antes y después, son plegados y atravesados por el Espíritu de modo que haya un impacto personal de la tensión *ya-todavía no*, en la respuesta afectiva y en el comportamiento observado. Los pentecostales son movidos profunda y poderosamente por el Espíritu, reirán y gritarán, danzarán y esperarán en calma. En el Espíritu participan *ya* de las bodas del Cordero, pero también viven en el *todavía no* de un mundo perdido. Como se ha discutido anteriormente, el Espíritu actúa como una especie de *máquina del tiempo* a través de la Palabra, permitiendo al creyente viajar hacia atrás y hacia adelante en la historia de la salvación, para participar imaginariamente en los acontecimientos que han sido y que serán. El poder que levantó a Cristo de los muertos está llevando todas las cosas hacia la *parusía*. El Espíritu derramado en Pentecostés está llenando a cada creyente de una manera tal que el tiempo diario es *Kairós* para aquellos sobre los que el fin de las edades ha llegado.[70] Pero cada cumplimiento, cada *ya*, tiene una carga de *todavía no* o una promesa. El mundo y los creyentes caen, sin embargo, se redimen. El cuerpo ahora está muriendo, pero es el templo del Espíritu Santo, parte del cuerpo de Cristo.

En el tiempo del *ya-todavía no* se superponen los *eones* y los creyentes pueden hablar en lenguas y proclamar los actos poderosos de Dios en su propio lenguaje. La doxología es para ahora y refleja la fusión de la adoración y el testimonio de la iglesia. Los pentecostales en el Sur Global, frecuentemente, llevan el culto a las calles después de una mañana completa de adoración. Durante la tarde cantarán, testificarán, clamarán por las personas en la calle en una fusión de

---

[70] El entorno de Hch. 2 es los *últimos días* y los primeros cristianos se caracterizaron como aquellos sobre los que había venido el fin de las edades (1 Co. 10.11). Ésta fue también la perspectiva histórica de los primeros pentecostales.

adoración y testimonio (*leitourgía* y *martyria*). El poder del reino venidero está obrando a través del Espíritu Santo para hacer que todos los lugares y tiempos sirvan para la gloria de Dios.

Esta intensificación de alegría significa al mismo tiempo una intensificación del dolor o el deseo (véase el capítulo 3). El deseo es el reconocimiento afectivo del *todavía no* por aquellos que se pierden y por el mundo como un todo. Y hay un pesimismo de la naturaleza (que gime y suspira el Espíritu) y un optimismo de la gracia (regocijarse en el Espíritu). La práctica misionera pentecostal se parece más al optimismo pos milenial ('traeremos el reino proclamando el evangelio'). Pero la adoración pentecostal evidencia un pesimismo premilenial referente a la capacidad de cualquier acción humana para realizar el reino. ¿Optimismo?

¿Pesimismo o ambos? Parece que, para ellos, Dios no salvará al mundo sobre la base de sus obras. Pero Él tampoco lo salvará aparte de ellas. El reino está presente y será consumado. Creer esto es vivir del poder del Espíritu que dirige y empodera la praxis de adoración y el testimonio de la iglesia. El Espíritu mismo está en la alegría y el dolor y, es a la vez, la fuente de ellas. El Espíritu gime y suspira con toda la creación y dentro del creyente. Él crea y sostiene este deseo. Aunque, obviamente, el Espíritu conoce el fin y es de hecho suficiente, eficiente para su realización, allí sigue habiendo, en el Espíritu, un deseo divino. Es imposible estar lleno de tal Espíritu y seguir pasivos. No existen razones ni para la desesperación ni para el optimismo ingenuo. Hay una alegría sobria, un llorar de gozo y una esperanza realista.

Fusión también describe la relación del individuo con la comunidad. El cuerpo de Cristo es un tabernáculo compuesto de las piedras vivas para la habitación de Dios a través del Espíritu (1 Pedro 2.5). Como comunión en el Espíritu Santo, los miembros responden el uno al otro y al mundo, a partir de la primera y fundamental respuesta en el Espíritu Santo y al Espíritu Santo. La congregación responde en su totalidad al mover del Espíritu soberano. La adoración comunitaria e interactiva es profundamente sentida y fácilmente observable en el entorno pentecostal. Los dones del Espíritu son distribuidos por el Espíritu soberano como él quiere para el bienestar de la comunidad. Y el hecho de que todos responden al mismo Espíritu, que mora en la comunidad y la llena de su poder, lo que hace posible el discernimiento y la receptividad comunitaria. La manifestación de los dones siempre lleva la estampilla de los actuales talentos, las personalidades y la cultura de los creyentes, pero están fusionados con el inconfundible *todavía no* del carácter escatológico del Espíritu Santo y de sus dones. El Espíritu es derramado y capacita con dones al cuerpo, pero los creyentes todavía no son tan receptivos y expresivos, como lo serán en la consumación de la era. El impacto de la caída sobre la comprensión, la voluntad y las emociones todavía se siente, incluso y especialmente, entre los que están llenos del amor de Dios y que están santificados y comprometidos con el servicio del Señor.

Los pentecostales creen que la Biblia es la Palabra de Dios escrita. La mayoría suscribe una cierta forma de inspiración verbal, infalibilidad y, para casi todos pentecostales de Norteamérica, estos creen en la inerrancia de la Biblia. Las declaraciones oficiales, copiadas generalmente de declaraciones evangélicas, no reflejan exactamente la realidad de las Escrituras como Espíritu-Palabra. El Espíritu que inspiró y preservó las Escrituras ilumina, enseña, guía, condena y transforma con esa Palabra hoy. La Palabra está viva, es rápida y poderosa, debido al ministerio del Espíritu Santo. La relación del Espíritu con la Escritura se basa en la relación del Espíritu con Cristo. Incluso, como el Espíritu formó a Cristo en María, así el Espíritu utiliza a las Escrituras para formar a Cristo en los creyentes y viceversa. La predicación, las enseñanzas y el testimonio ungidos evidencian esta integridad, esa fusión de Espíritu y Palabra, Espíritu y Cristo.

El Espíritu es el Espíritu de Cristo que habla Escrituralmente, pero también tiene más que decir que la Escritura. El Espíritu-Palabra dirige la vida diaria y el testimonio de los creyentes y de la iglesia mientras que son conducidos a toda verdad. El Espíritu y la Palabra están fusionados, casados, y pueden ser separados o divorciados solamente a un gran precio y peligro para la iglesia y para el creyente. La Palabra viene en palabras y en el poder y la demostración del Espíritu. Si no se comunica en la plenitud del Espíritu, entonces, la comunicación no es completamente Escritural. Si no es Escritural, entonces, no importa cuán carismático parezca ser, no es espiritual, no viene del Espíritu Santo. Por supuesto este discernimiento llama a ser un cuerpo de personas que es formada en el Espíritu por todo el consejo de Dios.[71] Cada persona como portadora del Espíritu es oyente de la Palabra y viceversa. Y todos los portadores de la Palabra son los que oyen lo que dice el Espíritu a la iglesia. Si una congregación pentecostal no es receptiva a un predicador, usualmente significa que él o ella no están ungidos, o no están predicando la Palabra. Siempre que se viole la fusión la congregación lo manifestará reteniendo el *Amén*.[72]

Las prácticas ministeriales, especialmente de los primeros pentecostales, indicaron una fusión del clero y *laicado*, los varones y las mujeres, las razas y las clases. Clero y laicado son distinciones funcionales en una reunión en la que todos tienen un don que ofrecer; ningún don es más valorado que el otro. Todos son necesarios o no habrían sido proporcionados por el Espíritu Santo. El Espíritu se derrama sobre hombres y mujeres, por lo tanto, cada uno es invitado a adorar, testificar, y manifestar los dones de Dios. Las mujeres podrán predicar, imponer las manos sobre los enfermos, plantar iglesias, profetizar, hablar en lenguas y ayudar en todas las fases del ministerio. Todos, a la luz del fin, deben someterse unos a otros y asistirse unos a otros, en el camino hacia la meta. Deben unos a otros lavarse los pies en la limpieza preparatoria para el fin y en la perspectiva del servicio mutuo.[73]

Con respecto a la salvación y al caminar diario en santidad, fe y obras, *hablar y caminar*, amar y obedecer, evangelio y ley, están fundidos. El amor obedece. Aquellos liberados por el evangelio, desde la perspectiva del evangelio, permiten que la ley los mantenga dependientes de la gracia y dirigidos por la justicia. El reino venidero es un reino de justicia, por lo tanto, los creyentes tienen que practicar la justicia restitutiva para reparar los males cometidos contra otros. La fe sola es la que justifica a través de la gracia. Pero la fe que justifica nunca está sola; siempre está en el Espíritu, la fe que obra a través del

---

[71] 'Las Enseñanzas Prominentes' (*'Teachings Made Prominent'*) de la Iglesia Dios (publicado por primera vez en el *Evangel*, Aug. 15, 1910), similar a muchas otras en el pentecostalismo temprano, adopta 'toda la Biblia correctamente dividida' como su regla de doctrina, gobierno y disciplina.

[72] No se trata de excusar la culpabilidad, ignorancia de la Palabra, inmadurez congregacional, la charlatanería por motivos equivocados, confundir la exuberancia con la unción genuina, etc. Es más bien afirmar la práctica generalmente informada por años de experiencia en la *prueba de los espíritus*.

[73] Thomas, *Footwashing in John 13*.

amor. Estar en la fe es ser fiel. Ser infiel es ser un adúltero que ha caído del amor de Dios.

Los pentecostales creen que los cristianos pueden desertar o *reincidir*. Practican la separación de la comunión y la restauración de personas. Llaman a esos crucificados con Cristo a crucificar los afectos y las lujurias. Lo objetivo se fusiona con lo subjetivo. No ven esto como obrar-para-justicia. Ven a la fe, como obrando justicia, pero no inevitable o necesariamente. Las personas pueden oponerse a la conducción del Espíritu, a la luz de Palabra, y a caer en pecado. El mensaje de Cristo a las iglesias en Asia en el libro de Apocalipsis ha sido utilizado por los pentecostales desde el avivamiento de la Calle Azusa en 1906, para demostrar la importancia de escuchar lo que el Espíritu dice a las iglesias. Así como los individuos pueden caer, también las iglesias pueden ser engañadas pensando que todo está bien, viviendo así de la reputación pasada (Apocalipsis 1-3, especialmente 3.1).

Como resultado de este énfasis los pentecostales practicaron a menudo una disciplina bastante estricta en la que muy pocos temas dejaron de ser considerados (la llamada *adiáfora*). Las prohibiciones de la santidad contra la práctica de bailar, asistir teatros o cines (diversión mundana), utilización de joyas (lujo y adorno mundano, o exhibiciones vanagloriosas) etc., se convirtieron en tesis de la comunidad, más bien que materias para discusión posterior. En un esfuerzo por mantener la iglesia pura y prepararla, ofendieron a muchas personas o enseñaron una disciplina eclesial del *todo o nada, ahora*. Cuando el fervor apocalíptico era alto, por supuesto, la mayoría de la gente estaba alegre de someterse a esta relación de reglas o de prácticas de la santidad. Sin embargo, cuando se desplomó el fervor y subieron los ingresos económicos, más cosas fueron agradables; y, consecuentemente, muchos creyentes de la tercera y cuarta generación fueron a otras iglesias más flexibles en estos asuntos. Para la mayoría de los creyentes pentecostales de la primera generación, sin embargo, estas prácticas fueron heredadas del movimiento de santidad y consideradas como señal de ser consistentes con un compromiso total con un Dios que estaba buscando un pueblo que fuera santo y libre de culpa ante Él en amor (1 Tesalonicenses 5.23). Estas prácticas sirvieron también para darles una identidad social y un sentido de distinción entre la iglesia y el mundo. Estas prácticas fueron reforzadas como resultado de la persecución inicial que incluyó violencia contra personas y la destrucción de propiedades. Los epítetos tales como '*rodadores santos*' sirvieron para conducir a la gente a acercarse más y a buscar una justificación aún más Escritural para esas cosas que practicaban entre ellos como la adoración viva a Dios. La vida sencilla de sacrificio, la consagración espiritual y el testimonio de la fe, eran consistentes con la visión del reino que debía brillar frente a un mundo que les estaba observando.

Los frutos del Espíritu y los dones del Espíritu fueron fusionados al igual que las experiencias salvíficas de la regeneración, santificación y del bautismo del Espíritu. No era sólo una cuestión de agregar el bautismo del Espíritu a la santificación para tener un movimiento separado. Ni parecía correcto disociar las dos experiencias. El bautismo del Espíritu como el poder de Dios derramado sobre la vida santificada era una reafirmación de la insistencia anterior del movimiento de santidad respecto a la pureza y el poder como dos lados de la misma moneda. Aunque lógica y experiencialmente separables, podrían ocurrir simultáneamente, pero no debían ser disociadas teológicamente. Siendo y haciendo, frutos y dones del Espíritu, el carácter y la personalidad, debían ser considerados como un todo integrado. Dios estaba preparando a la Novia, la cual era consagrada y cuidada, que esperaba y trabajaba. La fusión de estos elementos de la vida cristiana era consistente con el cumplimiento escatológico. Uno no tenía que aguardar la redención del cuerpo en la resurrección para conocer la plenitud de la salvación como la regeneración, la santificación y el bautismo del Espíritu. Los frutos y los dones juntos abarcaban un testimonio completo o entero del poder del evangelio. El Espíritu integró lo interno y lo externo. Estas señales o evidencias eran necesarias, no solamente para la seguridad personal, sino también para el cuidado pastoral y el testimonio público, así como para la influencia de la iglesia.

En la fusión o unión con Cristo uno era fusionado o ensamblado al Padre y al Espíritu. El Espíritu era de hecho el agente de tal fusión. Tal unión con un Dios justo, santo y poderoso hizo necesaria y daría lugar a la transformación y el desarrollo apropiados. Entonces, la justificación exigió la santificación, y la santificación exigió la llenura del Espíritu, para la evangelización y la misión mundial. La justicia, el amor y el poder de Dios, llegaron a ser en los creyentes una profunda y motivadora pasión por el reino.

Fisión: Participando en el reino dentro de un mundo caído

Si la fusión tiende a favorecer el *ya* de la tensión escatológica, la fisión tiende hacia el *todavía no* de esa misma tensión. Las polaridades aquí son únicas, agudamente separadas y, en algunos casos, mutuamente excluyentes. Dios y Satán, luz y oscuridad, santo y pecador, iglesia y mundo, son todos los ejemplos de esos elementos mutuamente excluyentes. La polaridad se nota más claramente en la práctica del exorcismo, en la que la persona endemoniada, era separada del demonio por la fuerza del Espíritu que echa fuera al demonio. Entonces, la persona podía escuchar el evangelio y ser fusionada a Cristo.

El *mundo* era visto como un sistema sociopolítico, económico y espiritual que aprisionaba, pero que estaba pasando. Las personas eran del mundo o de la Palabra. Ser del mundo era evidenciado por la lujuria de la vista, la pasión de la carne y la vanagloria de la vida (1 Juan 2.16). La mundanalidad y la piedad eran mutuamente excluyentes. Llegar a ser cristiano se relacionaba con recibir el Espíritu de Dios y rechazar al espíritu del mundo. Hombres y mujeres eran invitados a salir del mundo, a separarse de todos los vicios que los ataban, a dejar los lujos mundanos, las bebidas intoxicantes, los hábitos dañinos (como fumar) y a dejar de frecuentar los lugares de diversiones mundanas donde había exhibiciones contrarias al Espíritu de santidad.

Los pentecostales instrumentalizaron la separación de este mundo en conformidad con el nuevo mundo que esperaban. Al hacerlo tan radicalmente relativizaron a este mundo y las implicaciones mundanas. El mundo los rechazó, y ellos rechazaron al mundo. Estaban en el mundo como testigos, no como parte del sistema. En los inicios del movimiento fue muy común el pacifismo y, con frecuencia, se puntualizaba que en primer y en último lugar, ellos eran ciudadanos del reino de Dios.[74] Como los Amish (menonitas extremos que han optado por retirarse del mundo), ellos no se retiraron a un espacio geográfico separado, pero fue muy importante para su sentido de identidad y de pertenencia enfatizar que ellos eran

---

[74] Véase, J. Beaman, *Pentecostal Pacifism* (Hillsboro, KS: Center for Mennonite Brethren Studies, 1989).

ciudadanos del reino de Dios. Su intensa convicción de Dios como el totalmente Otro y su intensa comprensión del reino de Dios los condujo a encontrar las maneras idóneas para testificar de Él en la vida diaria.

Cuando alguien llegaba del mundo a una comunidad pentecostal se hallaba a menudo con una gran carga de energía espiritual liberada en la consiguiente fisión. Las conversiones radicales y las liberaciones dramáticas eran frecuentes. Era un evento accidentado debido a la aguda distinción y el costo que tenía que pagarse. Pero si había lágrimas y trabajos para la persona que había nacido a un *mundo nuevo*, en camino hacia la consumación de la salvación. También había gran alegría y celebración en la experiencia de los nuevos creyentes. Las lágrimas y la alegría servían para unir al nuevo creyente al cuerpo y para reforzar la comunión del cuerpo de Cristo. Ellos experimentaron su propia conversión otra vez, fueron urgidos hacia la santificación, y sintieron una oleada fresca del poder de la era venidera. El testificar dibujó la línea divisoria entre la iglesia y el mundo e invitó a la gente que estaba en el mundo a que también cruzara esa línea.

Hay otro tipo de fisión. El propósito de este estado era indicar las cosas que se distinguen en los creyentes en vez de señalar aquellas que los dividen. Los ejemplos son la revelación y la razón, la cabeza y el corazón, la Escritura y los credos.

Los pentecostales encontraron en las escuelas bíblicas y en los institutos bíblicos espacios para entrenar a las personas para el ministerio. Estas escuelas, que fueron desarrolladas a través del siglo XX, fueron los lugares en los que se notó que la razón serviría a la revelación. La razón no podía producir la revelación, y sin la revelación la razón no descubriría lo que era verdaderamente importante. Las *verdades* del aprendizaje secular tuvieron que ser relativizadas e interpretadas por una verdad superior, es decir, dentro de la realidad cósmica mayor del reino de Dios. ¿Cómo podía uno conocer el significado de los descubrimientos del pasado o del presente, mucho menos conocer acerca de su uso apropiado, sin una comprensión del propósito y meta de toda la existencia? De hecho, aprender podía ser peligroso. Muchas personas educadas rechazaron las cosas del Espíritu. Algunos de ellos asistieron a las llamadas escuelas cristianas en donde les enseñaron a desconfiar de Dios, de la Biblia y de la iglesia.

El corazón era el centro de la persona; era el asiento de la mente, de la voluntad y de los afectos. La persona entera tuvo que ser movida por el Espíritu y la Palabra de Dios. Si la cabeza fue dirigida aparte del corazón que era inflamado por el amor de Dios, sólo podía resultar en frío orgullo.[75] 'De la abundancia del corazón, habla la boca' (Lucas 6.45). La realidad social, el aumento del pluralismo y la relativización concomitante de todos los valores, influenciaron la respuesta pentecostal a la educación. Pero la primera preocupación era honrar aquello que era lo más importante. Aquello que tenía relación con la convicción: 'Así dijo el Señor'.

El Espíritu-Palabra de la Escritura tomó prioridad sobre iglesia y los credos. Los credos eran como las fortificaciones fijas en una batalla que requería movilidad, adaptabilidad y flexibilidad. Bartleman, que estuvo presente en la Calle Azusa, citó con aprobación a Philip Schaff:

> Las divisiones de la cristiandad serán anuladas al final por una armonía más profunda y rica, de la cual Cristo es la nota clave. En Él y por Él todos los problemas de la teología y de la historia serán solucionados. En el mejor caso un credo humano es solamente una aproximación y una expresión relativamente correcta de la verdad revelada, y se puede mejorar por el conocimiento progresivo de la iglesia, mientras que la Biblia sigue siendo perfecta e infalible. Cualquier visión más alta de los credos es no-protestante y esencialmente romanizante.[76]

Bartleman deseó la unidad en Cristo, no en los credos, porque allí todo el pueblo de Dios sería uno 'independientemente de la raza, del color, de la situación social, o del credo'.[77] Citando a un prominente predicador que estaba hablando a algunos pentecostales como un *'forastero'*, él advertía que 'la hermosa obra pentecostal, tan

[75] L.F. Wilson, 'Bible Institutes, Colleges and Universities', *DPCM*, pp. 57-65; J. M. Baldree, 'Christian Day Schools', *DPCM*, pp. 167-69; C. M. Robeck, Jr, 'Seminaries and Graduate Schools', *DPCM*, pp. 772-76; J. M. Baldree, 'Sunday Schools', pp. 835-37.
[76] F. Bartleman, *Azusa Street* (South Plainfield, NJ: Bridge Publishing, 1980), p. 167.
[77] Bartleman, *Azusa Street*, p. 167.

llena de promesa, donde Dios había diseñado venir y llenar almas y bautizarlas maravillosamente en el Espíritu Santo, es quebrada, vaciada y arruinada para la falta de amor'.[78] Posteriormente cita la discusión de Juan Wesley sobre las *opiniones* y *el fanatismo*, recordando que él mencionó que cuando los creyentes fueron llenados con el Espíritu Santo, ellos fueron de 'una mente y de un corazón'.[79]

Los credos, según los primeros pentecostales, fueron diseñados para dejar a fuera alguna gente. La intención era dividir al cuerpo y entonces decidir sobre lo que Dios podía y no podía hacer. Lo que implicaba apagar la soberanía del Espíritu y frustrar el deseo de los pentecostales de tener una iglesia unificada en el Espíritu para la misión en los últimos días. Para contrarrestar eso era necesario y valioso aplicar las percepciones de la Escritura a las decisiones y situaciones diarias de la iglesia. Pero los credos tendían a ser elevados por encima de las Escrituras y ellos, como pentecostales, no harían eso. El Espíritu estaba sobre la iglesia. El Espíritu estaba antes de la Escritura. Así pues, el orden de la autoridad era el Espíritu, la Escritura y, la Iglesia. Sin el Espíritu no habría existido la Palabra encarnada ni escrita. Y sin la Palabra, no habría existido la iglesia. En la práctica esto significó que la predicación y la profecía (o su equivalente, las lenguas interpretadas) debían ser probadas por las Escrituras en la comunidad de creyentes llenos del Espíritu y dotados por el Espíritu. De esta manera, la iglesia continuaría creciendo en entendimiento, y sería corregida si se apartaba del camino.

Irónicamente, este anti-credalismo se convirtió en un credo en sí mismo, con el resultado de que algunos pentecostales creyeron que tenían la Palabra pura mientras que otros tenían solamente credos y organizaciones de origen humano. Estos pentecostales intentaban preservar la soberanía y la prioridad del Espíritu y en el proceso llegaron a ser, frecuentemente, inflexibles e intolerantes. Pero el intento inicial era estar abierto y buscar la unidad misionera del Espíritu para la urgente tarea de evangelización. Eventualmente los pentecostales, sin embargo, como respuesta a disensiones internas y a acusaciones externas, fueron forzados a desarrollar sus propios

---

[78] Bartleman, *Azusa Street*, p. 167.
[79] Bartleman, *Azusa Street*, pp. 168, 169.

credos, a los que llamaron 'Declaración de Verdades Fundamentales' o 'Declaración de Fe'.[80]

No obstante, los pentecostales habían experimentado algo que los credos nunca habían esperado o buscado. Algo, o más bien *alguien* (el Espíritu Santo), quien les dio nuevos valores, seguridad y poder. Fue mucho mejor, entonces, poner su confianza en el Espíritu Santo quien es el que verdaderamente une a los creyentes, antes que en los credos que los dividen. Los pentecostales sabían que tenían creencias, la mayoría de ellas, en común con los otros cristianos, pero sin el dinamismo del Espíritu Santo sobre y a través de sus vidas. Así que los credos fueron considerados como cáscaras vacías y como barreras que impedían la unidad de la iglesia. R.G. Spurling, uno de los primeros líderes de la *Christian Union* (Unión Cristiana) que más adelante sería la Iglesia de Dios (Cleveland, Tennessee), afirmó que la iglesia cayó en el *credalismo* cuando perdió el lazo de amor en la cadena de oro de la redención. Cambiando la metáfora, Spurling afirmó que el amor a Dios y al prójimo eran los dos rieles de oro sobre los cuales la iglesia, como un tren, tenía que funcionar.[81]

Contrario a muchos malentendidos populares, aunque sospechosos de los credos restrictivos, los pentecostales—como lo prueban sus discusiones y divisiones internas—sí estuvieron meticulosamente preocupados por la doctrina. Fue así como William J. Seymour advirtió a los pentecostales sobre el peligro de la 'Doctrina Impura':

> Encontramos a muchos del pueblo de Cristo reunidos en estos días para estudiar cosas que afectan a la espiritualidad … como la fornicación y el adulterio. Dicen, 'Dejemos que todos vengan juntos; si no somos uno en doctrina, podemos ser uno en Espíritu'. Pero queridos hermanos, todos no podemos ser uno, excepto a través de la Palabra de Dios. Él dice, 'Pero tienes esto, que aborreces las obras de los nicolaítas, las cuales yo también aborrezco'. Supongo que la iglesia apostólica en Éfeso permitió el acceso de personas que enseñaban doctrinas extrañas. Y que no eran sólidos en la Palabra de Dios, por lo que no podían

---

[80] The Assemblies of God 'Statement of Fundamental Truths' y the Church of God 'Declaration of Faith (Cleveland, TN).

[81] R.G. Spurling, *The Lost Link* (Turtletown, TN: Farner Church of God, 1920).

permanecer en comunión con ella. Jesús vio que un poco de levadura podía leudar toda la masa, y Su dedo estuvo sobre toda doctrina impura. La impureza tuvo que ser quitada de la iglesia o esta dejaría de ser luz y eso dañaría a la iglesia. Cuando encontramos cosas incorrectas, contrarias a la Escritura, no me preocupo como cuidarnos de ellas, ya que estas tienen que ser removidas. No podemos traer a Agag, que representó a Satán mismo, a la naturaleza carnal o el viejo hombre. Pero Samuel dijo que Agag debía morir, por eso blandió su espada y lo mató. La palabra preciosa de Dios, que fue representada por la espada de Samuel puso acabó con toda carnalidad y pecado ... Hay muchas personas que en estos últimos días no están viviendo una salvación bíblica. Ellos van a tener oportunidad, pero Dios puede ayudar a todos a quitar de ellos su mano u ojo derecho. Es mejor entrar en la vida lisiado, a que el alma y el cuerpo sean echados en el fuego del infierno.

El Señor dice, 'El que tenga oído, oiga lo que el Espíritu dice a las iglesias; al que venciera le daré a comer del árbol de la vida que está en medio del paraíso de Dios'. Oh amado, si esperamos reinar con el Señor y Salvador Jesucristo, debemos vencer al mundo, a la carne y al diablo. Habrá muchos que serán salvados, pero vencerán completamente como para reinar en esta tierra con nuestro Señor. Él nos dará el poder para vencer si estamos dispuestos. Bendito sea su santo Nombre.[82]

En el contexto escatológico en el que esta discusión ocurrió, la doctrina impura condujo a vidas impuras; y el final de esto sería la ruina o la pérdida de la recompensa. Algunos creyentes pasarían por la Gran Tribulación debido a prácticas carnales o a pecados no confesados. Habría una pérdida de la recompensa. Así viniera o no, una persona de un trasfondo wesleyano y enfatizara una segunda obra de gracia (la santificación), se necesitaba el poder del Espíritu para 'vencer al mundo, a la carne y al diablo'. La preocupación pastoral fundamental no estaba concentrada, sobre éste o tal credo, sino en que los creyentes fueran sólidos en la Palabra, se trataba de enseñar la sana doctrina: ¡Con la Palabra correcta!

---

[82] *AF* 1.11 (October [1907] to January 1908), p. 3.

Con el tiempo, sin embargo, esa preocupación pastoral se endureció. Se establecieron reglas para una vida santa y, bajo la influencia y el poder de la visión apocalíptica, se prohibió incluso cosas cuestionables no específicamente prescritas por la Escritura, pero que podían, se según se pensaba, estar violando las enseñanzas de las Escrituras. Se trataba de las prácticas que podía hacer tropezar a una hermana o a un hermano. Estas reglas (sobre cómo tratar a un miembro que fumaba cigarrillos) serían discutidas y las advertencias pastorales serían ofrecidas, generalmente con el consejo referente a ser misericordiosos y a soportar al carnal, al inmaduro o al débil.[83] En un cierto plazo, sin embargo, estas restricciones se convirtieron en leyes duras y rápidas para la aplicación inmediata. Se convirtieron en pruebas de la comunión entre creyentes y en los requisitos para la entrada como miembro pleno de la congregación. Se convirtió en una especie de catecismo sobre la santidad que tuvo que ser creído y obedecido si uno aspiraba a ser un miembro en plena comunión en un grupo de creyentes. 'Un poco de levadura podía leudar toda la masa' (Gál 5:9). La pureza del corazón requería de la pureza de la doctrina y de la vida. Sin la búsqueda de la santidad uno no podía ver al Señor (Heb 12:14).

También se evidenció en esta clase de enseñanza la relación entre el Espíritu, Cristo y la Palabra de la Escritura. Así como Jesús había tenido conocimiento específico de las fallas, los compromisos, la fidelidad y la firmeza de las iglesias de Asia. Así también Él habló para la situación específica de las iglesias contemporáneas y aplicó la enseñanza escritural por medio del Espíritu Santo que buscaba los corazones y las vidas de todos.

La preocupación pastoral podía también conducir a desacuerdos sobre la doctrina. William Durham presentó una opinión no-wesleyana de la 'obra acabada' de la santificación para explicar por qué algunas personas que, aunque no tenían ninguna experiencia definida de la crisis de la santificación, 'tenían el bautismo'. ¡Esa era también la preocupación pastoral que condujo a los pentecostales wesleyanos a rechazar la nueva enseñanza de Durham y a Seymour a impedir la entrada de Durham en la misión de la Calle Azusa! Para

---

[83] R.H. Gause, *The historical development of the doctrines of Holiness in the Church of God* (Trabajo inédito, entregado al proyecto de Estudio de la Santidad, Mount Param Church of God, Atlanta, Georgia, 1973).

los pentecostales wesleyanos el poder estaba sobre la vida santificada ya que era para la vida santificada. Así que cambiar la santificación en algo prácticamente idéntico a la regeneración, seguida por un
modelo diferente de crecimiento, implicaba perder la especificidad,
el dinamismo y lo completo de la enseñanza wesleyana. Ya que crecer sin crisis no solamente no era inspirador, sino también peligroso, porque socavaba la esperanza de transformaciones reales y
definidas en la vida del creyente.

Esta división confirmaría a muchos que los credos representaron
una división en el cuerpo que podría ser curada solamente con llegar
a un nuevo consenso en amor. Puesto que la santificación fue vista
como el perfecto amor que echa fuera el temor y lo que mantiene
al cuerpo unido, los primeros pentecostales vieron este conflicto
como muy doloroso y que golpeaba a dos de sus principios vitales:
La unidad misionera y la preparación para la venida del Señor. Aun
así, la preocupación pastoral por la sana doctrina veía ineludible la
construcción de credos. Como señaló Seymour:

> La única manera de mantener a los espíritus infernales asquero-
> sos y falsos fuera de la iglesia de Cristo es tener una doctrina
> sana. 'Fortifiquen los muros'.[84]

Pero si Seymour y otros ofrecieron el argumento de la *sana doctrina* en una mano, en la otra mano también tenían una prueba más
pragmática para la legitimación del movimiento pentecostal como
un todo:

> Lo que hace que sepamos que esta 'Lluvia Tardía' que está inun-
> dando el mundo con la gloria de Dios, proviene del Señor, es
> que conocemos que el diablo no está en este negocio… Esta
> obra no busca construir una gran máquina, no está para ser algo
> grande, sino para conseguir almas salvadas y viviendo en unidad
> con Cristo.[85]

La iglesia no es esencialmente una máquina o una organización
creada por seres humanos. La iglesia es un organismo. Hay una fusión del clero y el laicado, varón y mujer, frutos y dones, pero una
fisión de iglesia y mundo y, la doctrina sirve para definir esos límites.

---

[84] *AF* 2.13 (May 1908), p. 2.
[85] *AF* 2.13 (May 1908), p. 2.

Sin esos límites no hay identidad y salud claras. Los pentecostales desarrollaron diversas políticas eclesiásticas, pero eventualmente to-das—sean congregacionales, presbiterianas o episcopales—fueron calificadas por la nivelación dinámica de la presencia pentecostal que convirtió a cada creyente en un sacerdote, un profeta, un santo y un testigo. Los oficiales de la iglesia—los dones ministeriales como pastor, apóstol, maestro, profeta, y así sucesivamente—tenían que ser reconocidos por el cuerpo y, solamente podrían ser eficaces, si el cuerpo confirmaba el don. La atracción por las evidencias y los resultados señalaron un cambio de lo cualitativo a lo cuantitativo. Pero, después de haber sido afectados por charlatanes y por muchas personas extrañas para quienes el movimiento resulta atractivo y les da un espacio para figurar, estos desarrollaron rápidamente (desde el avivamiento de la Calle Azusa) las pruebas para el discernimiento que implicaban sana doctrina y el fruto del Espíritu (éstas serán dis-cutidas en el capítulo 3).

Formación oral-narrativa: El discurso del reino
En todo esto fue importante resaltar la fisión o la distinción entre el Espíritu Santo y el espíritu humano. El hecho de inducir experien-cias espirituales era y sigue siendo repugnante a los pentecostales. Al respecto, *The Apostolic Faith*, hizo la siguiente exhortación a sus lectores:

> Honren al Espíritu Santo. Alguien puede decir, 'si usted sabe ha-blar en lenguas, déjeme oírlo'. No trate de hacer esto. El Espíritu Santo nunca hablará de esa manera. No es usted quien habla sino el Espíritu Santo, y Él hablará cuando Él elija. No intente hablar siempre en lenguas o decir que el poder le pertenece a usted. Es por mi Espíritu, dijo el Señor. Cuando habla en lenguas, su mente no toma parte de esto. Él quiere que usted ore por la in-terpretación, para que usted pueda hablar con el Espíritu y tam-bién con su entendimiento (1 Cor. 14.16).[86]

Aunque Seymour y otros estaban obviamente enterados de lo que hablaban, con todo era de vital importancia enfatizar que el Es-píritu Santo era la fuente soberana. Si esto era verdad del hablar en lenguas también era verdad en el resto de los dones. De hecho, era

---

[86] *AF* 2.13 (May 1908), p. 2.

verdad en toda la vida cristiana. 'No yo, sino Cristo. No mi espíritu, sino el Espíritu Santo'. Esta sería una caracterización justa de las preocupaciones y de las afirmaciones de los primeros pentecostales. El hablar en lenguas era el punto en el cual el Espíritu Santo y el espíritu humano, la iglesia y el reino existían, en la más personal y comunitaria tensión dinámica del *ya-todavía no*. Es lo más evidente para los extraños y es una práctica que subraya, paradigmática y dramáticamente, el carácter oral-narrativo del pentecostalismo.

El hablar en lenguas era señal, don y evidencia. Cuando era interpretado, era una señal equivalente a la profecía, el no creyente a menudo podía ser convencido luego de oírlo. Fue una señal para toda la iglesia de la restauración de las *lluvias tempranas* del poder apostólico y de que los dones estaban siendo restaurados en una *lluvia tardía* para la actividad misionera. Era evidencia del bautismo del Espíritu.

Al pasar los años, como respuesta a las acusaciones de demonismo o de trastornos mentales, estos puntualizaron sus postulados de que las lenguas eran la evidencia inicial. Al principio, según lo observado previamente, había un reconocimiento del bautismo del Espíritu aparte de las lenguas, generalmente con el don de las lenguas siguiéndolo luego. Los primeros pentecostales enseñaron sobre la evidencia inicial, acentuando la importancia del fruto del Espíritu, como la prueba segura y duradera del bautismo del Espíritu.

El hablar en lenguas fue una expresión personal y corporativa. Estaba disponible para la edificación personal de cada creyente como un lenguaje de oración escatológica. Era una respuesta inmediata al reino venidero en el cual Dios será todo en todos, y todos hablarán con los corazones inflamados por la presencia del Espíritu. Las lenguas subrayaron la infalibilidad de Dios que era la fuente de maravillas y de deleite. Fue también el medio para expresar lo inexpresable en el lenguaje escatológico del corazón humano y del cielo.

Si el amor era la fuente y la entrada hacia el fruto del Espíritu, entonces, el hablar en lenguas vino a ejercitar una función similar en lo referente a los dones del Espíritu. Aquí está la fusión o la unión de este mundo y el siguiente, lo divino y lo humano en una comunión tan intensa que la iniciación y la respuesta se convierten en una clase de danza con el Espíritu Santo guiando toda acción. Había una obvia correspondencia espíritu-cuerpo en la que aquello que es lo más característicamente humano y constitutivo de la comunidad humana (como, por ejemplo, el lenguaje) requería un nuevo discurso incapaz de ser cooptado por la burocracia rutinizante de la iglesia o de los regímenes mundiales. Las lenguas, interpretación, sabiduría, conocimiento, profecía, enseñanza, testimonio, alabanza, etc., todas son intensamente personales, intensamente corporativas y escatológicamente orientadas. La forma de la adoración y del testimonio pentecostal sería incomprensible sin ellas.

Así en el testimonio, el *telos* apocalíptico, era la fuerza que impulsaba al testigo, ya que éste hablaba de los acontecimientos providenciales, de los sucesos milagrosos, de la existencia agitada del viaje hacia el reino de justicia, de santidad y de poder que siempre estaba obrando. Cada uno escuchó, identificó y respondió en el deseo esperanzado que sirvió para santificarlos y para formarlos como un cuerpo de testigos. Las narrativas y los testimonios se combinaron con *la historia*. Eso que debió haberse parecido a una cacofonía de sonidos y a un pandemónium de celebración fue un concierto de oraciones, un templo de adoración estereofónica y una danza anticipada del reino de Dios—Donde estaba el Espíritu había libertad.

Prácticas como hablar en lenguas, visiones, sueños y así sucesivamente, bajo los límites de 1 Co. 12-14:

… libera al pueblo de Dios de fuerzas culturales, económicas, y sociales deshumanizantes. Crean el espacio para un debate teológico oral … descongela las fórmulas litúrgicas, teológicas y sociopolíticas y reemplaza ideologías importadas…con la instrucción política de todo el pueblo de Dios, practicada y aprendida en el marco de una liturgia oral de la cual la congregación entera es responsable; ésta es una autoridad basada en el discurso, la narrativa y la comunicación que 'entra en conflicto con la autoridad que se basa en el status, la educación, el dinero y el poder judicial'.[87]

La danza de alegría, la celebración y la capacidad de hablar poderosamente fue señales claras de que las víctimas eran liberadas para

---

[87] W.J. Hollenweger, 'Pentecostal and Charismatic' en Jones, Wainwright, y Yarnold (eds.), *The Study of Spirituality*, p. 553.

ser participantes en la historia de la salvación.[88] La música, la alabanza y la adoración eran muy importantes en esa celebración; estos
elementos expresan, dirigen y profundizan esa alegría. La naturaleza
rítmica y repetitiva de muchos de los cantos reflejaron esa alegre celebración o el banquete de Pentecostés a la luz del fin. O, apuntando
en otra dirección, a la cena de las bodas del Cordero anticipadas en
cada cena del Señor. Los himnos de avivamiento, del movimiento de
la santidad y de la renovación wesleyana fueron cantados junto con
las nuevas canciones del evangelio que eran un testimonio, una exhortación o un relato del viaje hacia *el hogar*. La liturgia oral-narrativa
y el testimonio de los pentecostales fueron un ensayo para del reino
venidero de Dios. Ensayaron para la venida del Señor, el evento final
del drama histórico. Así que, las canciones, los testimonios, la enseñanza, la predicación, etc. fueron los medios de gracia que utilizó el
Espíritu para santificarlos, animarlos, movilizarlos y dirigirlos en su
viaje.

Correspondencia Espíritu-Cuerpo: Los actos del reino

Cuando la congregación se reunía para el culto se movían como un
solo cuerpo, una sola mente, un solo espíritu en respuesta al Espíritu Santo. Los patrones interactivos de la espiritualidad africana y
del avivamiento del siglo XIX fueron retenidos. De hecho, estos ya
se practicaban en cualquier lugar, dondequiera que el avivamiento se
había extendido. Era y es una liturgia del pueblo y para el pueblo. La
correspondencia entre el Espíritu y el cuerpo es evidente en una
gran variedad de celebraciones psicomotoras. Los creyentes pentecostales existen en el Espíritu, entre la creación y la consumación,
en camino al fin donde ellos serán un cuerpo espiritual en perfecta
correspondencia con el Espíritu Santo y liberados de todos los efectos de la caída.[89] El cuerpo está muerto a causa del pecado, pero es un
templo limpiado por el Espíritu Santo. El lavamiento de la sangre

---

[88] Dan Albrecht caracteriza al pentecostalismo como un movimiento de revitalization en 'An Investigation of the Sociocultural and Dynamics of Wallace's
Revitalization Movements: A Composite Analysis of the Works of Four Social Scientists' (Trabajo inédito, Graduate Theological Union and the University of California at Berkeley, 1989). Ver L.P. Gerlach y V.H. Hine, *People, power, change: movements of social transformations* (Nueva York: The Bobbs-Merrill Co., 1970).

[89] En 1 Corintios 15 Pablo caracteriza la resurrección del cuerpo como un
cuerpo-espiritual.

hace posible la habitación del Espíritu en el creyente, lo que constituye la experiencia redentiva de la vida cristiana. Estar en Cristo es tener el testimonio del Espíritu. Pero para que el Espíritu habite al creyente requiere de la limpieza de los canales internos, de la receptividad y de una renovación de la tendencia a pecar contra el Espíritu, así como de la tendencia de resistir y afligir al Espíritu. Ésta es la santificación a través de la mortificación y la vivificación, quitando a 'la vieja naturaleza de pecado' y 'poniendo a la nueva criatura en Cristo' (Efesios 4.22). La expiación proporcionó la redención, a través del cuerpo de Cristo, para su cuerpo, la iglesia. Fue un acontecimiento corporal que miraba hacia la resurrección universal de gloria para aquellos unidos a Cristo. El cuerpo es del Señor y tiene que ser ofrecido en sacrificio vivo aquí y ahora.

Ellos tenían una adoración totalmente *corporal*. El cuerpo entero respondía y cada persona presentaba su cuerpo en receptividad y rendición al Señor. Las manos serían levantadas en alabanza, deseando su venida y que las nubes de la gloria divina descendieran sobre ellos. Las manos alcanzarían a tocar a Jesús y por su Espíritu recibirían sanidad y ayuda. Las manos aplaudirían de alegría ante los hechos poderosos y maravillosos y la presencia de Dios. Las manos se unirían en un apretón mientras que los creyentes reverencian a Dios y esperan en él por su bendición. La diestra de la comunión sería extendida a todos aquellos que llegaban en calidad de miembros de la iglesia. Los cuerpos se sacudirían en las brisas divinas que soplan desde el trono de Dios. Las manos se impondrían sobre quienes buscaban sanidad, necesitaban estímulo, o serían impuestas para recibir algún ministerio en particular.

El don de sanidad no estaba limitado a la sanidad en las jornadas evangelísticas. Muchas sanidades ocurrían dentro del ministerio comunitario de la iglesia. La sanidad evangelística simplemente representaba este don ministerial y operaba a través de ellos para tocar a los no creyentes como una señal. Las manos de los ancianos se extendían para ungir con aceite de modo que el bálsamo curativo del Calvario se pudiera aplicar en el Espíritu Santo a los heridos, trabajados y cansados. La salvación y la sanidad eran para el cuerpo—la

persona entera—y eran una provisión de la expiación.⁹⁰ Ellos esperaban que cada uno fuera sanado, pero si no lo eran, simplemente
se mantenían orando y esperando la venida del Señor.

Los funerales eran tiempo de pena y de celebración. Los tiempos
regulares de adoración, entre risas y lágrimas, expresaban la alegría
escatológica y el deseo por los perdidos. Fueron una preparación
para la pérdida de la muerte. En los funerales se predicaba sobre la
fidelidad del Señor y con frecuencia los dones del Espíritu operaban
para reafirmar lo dicho. Dios podía levantar a un muerto—había
muchos informes sobre esto—pero si Dios no lo levantaba en ese
momento, lo haría pronto.

El cuerpo era para el Señor, por lo tanto, los períodos de ayuno
acercaban de una manera inmediata todo el ser del creyente a Dios.
Esta dedicación corporal era necesaria, porque la espiritualidad in-
volucraba a toda la persona y a toda su vida. La práctica del ayuno
no era un castigo, sino que era nutrirse en el Señor y beber del Espíritu.

La correspondencia Espíritu-cuerpo fue evidenciada también en
las ordenanzas: En el lavamiento del bautismo, en el comer y beber
de la Cena del Señor y, para algunos, en el lavatorio de los pies de
los santos. El bautismo era el reconocimiento de la conversión del
individuo y que toda justicia podía ser satisfecha (Mateo 3.15). Los
bautismos estaban generalmente marcados por una celebración de
gran alegría, y eran usualmente celebrados, aunque no necesariamente, en un lago, en un río o en el mar. El Espíritu de Dios se ma-
nifestaba cercano y cada uno adoraba a Dios porque otra persona
había venido a unirse al viaje misionero hacia el reino.

El bautismo no era un sacramento de iniciación con carácter sal-
vífico, sino un medio de gracia que representaba caminar en la luz,
el testimonio público, la recordación y el seguimiento de Cristo en
solidaridad pública con la iglesia. Los bebés eran dedicados al Señor.
Pero no se perderían si morían antes del bautismo.⁹¹ El bautismo
era individual, pero era un acontecimiento comunitario. Era la

---

⁹⁰ H.H. Heimar y L.L. Pickett, 'The Healing Waters', en Winsett, *Songs of Pentecostal Power*, p. 135.
⁹¹ Muchos pentecostales bautizaban por inmersión, pero la Iglesia Pentecostal
de Santidad daba a sus miembros la oportunidad de elegir el modo y la edad del
bautismo (infantes, niños, jóvenes y adultos).

aceptación de la llamada a convertirse en un testigo santo en el poder del Espíritu Santo. Era un ritual de muerte y de resurrección, de
recuerdo y de esperanza.

Para muchos, fue un acto que se repetía, si habían sido bautizados antes de su conversión o si se habían deslizado del camino. Si
otras iglesias fueron ofendidas debido al rebautismo la respuesta
pentecostal era la de los primeros Anabaptistas: El primer bautismo
no había sido bautismo. El bautismo no salvaba. De hecho, la persona no podía hacer nada o no tenía nada que lo salvara, ya que solamente el evangelio era el poder de Dios para la salvación de cada uno
que había creído.

Si el bautismo era la señal que, marcaba el comienzo del servicio
al Señor o el camino al reino, entonces, la cena del Señor era la señal
de que el creyente estaba nutrido en el camino y en la comunidad.
La presencia verdadera de Dios nunca estuvo en discusión. A través
del Espíritu, Dios Padre y el Hijo se reunían en la Cena del Señor.
Puesto que nunca fue una ordenanza salvífica, ni absolutamente necesaria para la salud diaria, no era celebrada tan a menudo como en la
mayoría de las iglesias tradicionales. Es decir, no se celebraba cada
domingo, aunque hubo algunas excepciones.[92] Cristo estaba efectivamente presente en la Cena por la virtud del Espíritu Santo. Comer
o beber con pecados no confesados llevaba el peligro de juicio, enfermedad o aún la muerte. Los pentecostales llevaron en el corazón
las advertencias de Pablo a los Corintios, haciendo de la Cena del
Señor un tiempo solemne de búsqueda del alma y de consagración.[93]
Pero, por otro lado, fue una anticipación feliz, si se preparaba apropiadamente. Las preguntas para el examen de conciencia, la dirección de la oratoria y la feliz anticipación, fueron ofrecidas según se
nota en el siguiente himno:

'La gloriosa cena de la boda del Cordero'

1. Cuando escuches los sonidos de las voces terrenales,
    cuyos acentos nunca oíste,
    ¿Entonarás emocionado un salmo de redención?

---

[92] Las iglesias pentecostales Elim de Gran Bretaña celebran la cena del Señor
cada semana.
[93] 1 Corintios 11.

¿Aparecerá tu alma vestida intachable con ropas lavadas en la sangre, en la cena gloriosa de las bodas del Cordero?

2. ¿Estarás entre los miembros que desfilan, llamados del conflicto terrenal a la calma celestial?
¿Estarás reconciliado con Dios por la expiación de su Hijo, en la cena gloriosa de la boda del Cordero?

3. Ahora vístete para la boda y alístate para la llamada,
Con tus pecados y heridas curadas por el bálsamo curativo del Calvario;
Inclínate ante el bendito Jesús y proclámalo como Señor de todo,
En la cena gloriosa de la boda del Cordero

CORO

¡Oh! la cena gloriosa de la boda del Cordero,
¡Oh! la cena gloriosa de la boda del Cordero;
Vestido con ropas blancas como la nieve, ¿te unirás a los santos en luz,
en la cena gloriosa de la boda del Cordero?[94]

Las personas podían ser convertidas, sanadas, santificadas y llenadas del Espíritu en momentos de celebración la Cena del Señor, porque era una parte de la adoración del misionero en camino y un testimonio de la iglesia como cuerpo. Pero el servicio (el culto) no era definitivamente el *sine qua non* (la condición indispensable) de la existencia cristiana. La Cena del Señor sí era importante porque Jesús estaba presente guardando la Pascua y prometiendo la *parusía* en el Espíritu Santo.

Aquellos grupos que practicaban el Lavatorio de Pies de los santos lo hacían en obediencia al mandato de Jesús en Juan 13 y consideraron a esta práctica como un tiempo de limpieza y de servicio mutuo entre la comunidad de creyentes. De esta manera fue cumplido el efecto santificador iniciado desde el Calvario, el cual era reconocido como una respuesta a la petición de limpieza diaria del pecado efectuado a través del servicio. Los creyentes fueron animados a la confesión mutua, especialmente, si tenían algo contra

---

[94] Winsett, *Songs of Pentecostal Power,* p. 110.

alguien. Todos los creyentes participaron en la práctica del lavatorio de los pies de los santos. Esto fue hecho generalmente junto con el servicio de la Cena del Señor y, los dos actos juntos, constituyeron una bendición de limpieza, servicio y sostenimiento en obediencia a los mandatos del Señor.

Caracterizar esta práctica como un mero recordatorio o como el cumplimiento de un deber, como la palabra *ordenanza* implica, sería perder la riqueza y el beneficio de la práctica real. Los pentecostales creyeron que la práctica de estas cosas había sido ordenada para regocijarse y para recibir el Espíritu cada día. Éstos fueron momentos de gran bendición y de profundización de la fe. En la Calle Azusa la Cena del Señor fue conmemorativa. Fue una anticipación de la boda del Cordero y también tenía una dimensión sanadora, así como lo atestiguó Seymour:

> Encontramos que participar de esta ordenanza, trae sanidad a nuestros cuerpos si discernimos al cuerpo del Señor por la fe... También nos enseña la salvación y la santificación a través de la sangre. Nuestras almas se edifican, porque comemos su carne y bebemos su sangre.[95]

La palabra *sacramento* no fue considerada como una palabra bíblica, era de trasfondo católico romano y estaba asociada a un ritual mecánico. Nunca les importó que la palabra *ordenanza* tampoco fuera bíblica, ya que estaba más cercana de la idea de obedecer al mandato específico de Jesús. Luego entonces, comer, beber, bautizarse y lavar los pies era hacerlo para el Señor y él estaba presente en los actos, con los actos, bajo los actos y a través de los actos. Los testimonios podían darse durante el tiempo de las ordenanzas para completar un relato narrativo del viaje del pasado, a través del presente, y hacia el reino futuro.

Dialéctica crisis-desarrollo: el proceso del reino

El viaje narrativo de los pentecostales a la luz de la visión apocalíptica puede ser caracterizado a través de la contradicción dialéctica entre la crisis y el desarrollo. Mientras que algunos cristianos marcaron el viaje con los sacramentos, que eran una especie de crisis, para los

---

[95] Seymour, 'The Ordinances Taught by our Lord', *AF* 1.10 (September 1907), p. 2.

pentecostales los puntos de la crisis fueron los tiempos en los que Dios hizo algo decisivo que posibilitó un desarrollo personal o comunitario que, antes de ese momento, no fue posible. Así, por ejemplo, cuando un individuo era sanado (un testimonio casi universal en la experiencia de estas iglesias), su vida era cambiada radicalmente. Ahora estaban viviendo en un mundo de sorpresas y de visitaciones divinas, así también como de sostenimiento diario a Dios. De esa manera, ya no deseaban abrazar un dispensacionalismo estricto que limitaba los dones a la experiencia de los cristianos del primer siglo. Ahora ellos estaban viviendo en los últimos tiempos, pero continuaban experimentando los mismos dones carismáticos.

La regeneración, la santificación, el bautismo del Espíritu y los variados dones del Espíritu eran una crisis de acuerdo con la visión de un desarrollo apocalíptico que era un despliegue revelatorio de los continuos actos de Dios para la redención de la historia. La historia de la salvación no era primariamente una cuestión de ideas, de iluminación y de creencias. Era fundamentalmente liberación, cambio de vida, preparación, espera, caminar y, esperar en el Señor que había actuado, estaba actuando y continuaría actuando. La actividad del Espíritu de Dios era la base o el fundamento para los actos en la vida diaria de los creyentes. Los individuos no eran alienados de sus obras por una doctrina de la *sola gracia* que hacía que las obras parecieran no solamente inútiles, sino malas. No, uno obraba porque Dios estaba obrando. Las obras expresaron la actividad de Dios en las personas, a través de las personas y entre las personas que él empoderaba.

La historia de la salvación era una historia de revelación en curso. La Biblia era un canon cerrado. Pero la revelación continuó porque Dios todavía no era todo en todos. Nada de lo revelado sería no bíblico, pero estaba más allá de la Biblia, porque la historia de la salvación había progresado más allá del primer siglo. Todo lo que el Espíritu habló era Escritural, pero no todo lo que él habló estaba en la Biblia. El papel del Espíritu no era solamente repetir la Escritura. La guía y los dones serían efectuados por el Espíritu soberano en la edificación de la iglesia y en el testimonio de esta al mundo.

La historia no era una serie de episodios desconectados, pero tampoco era una extensión simple de la vida, como la fruta que proviene de una semilla por los cambios de estaciones. No, uno sería salvado de la oscuridad, en la luz y, entonces caminaría en esa luz. Mientras que una persona caminaba en la luz, más luz le sería dada. Uno también podía hacer obras de restitución y llevar 'frutos de arrepentimiento' (Mateo 3.8); es decir, uno dejaría de pecar y cometer errores para hacer lo correcto donde fuera posible. En la santificación se daba una crisis del amor sincero que se concentraba en la rendición y disponibilidad absoluta ante cualquier tarea que el Señor de la iglesia hiciera por la acción soberana del Espíritu Santo. Entonces, en el propio tiempo de Dios, uno podía ser llenado del Espíritu Santo y ser equipado para el testimonio en palabras y hechos, incluyendo las demostraciones carismáticas del Espíritu Santo y de poder para hablar con soltura.

Estas tres crisis comprometieron a una vida de justicia, pureza y testimonio en la luz, el amor y el poder de Dios. Como Dios se había revelado así mismo como Padre-Creador, Hijo-Redentor y Espíritu-Sustentador en la historia de la salvación, así la vida del creyente recapitulaba el orden bíblico o la actividad de Dios en la experiencia humana. La iglesia misma, aunque había caído en el tiempo de Constantino, fue restaurada sucesivamente con las crisis de Lutero (justificación), de Wesley (santificación) y del pentecostalismo (llenura del Espíritu). Este proceso sería alterado radicalmente un día por la segunda venida de Cristo que terminaría con la historia actual, pero que también haría posible un nuevo, nunca soñado, proceso de adoración y gozo.

La dialéctica, crisis-desarrollo fue así, una característica de la perspectiva del drama bíblico de la historia de la iglesia y del peregrinaje de los creyentes individual o colectivamente. En la experiencia de los pentecostales se puede notar que estos no estaban abogando ni por una continuidad llana con la tradición ni por una completa discontinuidad con ella. Probablemente esto podría ser caracterizado mejor como una continuidad en la discontinuidad. Las iglesias y los individuos habían estado y podían estar equivocados. Las presuposiciones y las opiniones tradicionales se podían alterar radicalmente por la intervención de Dios. Entonces se estaba llamando a una praxis reformada y renovada.

La Praxis Pentecostal: Acción-Reflexión en el Espíritu

Hasta el momento, la comprensión pentecostal de la presencia de Dios ha sido determinada y seguida por una descripción de la creencia narrativa pentecostal. Las prácticas pentecostales han sido categorizadas y descritas brevemente como acciones hechas bajo la influencia de la visión apocalíptica que les dio urgencia y enfoque en su misión La presencia del Espíritu del fin pone en movimiento a personas que tienen una historia que contar. Cada capítulo de esa historia refleja el fin para el cual ellos son llamados y hacia el cual ellos invitan insistentemente a otros para que se les unan.

La tensión del *ya-todavía no* tiene que ser mantenida porque, si se resuelve en otra dirección, la misión será obstaculizada, sino perdida. No puede haber escape en el *todavía no*, vendrá a ellos en el tiempo de Dios, en cualquier momento. Asimismo, no puede haber un establecimiento o un *ya* del reino aquí y ahora, como si se tratara de una empresa triunfal, complaciente, que ha logrado su objetivo y que no requiere la irrupción radical de Dios. Las personas, las iglesias y el mundo, están actualmente bajo el impacto e influencia del Espíritu que obra en todos, presionando y dirigiendo a la humanidad hacia el fin. La presencia del Espíritu señala una crisis continua en el desarrollo del mundo y su historia, contra la historia de la salvación del mundo.

En esta praxis escatológica del Espíritu, éste informa, forma y transforma a todas las cosas. Los creyentes son llamados a ser como Cristo y como el Espíritu o, para decirlo con más exactitud, ser como el Espíritu para ser como Cristo. Como el Espíritu, los creyentes estaban para testificar de Cristo y no de sí mismos. El fruto del Espíritu era la obra del Espíritu para manifestar a Cristo en el carácter de los creyentes. Los dones del Espíritu estaban para manifestar el poder de Dios en el servicio del evangelio, en el ministerio de evangelismo y en la edificación. Como Cristo, los creyentes dependían del Espíritu Santo, antes de que la razón humana autónoma o del brazo de carne. Solamente el Espíritu podía capacitar a la iglesia para vencer al enemigo. Solamente el Espíritu podía mantener la unidad del cuerpo en la paz de Cristo. Solamente por el Espíritu uno podía ver y caminar en la luz y, caminar como Cristo caminó.

La praxis no fue solamente la práctica de los dones o de una adoración exuberante. No fue simplemente la indicación de algunas creencias distintivas sobre el bautismo del Espíritu o las lenguas. Más bien fue una acción-reflexión comunitaria en el Espíritu que buscaba testificar de Cristo por la proclamación del evangelio en demostración del Espíritu Santo y poder. Inicialmente estaban seguros de que las lenguas serían para la evangelización de todas las naciones sin tener que aprender idiomas extranjeros. Esto último era visto como una suerte de atajo antes del fin. Sin embargo, muy pronto se comprobó que se trataba de una idea errónea. Pero, esto era ciertamente posible. Cualquier cosa era posible con Dios. Cualquier cosa era posible, excepto, aquellas que transgredían la Escritura y no reflejaban a Cristo.

La praxis del Espíritu, acción-aprendizaje dentro de su acción y enseñanza, era una praxis misionera que revelaba el reino de Dios.[96] El Espíritu fue y es el estratega supremo de la misión. La praxis fue evidenciada en el culto y el testimonio con prácticas heredadas a partir de los dos siglos anteriores de avivamiento y reforma que llevaban la marca distintiva de la visión apocalíptica. Esta marca o sello del Espíritu podía ser vista también en la sensibilidad, la alegría, el deseo y la urgencia inmediata del testimonio misionero. Vivir en esta praxis del Espíritu, la presencia trascendente de Dios, significada vivir en paradoja: 'en el mundo pero no del mundo', ya salvado pero todavía no resucitado, ya sanado pero muriendo, ya llenado pero deseando el día cuando Dios será todo en todos, teniendo capacidades muy limitadas pero también el poder y los dones ilimitados de Dios, organizando y haciendo declaraciones de fe pero denigrando los credos y las organizaciones, viviendo en una preparación expectante en vista del retorno inminente de Cristo, pero no sabiendo cuándo esto acontecerá.

Para aquellos que hablaron con las *lenguas de los hombres y de los ángeles*, la única manera de sobrevivir, de prosperar y de avanzar, estaba en el amor de Dios. Ellos se congregaron juntos, *fortificaron los muros* y procedieron a formar discípulos en una comunidad misionera, con una visión apocalíptica. Las creencias y las prácticas, tomadas como un todo viviente e informadas por la presencia del Espíritu

---

[96] Pomerville, *The Third Force*.

del fin, fueron distintivas. La presencia poderosa y sentida del Espíritu condujo a un testimonio claro centrado en Cristo como Salvador, Santificador, Bautizador en el Espíritu, Sanador y Rey que viene nuevamente. Pero estas creencias y prácticas distintivas fueron arraigadas en los afectos pentecostales distintivos que esencialmente caracterizaron a los creyentes. Los afectos fueron normados, formados y alterados por estas creencias. Las prácticas crecieron y nutrieron los afectos. Pero sin estos afectos no habría existido identidad y presencia pentecostal en el siglo XX. Fue a causa de los afectos y para nutrir esos afectos que los pentecostales fueron un pueblo que descansaba. Aunque siempre trabajaba, vigilando y 'Esperando en el Señor':

1. Esperando en el Señor por la promesa dada;
   Esperando en lo que el Señor enviará del cielo;
   Esperando en el Señor por la recepción de nuestra fe;
   Esperando en el aposento alto.

2. Esperando en el Señor, dando todo a Jesús.
   Esperando en el Señor, hasta que él nos libre del pecado;
   Esperando en el Señor por las brisas divinas;
   Esperando en el aposento alto.

3. Esperando en el Señor, deseando subir más alto;
   Esperando en el Señor, teniendo un gran deseo;
   Esperando en el Señor por el fuego celestial;
   Esperando en el aposento alto.

CORO

¡El poder! ¡El poder!
Da la victoria sobre el pecado y pureza interior.
¡El poder! ¡El poder!
Que tenían en Pentecostés.[97]

---

[97] C.F. Weigele, in *Church Hymnal*, p. 303.

3

La Espiritualidad Pentecostal como Compañera de misión: Una Integración Afectiva

La Identidad Pentecostal: Liberación para el Reino

'Orar a través de' desde abajo

Los pentecostales no enfatizan la intensidad de las sensaciones. Aunque, con frecuencia, son llamados a defender o a explicar sus fuertes demostraciones emocionales. La visión iluminista de oposición entre razón y emoción, así como el énfasis fundamentalista sobre el *balance*, se combinaron para producir una sospecha cultural, con un abierto menosprecio de los *Holy Rollers* o 'rodadores santos', como se les llamó en cierto momento a los pentecostales. Las emociones se asocian con los movimientos y las sensaciones corporales que se juzgan como inadecuados para la fe privatizada de las clases sociales medias y altas. Cuando una persona oprimida por la sociedad y el pecado *ora por* contra esa opresión y asume una nueva identidad en el reino de Dios y, ese acontecimiento es acompañado por una intensa emoción, los periodistas y otros generadores de opinión se han referido a estos hechos como una religión *orgiástica*. Los afroamericanos pobres y los caucásicos no educados son vistos como brutos y desordenados, aunque las personas con mayor educación pueden gozar ocasionalmente cuando escuchan sus cantos o al observar sus celebraciones jubilosas. Como el eminente sociólogo norteamericano Vance Packard ha observado: Hay mucha distancia entre el pentecostalismo y el episcopalismo en Los Estados Unidos.[1] Así como se da en materia de clases sociales, lo mismo ocurre cuando se asume la perspectiva del iluminismo cultural sobre la religión, ambos factores se combinan en un prejuicio cultural de clase contra los movimientos de los pobres en general y el pentecostalismo en particular.

Pero en una era postmoderna, tal vez la dicotomía entre razón y emoción que ha caracterizado a mucha de la historiografía norteamericana puede ser superada, y nuevas categorías más holísticas e integradoras, puedan ser pensadas. Los pentecostales, quizás más que cualquier otro grupo, reconocieron muy pronto los peligros de la mera emotividad dentro de sus filas. Las emociones fuertes y el reconocimiento de los peligros fueron parte de la herencia del avivamiento del siglo XIX. Pero, cuando las personas que se habían visto así mismas (o como habían sido percibidas por las demás) según lo determinado por la clase sociopolítica, económica, educativa, y las formas raciales, emergieron a través del Espíritu en una nueva existencia de libertad y de pertenencia, había generalmente lágrimas y gritos de victoria en el lugar de adoración. Ellos fueron realmente liberados y no simplemente informados. Dios, que los había liberado, pronto liberaría al mundo entero en la segunda venida de Cristo. Uno tenía que avanzar haciendo el bien y ser un testigo en el poder del Espíritu a la luz de la pronta venida del reino. Pero ¿qué se suponía que uno tenía que hacer? ¿Qué tenía que caracterizar al creyente pentecostal? Seguramente no una serie de episodios emocionales. No. Había una visión de lo que se tenía que hacer como un testigo de Jesucristo. Y, dentro de esa visión, estaba contenida una correlación implícita del carácter de Dios y del creyente, entre el lenguaje del amor del movimiento de santidad y el lenguaje del poder del movimiento pentecostal.

Llegar a ser un testigo pentecostal

En este capítulo se analiza la experiencia distintiva pentecostal en términos de los afectos religiosos. Los afectos se señalan para caracterizar a los pentecostales y para demostrar que llevan la marca o el impacto de la visión apocalíptica y de poder. La presencia trascendente de Dios mueve y transforma a los creyentes afectivamente

---

[1] L.V. Packard, *The Status Seekers* (New York: D. McKay Co., 1959).

mientras que Él los conforma a sí mismo y, por lo tanto, los ajusta para el reino venidero.

Ya en el Capítulo 1 se puntualizó que la espiritualidad implica la integración de las creencias, las prácticas y los afectos. La espiritualidad cristiana, según lo incorporado por los pentecostales, llama a una reflexión que discierne a la luz de la visión del reino de Dios. Para ellos esta reflexión es el corazón de la tarea teológica. En el Capítulo 1 se trazó algunas de las raíces transformacionistas del movimiento de santidad y una explicación de la revelación del *evangelio quíntuple* del reino. En el Capítulo 2 se discutió el poder de la presencia apocalíptica del Espíritu Santo y sus efectos sobre cada aspecto experimentado y confirmado de la vida pentecostal. Las creencias y las narrativas pentecostales contaron la historia de restauración del *evangelio quíntuple* en la iglesia y la emergencia de personas que recibieron y creyeron ese evangelio como una forma de vida. Las canciones, los testimonios, los dones y una variedad de otras prácticas de adoración y testimonio fueron categorizadas y analizadas para demostrar el efecto de la tensión *ya-todavía no*. El lenguaje del amor y el lenguaje del poder buscaban una traducción o fusión que conducirían hacia una nueva síntesis de la soteriología y la escatología, de la iglesia y el reino, de Cristo y el Espíritu. El *evangelio quíntuple* era cristocéntrico debido al testimonio, poder y presencia del Espíritu Santo. Esto le dio al movimiento una forma, una dirección y una teología que representaron una intensificación escatológica y un énfasis pneumatológico dentro del movimiento de santidad.

Mientras que la identificación de santificación y de bautismo del Espíritu condujo a un aprecio de la distinción experimental y teológica de los dos, su interrelación dentro del horizonte apocalíptico de expectación y preparación seguía siendo crucialmente importante para definir al nuevo movimiento. El carácter y la vocación de un pentecostal fueron unidos a las doctrinas de la santificación y del bautismo del Espíritu, respectivamente. Este carácter y vocación están presentes en las siguientes exhortaciones a los santos en la Calle Azusa:

> Las lenguas es uno de los signos que caracterizan a cada persona bautizada, pero no es la evidencia real del bautismo en la vida

diaria. Su vida tiene que medirse con los frutos del Espíritu. Si se enoja, o maldice, o critica a otros, yo no me preocuparé de cuántas lenguas usted puede tener. Usted no está bautizado con el Espíritu Santo. Usted ha perdido su salvación. Usted necesita la Sangre [de Cristo] en su alma …

Muchos pueden comenzar en esta salvación, pero si no lo hacen con cuidado y se mantienen bajo la Sangre [de Cristo], ellos perderán el Espíritu de Jesús, que es amor divino, y tendrán solamente dones que serán como un metal que retiñe y un címbalo que resuena, y más temprano que tarde, serán quitados. Si usted desea vivir en el Espíritu, viva en los frutos del Espíritu cada día …[2]

Seymour, hablando de una forma bastante parecida al apóstol Pablo cuando escribió a los Corintios, amonestaba:

¡Oh amados!, el tiempo de nuestro reinado todavía no ha llegado. Estamos para ser como el Niño en su camino desde el pesebre hasta el trono. Nuestro tiempo de reinar llegará cuando Jesús venga con gran poder desde el trono. Hasta entonces, seremos golpeados, escupidos, burlados. Estamos para ser como Su Hijo.[3]

El carácter o el fruto del Espíritu que tenía que caracterizar, según Seymour a aquellos primeros testigos perseguidos, se analizan en este capítulo como los afectos pentecostales. El capítulo intenta: 1. Demostrar que subyacente a los afectos existe una correlación implícita entre Dios y la salvación; 2. Discutir, brevemente, la definición general de los afectos cristianos; 3. Describir los afectos apocalípticos pentecostales; 4. Puntualizar el papel importante del discernimiento y de la disciplina para la identificación, cultivo y preservación de los afectos; 5. Discutir la comprensión pentecostal de la oración como forma y expresión de los afectos; 6. Demostrar que los afectos predominantes son la pasión por el reino; 7. Demostrar que la comunidad misionera a través de su adoración y testimonio llama, forma, refuerza y dirige los afectos constitutivos del pentecostalismo.

---

[2] *AF* 1.10 (September, 1907), p. 2.
[3] *AF* 1.10 (September, 1907), p. 2.

Los Afectos Pentecostales: Personificación y Anhelo del Reino

Una correlación implícita: la 'teológica' de las 'tres bendiciones'

La participación en las narrativas y en las prácticas pentecostales, permitieron una transformación afectiva que fue implícitamente correlacionada con ciertos atributos divinos, la visión apocalíptica y el testimonio individual. El siguiente cuadro muestra esa correlación:

Correlación Dios-Salvación-Reino

Dios	Justo	Amoroso, Santo	Poderoso
Cristo	Salvador	Santificador	Bautizados en el Espíritu
Salvación	Justificación-Regeneración	Santificación	Bautismo del Espíritu
Reino en el Espíritu	Justicia	Paz	Gozo

Los testimonios, los tratados y las canciones expresan un anhelo por ser como Cristo, para vivir una *vida santa*. Las tres cualidades de justicia, amor y poder, están correlacionadas implícitamente con la visión de Cristo como Salvador, Santificador y Bautizador en el Espíritu, así como con el testimonio cristiano de la justificación, la santificación y el bautismo del Espíritu.

La preocupación por la justicia se expresa en relación con la conversión y la continuación en el camino. La declaración de fe de la *Apostolic Faith Mission* (Misión Apostólica de la Fe) de la Calle Azusa afirmaba lo siguiente:

La restauración de la fe entregada una vez a los santos … La enseñanza del arrepentimiento (Mr. 1.14, 15).

Pesar piadoso por el pecado. Ejemplos (Mt. 9.13; 2 Co 2.7, 9, 11; Hch. 3.19; 17.30-31).

Confesión del pecado. Ejemplos (Lc. 15.21; 18.13).

Abandono de los caminos de pecado (Is. 55.7; Jon. 3.8; Pr. 28.13). Restitución (Ez. 33.15; Lc. 19.8).

Y fe en Jesucristo

Primera Obra: La justificación es ese acto de la gracia libre de Dios por el cual recibimos la remisión de los pecados (Hch. 10.42-43; Ro. 3.25)

La sangre de Jesús nunca borrará ningún pecado que los hombres hayan cometido injustamente. Pero si estos son capaces dejar de cometer la injusticia, la Sangre de Cristo generosamente los cubrirá (Mt. 5.23-24).[4]

De esta declaración, se percibe que la justificación gratuita de Dios o el perdón a través del arrepentimiento y la fe en Jesucristo, no quita de ninguna manera la necesidad de la restitución y de la reconciliación entre las personas, siempre que sea posible (si tienen esa posibilidad y todavía viven). El creyente estaba condolido o tenía un pesar por su pecado o por sus pecados contra Dios y tenía, consecuentemente, un *dolor santo*. Pero, la confesión y el arrepentimiento del pecado no fueron solamente una creencia en la justicia de Dios en Cristo, sino también una declaración de caminar en la luz, de caminar de una manera justa en el mundo. De hecho, creer en *un evangelio completo*, significaba 'enseñar al pueblo de Dios a observar todas las cosas que Él había ordenado... practicando cada mandamiento y viviendo cada palabra que procede de la boca de Dios'.[5]

El *evangelio completo* no fue limitado a la formulación quíntuple, ya que el *evangelio completo* era la *Biblia correctamente trazada*, el consejo completo de Dios. Las Escrituras del Antiguo y Nuevo Testamento, según lo observado previamente, fueron utilizadas para establecer el camino de la justicia. El '*Señor de los ejércitos será exaltado en juicio, y el Dios Santo será santificado con justicia*' (Is. 5.16). La conclusión de Walter Brueggemann, sobre este pasaje de Isaías, resulta aplicable a la creencia pentecostal temprana: 'una práctica social de la justicia tiene afecto sobre el carácter de Dios... La restauración del pacto entre Yahweh e Israel depende de una práctica social apropiada'.[6]

Los pentecostales creyeron que la práctica de algunas iglesias había conducido al antinomianismo o a una fe muerta sin obras. De hecho, algunas iglesias por su acercamiento formal, mecánico,

---

[4] *AF* 1.10 (September, 1907), p. 2.
[5] *AF* 1.10 (September, 1907), p. 2.
[6] W. Brueggemann, *Hope Within History* (Atlanta: John Knox, 1987), p. 35.

habían hecho culpable a la justicia y habían quitado la justicia de lo justo.[7] En contraste, la comunidad pentecostal, reflejó el desarrollo de la fe en el libro de Isaías como el 'encuentro alrededor del texto' y maduró 'en su compromiso y práctica de la justicia de Dios'.[8]

Este desarrollo de la fe era más parecido a una reforma y a un nuevo principio. Fue una restauración de lo que ellos consideraron como un patrón más bíblico que se había hecho añicos en movimientos de áspera discontinuidad. Este era un nuevo desarrollo que requería un 'severo desplazamiento, el rompimiento de viejas configuraciones sobre los valores de poder y autoservicio'.[9] Esta discontinuidad o desplazamiento, estuvo acompañada por un intenso anhelo y lucha interna. Lo que se evidenció cuando uno era un recién convertido o un miembro de otra iglesia que llegaba a la nueva luz. Llegar a este camino era comenzar otra vez desde el principio y era comprometerse a seguir a Cristo dondequiera que Él pudiera conducirlo. Debía caminar en toda la luz que Dios pudiera darle mientras brillaba sobre su camino. La justificación era perdón. Pero nunca fue la justificación de la injusticia. La salvación era llegar a ser como Dios. Comenzaba con un giro completo de la existencia para caminar en la luz y continuaba, precisamente, como había comenzado.

Después de la luz de la justificación y del requerimiento de un Dios justo, más luz fue dada con respecto a la santidad de Dios y a la santificación del creyente. Esta era entendida en términos familiares por aquellos que venían o habían sido influenciados por el movimiento de santidad del siglo XIX. Al respecto, la revista *The Apostolic Faith* de la Calle Azusa, afirmaba que:

> La segunda obra, la santificación, constituye el segundo trabajo de gracia y la última obra de la gracia. La santificación es ese acto de la gracia libre de Dios por el cual Él nos hace santos. Juan 17.15, 17—'Santifícalos en tu verdad; tu palabra es verdad'. 1 Ts. 4.3; 5.23; He. 2.11; 12.14.

> Santificación es la limpieza que hace santo. Los discípulos fueron santificados antes del día de Pentecostés. Por un estudio

---

[7] Brueggemann, *Hope Within History*, p. 35.
[8] Brueggemann, *Hope Within History*, p. 35.
[9] Brueggemann, *Hope Within History*, p. 35.

cuidadoso de la Escritura usted encontrará esto ahora. 'Ya vosotros estáis limpios por la palabra que os he hablado" Ya está limpio con la palabra que he hablado (Jn. 15.3; 13.10). Y Jesús sopló en ellos el Espíritu Santo (Jn. 20.21-22). ¿Sabía Usted sabe que ellos no habrían podido recibir el Espíritu si no estaban limpios? Jesús los limpió y canceló toda la deuda de su iglesia antes de que Él retornara de nuevo al cielo.[10]

Más adelante en el mismo número de *The Apostolic Faith* se dio la siguiente exhortación a la pureza:

Benditos los puros de corazón. No alcanzaremos esta pureza hasta que estamos dispuestos a dejar que Él tome su propio camino para completar la extensión de la palabra. Somos arcilla en las manos del alfarero. Debemos hacer que el bienestar sea removido para recibirlo a Él. Mientras tengamos algo que decir, 'No quiero esto o aquello', no podemos recibir el Espíritu Santo.[11]

La santificación implicaba una completa rendición y la disponibilidad para Dios. La santidad era la naturaleza esencial de Dios y, por lo tanto, se podía afirmar que:

... el objetivo y el fin de toda la Escritura es que la *obra definitiva* puede ser labrada en nuestros corazones por el Espíritu Santo. El diseño de Dios a través de las edades y a través de todo Su trabajo con los hijos de los hombres, ha sido implantar *Su propia naturaleza de amor* en una raza caída.

Queridos y amados, ¿hemos alcanzado esa pasión ardiente por las almas perdidas? Cuando somos perseguidos y juzgados por la palabra de Dios ¿podemos decir en nuestros corazones, 'Señor, ¿los perdonamos porque ellos no saben lo que lo hacen'?... Es dulce tener la promesa de Jesús y el carácter de Jesús labrados en nuestras vidas y corazones por el poder de la Sangre [de Jesús] y del Espíritu Santo, y tener el mismo amor y la misma mansedumbre y humildad manifestada en nuestras vidas porque *Su carácter es amor* ...

---

[10] *AF* 1.3 (1906), p. 2.
[11] *AF* 1.3 (1906), p. 2.

Queridos y amados, nosotros debemos tener ese amor puro que *bajó del cielo*, el amor que está dispuesto a sufrir pérdida, el amor que no enorgullece, que no se provoca fácilmente, sino que es apacible, manso, y humilde. Nos consideran como ovejas para el matadero diariamente. Estamos crucificados a nosotros mismos, al mundo, a la carne, y a todo lo demás, podemos llevar en nuestro cuerpo la muerte del Señor Jesús, que nuestra alegría puede ser completa, así como Él es completo.[12]

La santificación, que comienza en un nuevo nacimiento, se actualiza en una obra subsecuente y definitiva. Es una obra definitiva porque es una realidad definitiva y dinámica. La salvación es una participación de la vida divina y en la vida divina. El carácter de la santidad es amor en el creyente. Es un amor perfecto que llena el recipiente limpiado, vaciado y sin el cual los dones, sacrificios y obras justas del creyente no probarían nada. La medida del amor dada en el nuevo nacimiento, junto con la gracia implantada, conducen a una fructificación completa en la santificación. Esta santificación plena es una *pasión ardiente por las almas* que le permite a uno también perdonar a sus perseguidores. El poder de la sangre en la santificación es un requisito previo necesario y lógico para recibir el poder del Espíritu Santo en el bautismo del Espíritu. En la lógica pentecostal temprana del desarrollo de la fe, la pureza precede al poder, porque uno debe ser un testigo en carácter y en hechos. La justicia de Dios era la fidelidad del creyente mientras que la santidad de Dios era el amor de los santos. El camino de justicia y la pasión ardiente de amor pidieron el poder para hacer del testigo una demostración eficaz del poder de Dios.

El bautismo con el Espíritu Santo era el aspecto de la salvación que correspondía al atributo del poder divino. Era el 'don del poder sobre la vida santificada'.[13] El bautismo se apaga si uno no camina en la luz de la justicia mientras que esta brilla sobre su camino. El Espíritu Santo no continuaría empoderando a alguien que camina en la oscuridad y el Espíritu no podría continuar llenando a los que no habitan en el perfecto amor de Dios. la Persona que fue

---

[12] 'Bible Salvation', 'Sanctification and Power', 'The Character of Love', *AF* 1.3 (1906), p. 4.
[13] *AF* 1.3 (1906), p. 2.

bautizada con el Espíritu 'debe morir diariamente para que Cristo habite en ella. Si comenzamos a inflarnos, Dios nos dejará de lado, pero si le damos a Él toda la gloria, Él nos usará para difundir su luz'.[14] Todas las experiencias de la gracia eran susceptibles a caer en errores y requerían mantenerse en el curso correcto momento a momento. Nada podrá quitar a los creyentes de las manos de Cristo, pero deben habitar en Él, en amante obediencia, por la gracia y el poder provistos. El poder del Espíritu Santo fue dado para un propósito específico:

> ...cuando alcanzamos el bautismo con el Espíritu Santo, tenemos algo que decir, y es que la sangre de Jesucristo nos limpia de todo pecado. El bautismo con el Espíritu Santo nos da poder para testificar de un Salvador resucitado y levantado. *Nuestros afectos están en Jesucristo, el Cordero de Dios que quita el pecado del mundo.* ¡Cómo le adoro hoy! ¡Cómo le alabo por habernos limpiado a todos en su sangre![15]

La alabanza y la proclamación, la presencia de Jesús y del Espíritu y, los afectos en Cristo y el poder del Espíritu, están todos fusionados en un llamado al carácter y a la vocación cristiana. En toda la literatura del avivamiento inicial se encuentra presente esta correlación explícita de la justicia, la santidad y el poder de Dios, así como la justicia, el amor y el poder del creyente. La lógica no era la de un orden formal de salvación, tanto como un orden experiencial, como el desarrollo del creyente en la justicia, el amor y el poder.

Los superlativos de las descripciones del evangelio y de la vida cristiana hablan de la correlación implícita de la teología, como la oración y la salvación. Por ejemplo, caminar en toda la luz (Dios es justo, Dios es toda luz y no hay tinieblas en Él); el evangelio completo (la plenitud de Dios en Cristo); la entera santificación (Dios es santo, Dios es amor); ser llenado con el Espíritu (Dios es todopoderoso). Relacionarse correctamente con Dios—esto es, conocer a Dios y seguirlo—exigía un desarrollo transformador progresivo. Así se podía ve que la participación en el culto y el testimonio pentecostal, por un cierto plazo, producía una 'transformación afectiva

---

[14] *AF* 1.3 (1906), p. 2.
[15] 'River of Living Water', *AF* 1.3 (1906), p. 2.

en la que las vidas estaban moldeadas y formadas' por su experiencia de Dios.[16]

Estos testimonios pentecostales y la visión correlativa de Dios fueron teleológicamente relacionados con el reino de Dios entendido como "justicia, paz y gozo en el Espíritu Santo." (Rom. 14:17) La justicia de la justificación fue mantenida por caminar en la luz por la gracia a través de la fe. La paz del amor perfecto (el cual 'echa fuera el temor', 1 Jn. 4.18) fue mantenida por el caminar en amor sin resistencias internas. El gozo de la llenura del Espíritu era fortaleza y ánimo para los creyentes ya que ellos caminaban en el Espíritu y no seguían a la carne. Creer en el reino de los cielos, aquí y ahora, allá y entonces, era desear un reino de luz y justicia, santidad y amor, poder y demostración del Espíritu que llenaría todas las cosas. El Espíritu conduciría a los creyentes hacia la justicia. El Espíritu buscaría el corazón y, por la Palabra, precisaría que no era como Cristo y, por lo tanto, carnal. El Espíritu completaría y dirigiría un testimonio poderoso. El Espíritu se expresaría a través de los dones y del fruto que era el carácter divino que estaba siendo formado en el creyente por la virtud de participar en la vida divina. El Padre, el Hijo y el Espíritu, vinieron a habitar en el creyente.

Si los dones y el fruto eran el testimonio externo, entonces el testimonio del Espíritu era la seguridad interna y la evidencia de la justificación, la santificación y la llenura del Espíritu. Y el hablar en lenguas, el lenguaje escatológico del cielo era el testimonio interno y externo a la vez, la evidencia y la seguridad. Era una demostración de esa comunión, una conversación y una relación tangible y existencial acerca de lo qué significaba ser cristiano. Era desmontar la injusticia de Babel en el mundo por medio de la alabanza, con el clamor del oprimido por el amado, y un grito del cumplimiento escatológico que ya estaba irrumpiendo, pero todavía no podía ser completamente interpretado.

Así fue como los primeros pentecostales implícitamente correlacionaron su visión del reino, de la vida cristiana y de Dios. Sus creencias y sus prácticas, mediante el culto, la comunión y el testimonio de la iglesia, fueron expresiones y determinaciones de ciertos

---

[16] H.H. Knight, 'The Relationship of Narrative to the Christian Affections' (documento inédito, Emory University, 1987).

afectos pentecostales. Lo que explica por qué, antes de describir estos afectos, será bueno discutir las características generales de 'los afectos' y demostrar cómo los afectos cristianos se distinguen de los afectos naturales o de los meros 'sentimientos' humanos.

Los afectos cristianos: Una descripción general

Cualquier abordaje sobre los afectos, resulta ser bastante complicado debido a la amplia gama de significados, así como debido a los valores de los sentimientos asociados a cada uno de ellos. Consideremos el siguiente ejemplo:

Sue Smith ama su gata, a su marido y a su automóvil verde de dos puertas. Ella ha tenido su gata por diez años, su marido por cinco años, y su sedán verde marca Subaru por un año. Lleva a su gata Samantha a todos los lugares a los que ella va, y si hace frío o la gata no se siente bien, intenta permanecer en el hogar y cuidarla. Sam, su marido viene y va libremente, con o sin Sue o Samantha. Él tiene su propio coche. Aunque Sue le ha dicho a Sam que venderá su coche después de los primeros treinta y dos mil kilómetros, él sabe que ella ama ese coche y no deja que cualquier persona, incluyéndolo a él, lo conduzca. Su coche es el espacio privado, personal, para Sue y para su gata.

Sue, como la mayoría de la gente, tiene varios amores. Cada amor representa algo significativo y agradable en su vida y lo que ellos representan está condicionado por el significado que ella les asigna. Por ejemplo, la cantidad de tiempo invertido en cada uno, cómo cada 'objeto' de su amor ha respondido a ella y qué espera de cada uno, junto con sus dolores y placeres. Ella también utiliza la palabra 'amor' en lo referente al helado de chocolate y a los viajes al zoológico. A menudo estos 'amores' entrarán en conflicto y tendrán diferentes valores. Así, por ejemplo, cuando Samantha muera, si Sue deja a Sam, ¿qué dice esto sobre su 'amor' a la gata en contraste con su 'amor' a su esposo?

La vida y los amores de Sue revelan la manera confusa en que las emociones, las sensaciones y el lenguaje de los afectos a menudo se utilizan. La respuesta más usual al comportamiento de Sue sería decirle que ella se está comportando irresponsablemente. Sus emociones están fuera de control o de balance. Esta dicotomía post-iluminista o la división de razón versus sentimientos, es característica de buena parte de la cultura Occidental moderna. La vida pública es dictada generalmente por la razón mientras que la vida privada está reservada para los 'sentimientos' idiosincráticos e irracionales. Esta visión de la razón y de las emociones es evidente también en la evaluación de las tradiciones religiosas. Cada uno sabe que los pentecostales son emocionales y que los episcopales son más racionales. De las pasiones animales a la dulce racionalidad, el espectro del ethos religioso muestra que el control, el balance, la moderación y la tranquilidad, están entre los criterios que prevalecen frecuentemente para el diagnóstico y para la prescripción.

Si el objeto del afecto no es un gato, un esposo o un coche, sino Dios, entonces la situación es más complicada por el hecho que Dios es usualmente considerado como la preocupación suprema o aquel que demanda una lealtad incondicional. Si hay diversos dioses y diversas interpretaciones o preocupaciones últimas, entonces, el afecto será diferente. Previamente, la espiritualidad fue definida como la integración de las creencias, de las prácticas y de los afectos. Esta espiritualidad es una forma de vivir que implica conocimiento, acciones y afectos. Éste afecto—o los afectos—es evocado y expresado por las acciones y las creencias.

Los cristianos confiesan que Dios es amor. Este amor se da a conocer a través de lo que Dios ha dicho y ha hecho, está diciendo y haciendo, y dirá y hará. *'Porque de tal manera amó Dios al mundo, que ha dado a su Hijo unigénito'* (Jn. 3.16). Esto dice algo sobre el objeto del amor de Dios, el mundo, así como de la fuente, Dios. La naturaleza del don dado dice algo simultáneamente sobre la fuente, el objeto y el don. No es posible entender este afecto, este amor, aparte de este don. No es posible, de hecho, recibir el don sin amor. La Escritura especifica que los cristianos deben amarse unos a otros, así como Cristo amó a sus discípulos y a otros durante su ministerio terrenal (Juan 15.12). Este amor ha sido derramado en los corazones humanos por el Espíritu Santo que mueve a los cristianos a un seguimiento compasivo de Cristo (Rom. 5.5; Mt. 15.32), si el corazón es entendido como el centro integrador de la mente, la voluntad y las emociones. Está claro, entonces, que los afectos son más que los meros sentimientos y los afectos cristianos son los elementos que caracterizan la vida cristiana.

Para Juan Wesley y Jonathan Edwards la religión verdadera o el cristianismo auténtico estaba centrado en los afectos religiosos. Wesley abrevió la obra de Edwards, *Treatise on the Religious Affections* (*Tratado sobre los Afectos Religiosos*), para incluirlo en su *Christian Library for Methodist Ministres and Leaders* (*Biblioteca Cristiana para los Ministros y Líderes Metodistas*). Para Wesley, el amor a Dios y al prójimo era el corazón de la religión verdadera, sin la cual uno no era cristiano.[17] Su doctrina de la entera santificación fue una forma de subrayar la transformación afectiva realizada en Cristo por el Espíritu Santo a través de los medios de gracia. Esta plenitud del amor se convirtió en un tema del crecimiento perpetuo (incluso eterno) de la vida en la gracia y el conocimiento de Dios, así como la manifestación plena y la integración del fruto del Espíritu Santo.

Robert Roberts, Don Saliers y Hal Knight, son tres de los eruditos cristianos contemporáneos que han acentuado, de diferentes maneras, la centralidad de los afectos religiosos para entender la vida cristiana.[18] No se trata de una cuestión de un mero equilibrio entre la mente y el corazón o entre el pensamiento y el sentimiento. Esto es así, porque se trata de una integración, de una comprensión afectiva que es esencial a la experiencia cristiana. Esta fe 'está constituida por una nueva disposición del corazón que ordena todos los poderes de la emoción, percepción, voluntad y entendimiento. El corazón y el intelecto afectado no se oponen en la fe verdadera; ni siquiera son finalmente dos clases de capacidades que son ensambladas por un acto de la voluntad'.[19] Jonathan Edwards formula esta comprensión afectiva con las siguientes palabras:

Así como, por un lado, tiene que haber luz en la comprensión, como un corazón ferviente y afectuoso, y donde no hay calor sin luz, no puede haber nada divino o celestial en ese corazón. Por otro lado, donde hay una especie de luz sin calor, una cabeza llena de nociones y especulaciones, con un corazón frío y sin

---

[17] Knight, 'Relationship', p. 6.

[18] Ver D.E. Saliers, *The Soul in Paraphrase* (New York: Seabury Press, 1980); *idem, Worship and Spirituality* (Philadelphia: Westminster Press, 1984); R.C. Roberts, *Spirituality and Human Emotion* (Grand Rapids: Eerdmans, 1982); *idem, The Strengths of a Christian* (Philadelphia: Westminster Press, 1984), y H.H. Knight, III, The *Presence of God in the Christian Life* (Metuchen, NJ: Scarecrow Press, 1992).

[19] Saliers, *The Soul in Paraphrase*, p. 10.

afecto, no hay nada de divino en esa luz, ese conocimiento no es verdadero conocimiento espiritual de las cosas divinas.[20]

Aquí se tiene que formular un punto tanto epistemológico como teológico y, debajo de ambos puntos, se encuentra la relación de Jesús y del Espíritu. Jesús es presentado a la persona a través del testimonio de la Escritura por el Espíritu. Es el Espíritu quien mueve a la persona a recibir a Cristo. Recibir el testimonio del Espíritu es recibir a Cristo. Pero esto, entonces, tiene que significar también que uno recibe el Espíritu. La luz y el calor, la verdad y el amor son inseparables, porque la obra del Espíritu y Cristo son una única obra de salvación. Conocer la verdad es amar. Conocer la verdad es hacer la verdad. Por lo tanto, odiar, retener la verdad, es mentir.[21] Los fanáticos, tanto racionalistas como entusiastas, se dirigen y dan una comprensión más profunda de la existencia cristiana desde estas perspectivas Escriturales y teológicas. Al respecto, H. Richard Niebuhr en una penetrante percepción sobre este punto, expresaba el deseo de seguir:

... los pasos de Edwards, y emprender una exploración en la tierra de las emociones con cierta hipótesis que llevan a una convicción... la hipótesis que las emociones, contraria a la opinión frecuente sobre ellas, nos ponen en contacto con aquello que es confiable, firme, real, duradero en formas que son inaccesibles a la razón conceptual o espectadora.[22]

La conclusión, cualquiera sea la opinión que uno tenga, tiene que ser que:

... la fe cristiana es un patrón de emociones profundas. Es gratitud a Dios por la creación y la redención, temor y reverencia santa de la majestad divina, arrepentimiento y pesar por los pecados, gozo en la firmeza del amor y misericordia de Dios, y

---

[20] J. Edwards, *Treatise Concerning Religious Affections* (ed. J. Smith; New Haven: Yale University Press, 1959), p. 120.

[21] 1 Juan 1.6; Ap. 22.15.

[22] H.R. Niebuhr, 'Coale Lectures' (Andover Library, Cambridge. MA: Manuscript) citado en P.M. Cooey, *Jonathan Edwards on Nature and Destiny* (Lewiston, NY: Edwin Mellen, 1985), p. 1.

amar a Dios y al prójimo. Confesar la fe en Cristo es vivir una vida caracterizada por estas emociones.[23]

Estas '*emociones profundas*' son el fruto del Espíritu Santo que es formado en quien cree en el evangelio de Jesucristo e interpreta el mundo según la fe que ahora tiene. Rasgos como agradecimiento, compasión y confianza 'son lo que hacen que una persona sea cristiana; ellos son una definición de la espiritualidad cristiana'.[24]

A la luz de la discusión precedente, la siguiente declaración sumaria puede ser hecha: los afectos cristianos son objetivos, relacionales y disposicionales. Decir que los afectos cristianos son objetivos significa que los afectos toman un objeto. En este caso el objeto es también el tema: Dios es la fuente y el objeto de los afectos cristianos. El Dios que prueba ser justo, exige justicia. El Dios que es amor y que 'ha amado tanto', evoca amor. El Dios que ha actuado poderosamente para enviar, da poder y fuerza (Efesios 6.10) El Dios que ha dicho y ha hecho, que dice y hace, que dirá y hará, es la fuente y el *telos* de los afectos.

La justicia, el amor y el poder de Dios, son la fuente de los afectos correlativos en el creyente. Las narrativas que describen estas cualidades de Dios evocan, limitan y dirigen los afectos del creyente. Dios como justo, amoroso y poderoso es también el *telos* de la existencia cristiana y, por lo tanto, de los afectos. Creer en Dios es recibir el reino de justicia, paz y gozo en el Espíritu Santo y esperar su consumación venidera.

Creer en Dios y, por lo tanto, recibir el reino, es reconocer que los afectos cristianos son relacionales. Las creencias y las prácticas cristianas forman y expresan estos afectos. Los afectos cristianos requieren para su génesis y expresión apropiada de una relación personal con Dios, la iglesia y el mundo. Esto es lo más obvio en la consideración de ese afecto que es también la principal virtud teológica, el amor. Pero, como veremos luego, esto no es menos cierto para el resto de los afectos. Los afectos cristianos no pueden ser convocados en la voluntad. Ni son una clase de selección informal de emociones hecha por los expertos del desarrollo afectivo. Estos

[23] Saliers, *The Soul in Paraphrase*, p. 11.
[24] Roberts, *The Strengths of a Christian*, p. 22.

dependen de la iniciación, sostenimiento y dirección del Señor Soberano de la iglesia.

Juan Wesley, que habló del amor perfecto como una dedicación sincera a Dios, reconoció que la vida cristiana era de inicio a fin una obra del Espíritu, sobre las bases de un momento-a-momento. Wesley afirmó, 'sentimos al poder de Cristo descansar sobre nosotros en cada momento, por lo cual solamente somos como somos... y sin el cual, a pesar de toda nuestra santidad actual, nosotros seremos diablos al siguiente momento'.[25] Para Wesley, esa comprensión relacional de la fe, implica reconocer el orgullo espiritual como el pecado más profundo que cualquier 'transgresión voluntaria de una ley conocida de Dios'.[26] Para Wesley, la relación de la fe, la obediencia y el amor, eran el significado de la fe, al igual que para aquellas tradiciones que surgieron a partir del Metodismo del siglo XVIII. Wesley vio esta integración en Santiago, Pablo y, especialmente, en las epístolas de Juan.[27] 'Ser salvado', ser cristiano, se expresaba en el hecho de estar correctamente relacionado con Dios y, por lo tanto, con el prójimo.

Si los afectos son objetivos y relacionales, también deben ser disposicionales. Una vez más, por ejemplo, el Dios que es amor ha ordenado amarle a él mismo y a otros; y este amor que el apóstol Pablo afirma que 'habita' es lo que caracteriza a los cristianos. Sin él no importa qué o cuánto ellos crean, no importa cuánto ellos den a los pobres, ni importa cuántos dones del Espíritu se manifiesten o cuan grandes sacrificios ellos hagan, eso no les beneficiará en nada (1 Corintios 13).

El amor en particular y los afectos cristianos en general no son sentimientos pasajeros y episodios sensitivos. Los afectos habitan en las disposiciones que orientan a la persona hacia Dios y al prójimo de una manera apropiada a su fuente y meta en Dios. Las sensaciones son importantes, pero vienen y van, se mezclan y varían en grados de intensidad. Los humores también son variables, pero los afectos caracterizan a la persona. Fluyendo la adrenalina, bombeando el corazón y teniendo los humores considerablemente

---

[25] J.L. Peters, *Christian Perfection and American Methodism* (Grand Rapids: Zondervan, 1985), pp. 187-88.

[26] Peters, *Christian Perfection and American Methodism,* pp. 187-88

[27] John Wesley's *Notes on the New Testament.*

elevados, uno puede respirar agradecido en silencio después de salvarse de una infracción en la carretera. Pero esto no significa que uno sea una persona agradecida y, mucho menos, un cristiano agradecido. ¿Cuántas veces los cristianos hemos recordado que una cosa es escuchar el domingo con asentimiento y lágrimas un mensaje exhortando a la compasión y, otra cosa muy distinta, practicarla el martes? El punto es que tener compasión es ser una persona compasiva.

Ser una persona compasiva es, además, interpretar el mundo en forma diferente. Si uno considera la terrible situación de la persona desamparada que se sienta fuera del mercado donde uno hace las compras, está exigido por las enseñanzas de la vida y el Espíritu de Jesús, a actuar individual y socialmente de una manera responsable. No es sólo una mera sensación. Es una relación disposicional, motivadora, en la que el creyente, la persona desamparada y Cristo están implicados por el Espíritu en una vida de acción responsable. Los afectos son interpretaciones de las preocupaciones del mundo. Como somos, así también 'razonamos' para actuar. Cuando preguntamos por qué actuamos en una forma determinada, con respecto a la situación de una persona desamparada, la razón podría ser que uno fue compasivo. Sería irracional—contradictorio a la lógica del logos—volverse como señal de una apatía despreocupada. La representación bíblica de la identidad de Dios y el mundo en camino hacia el reino modela, forma y dirige la expresión de los afectos.

Los afectos apocalípticos: 'En camino al hogar'

Las diferencias entre los luteranos y los católicos romanos no son solamente de naturaleza teológica; son también diferencias afectivas. Para los luteranos y para los católicos romanos el mundo se interpreta de una manera diferente y los afectos cristianos se mezclan de diversa manera. Uno puede beber leche de diversas lecherías a diario y detectar diferencias en el gusto debido a los diversos climas, la alimentación, la raza de las vacas y los métodos de procesamiento. La 'leche sincera de la Palabra' sabe diferente por razones más o menos análogas (1 Pedro 2.2). Un ministro anabaptista y un sacerdote ortodoxo pueden reconocerse el uno al otro como cristianos. Sin embargo, finalmente en la Cena del Señor, saben que son diferentes.

Los pentecostales no son más exuberantes que algunos otros cristianos. Todos los afectos cristianos significativos están allí, sin embargo, el perfil es diferente. La visión apocalíptica y la presencia trascendente del poder de la era venidera altera la química afectiva de maneras significativas. El sentido de urgencia referente a la tarea misionera y de preparación para la pronta venida del Santo Cordero de Dios altera los afectos, no solamente en intensidad cuantitativa, sino también en términos de la mezcla cualitativa o de la *gestalt* característica.

Recordando lo dicho en el Capítulo 2, respecto a la caracterización de lo apocalíptico en términos de ruptura, esperanza y drama cósmico, se puede comprender mejor por qué aquellos que están acostumbrados al poder a través de la predicción y el control, sea en la sociedad o en la iglesia, se incomodan con esta espiritualidad. El sentido de irrupción del reino de Dios en Jesucristo y en la existencia personal afirma la primacía de la gracia por encima de lo inexorable, lo internamente condicionado o los procesos históricos socialmente controlados.[28] Semejante esperanza radical protege de una amenaza más sutil y frecuente que la duda o el error radical: la trivialización y/o la cooptación de la fe en la sociedad moderna. Los acontecimientos particulares, los casos específicos de los dones del Espíritu operando en el entorno del culto o en el campo el testimonio, esos sucesos particulares se consideran como parte de un drama cósmico mayor en el que uno es un participante y no una víctima. El Espíritu soberano de Dios se está moviendo y trabajando en todas las cosas para el bien de aquellos que aman a Dios. Cada uno está haciendo una parte y el resultado final afectará a cada uno.

Su respuesta a Dios y al prójimo expresa lo que realmente cree acerca del fin. Caminar en justicia es creer en el reino de justicia y ser conducido hacia el reino de justicia. Caminar en amor sincero es creer en el reino de amor y paz y ser conducido hacia un reino de amor y paz perfectos. Caminar en el poder del Espíritu Santo es caminar frente a toda oposición, con una confianza y valor gozosos, hacia un reino en el cual Dios será todo en todos. Uno es afectado por el reino de Dios y conducido hacia el reino de Dios que ya está

---

[28] Mills, 'New Heaven? New Earth?', pp. 98-100.

obrando entre los creyentes a través del Espíritu Santo. El *todavía no* del reino es conocido por sus 'anticipos' y 'señales' pero, sin embargo, sigue siendo futuro, nuevo y algo completamente gratuito— tan gratuito como la creación, la encarnación o el propio nuevo nacimiento. Ni siquiera la perseverancia ni la *parusía* son inevitables (Heb 6:1-12). Cada uno de ellos es gratuito. Para el pentecostal el poder del Espíritu consolida, sostiene y dirige todos los afectos a través de todos los juicios y tentaciones de la vida hacia la meta del reino de Dios.

No es recomendable ni posible discutir todos los afectos pentecostales, y tenemos que resistir a la tentación de destacar uno o más de ellos como a la 'esencia' de la espiritualidad. Robert Roberts advierte claramente sobre este tema:

> La espiritualidad cristiana probablemente sufre una distorsión cuando un pensador encuentra una cierta 'esencia' de tal espiritualidad como la simplicidad o la apertura al futuro o la autenticidad o la justicia social. Tales conceptos capturan probablemente algo de la espiritualidad cristiana, pero es inverosímil que cualquier esencia encontrada preserve la riqueza del concepto bíblico.[29]

Lo que explica por qué el presente abordaje evitará el análisis exhaustivo y la esencialización reduccionista. En lugar de ello, se centrará en tres afectos importantes que se correlacionen con la perspectiva sobre Dios, el reino y la salvación, discutidos anteriormente en este capítulo. Los tres afectos seleccionados se relacionan también con las virtudes teológicas tradicionales de la fe, el amor y la esperanza, respectivamente. Estos tres afectos, con ciertos afectos sinónimos o relacionados cercanamente, son los siguientes:

1. Agradecimiento (gratitud, alabanza, acción de gracias).

2. Compasión (amor, deseo).

3. Valentía (valor, confianza, esperanza).

Obviamente todos los cristianos están o tienen que estar caracterizados por estos afectos. En consecuencia, nuestro esfuerzo será

---

[29] Roberts, *The Strengths of a Christian*, p. 23.

presentar a cada uno de ellos en su *ethos* pentecostal distintivo. El siguiente cuadro refleja algo de la estructura y de las correlaciones de los afectos pentecostales:

Afectos Pentecostales

	Agradecimiento (Gracias, alabanza)	Compasión (Amor, deseo)	Valentía (Confianza, esperanza)
Fuente en Dios:	Justicia	Amor (santidad)	Poder
Testificado como:	Salvado-Regenerado	Santificado	Bautizado en el Espíritu
Opuesto por:	Mundo	Carne	Diablo
Se superan por:	Fe (1 Jn. 5.4)	Crucifixión (Gál. 5.24; Ro. 8.13)	Resistencia (Sig.. 4.7)
Caminar:	En la Luz	En el Amor	En el poder del Espíritu
Evocado y expresado en:	Adoración	Oración	Testimonio
Cristo como:	Salvador	Santificador	Bautizador en el Espíritu

Agradecimiento

Ya que todas las bendiciones fluyen de la acción bondadosa de Dios, el agradecimiento es el inicial y continuamente relevante. Es un afecto cristiano que, con conmemoración y acción de gracias, preserva al creyente de los pecados mutuamente condicionantes del olvido y la presunción. Junto con todos los cristianos, los pentecostales dan gracias por lo que Dios hizo a través de la historia bíblica para crear, llamar, entregar y preservar a un pueblo para la comunión divina. Pero los pentecostales ponen un énfasis particular en el hecho de que Dios no sólo ha actuado generalmente en la historia, sino que ha hecho mucho en su historia. Todo lo bueno, reconocen, fluye del Calvario hacia sus vidas a través de las continuas acciones bondadosas de Dios que busca y salva al perdido. La acción en curso de Dios es decisiva y crucial; se experimenta como una serie de eventos o de crisis internas y en vista de cierto desarrollo hacia el reino. 'Ser salvado' es ser perdonado, regenerado, adoptado, limpiado, llenado por el Espíritu e incorporado al pueblo de Dios en el mundo. La salvación es fundamentalmente una transformación en conformidad con el carácter y el propósito de Dios. Dios es justo y salva para que los creyentes puedan caminar en la luz o caminar en las obras la jornada que ordenó desde antes de la fundación del mundo (Ef. 2.10). La justicia de Dios se revela y se hace eficaz en lo que Dios ha hecho; la justicia del creyente es dada como un don a través de la fe que obra por el amor (Gál. 5.6). La justicia es imputada para ser impartida, y es claro que la justificación implica no tener una 'excusa para pecar'.[30] Uno es salvado cuando se arrepiente y recibe a Cristo el Salvador a través de la fe, por la gracia de Dios. Uno es declarado justo y simultáneamente, por gracia, declara la justicia de Dios. La justicia es todo lo requerido para entrar en relación con un Dios justo y santo. La ley del amor está en el corazón de esa relación.

Los niños, los jóvenes y los adultos pueden recibir a Cristo. Los infantes usualmente son dedicados al Señor y se los reconoce como parte de la comunidad del pacto. Pero en la 'edad de la responsabilidad', cuando conocen el bien y el mal y experimentan conscientemente la convicción y se sienten atraídos por el Señor, deben recibir a Cristo y nacer de nuevo.[31] Solamente eximen a los infantes perjudicados mentalmente de esta recepción de Cristo por la fe y el arrepentimiento. ¡Uno es responsable sólo por la luz que tiene! La expiación en Cristo es accesible para ellos y para todos los que son como ellos.

El agradecimiento (gratitud), entonces, es evocado a través de recordar lo que Dios ha hecho en Cristo para expiar los pecados, lo que Dios ha hecho para llamarlo a uno fuera del mundo de almas perdidas, lo que Dios está haciendo para guardar y para perfeccionar, y lo que Dios hará para traer el reino. Es una cobertura contra el olvido. La santidad de Dios unida a la gracia divina llena al creyente con acciones de gracias, temor y respeto. Uno demuestra gratitud con actos verbales y físicos de acción de gracias. Es impresionante la cantidad de veces que se puede oír en un culto pentecostal decir 'Gracias, Señor' o 'Alabado sea el Señor'. De hecho, éstas son quizás las frases que, probablemente, se repiten con mayor

---

[30] *AF* 1.6 (February-March, 1907), p. 2.
[31] Los ministros de la Holiness Pentecostal Church bautizan a infantes, pero todavía amonestan a los padres para consolidar al niño y, en la edad apropiada, llamarlo al arrepentimiento y esperar la regeneración por la profesión de fe.

frecuencia. Todos los elementos de la adoración pentecostal como los testimonios, las canciones, las oraciones, las ofrendas, las manifestaciones de los dones, las ordenanzas, entre otros, están instrumentados para la evocación y para dar forma a la acción de gracias y a la alabanza. Dios ha dicho que habita en la alabanza de su pueblo, y a través de varios medios de gracia (canciones, testimonios, predicación, enseñanza, oración, ordenanzas, etc.) Él convierte a mujeres y a hombres en personas agradecidas.

Pero el agradecimiento no solamente es expresada por lo que se dice sino por lo que se hace. Como una protección contra la presunción, se demuestra caminando en toda la luz que Dios da, cuando el Espíritu hace brillar la luz del Señor sobre el camino del peregrino. Esto no es justicia por obras. Como *The Apostolic Faith* afirmaba:

> Ésta no es una religión del 'hazlo, hazlo', sino es la religión del Señor Jesucristo. El hombre ha de nacer de nuevo. Usted no puede conseguirlo con cultura, refinamiento, o una moral elevada, sino que usted debe nacer en él. Es a través del Hijo amado de Dios que usted es limpiado, y hecho apto para el cielo.[32]

El creyente recordaba en la canción que '*el amor me levantó... de las olas embravecidas... cuando nadie me podría ayudar*'.[33] Los creyentes estaban '*en un mundo nuevo*' puesto que el Señor los salvó.[34] En gratitud a Dios tienen, cuando la Escritura iluminada por el Espíritu brilla en su camino, que '*avanzar y no volver atrás*'.[35] En la medida que recibieron 'más' del Espíritu Santo se esperaba que si eran auténticos expresaran más amor, humildad y alabanza.[36]

Dios tiene un propósito y un plan para cada vida y para cada iglesia. El agradecimiento significa atender a la luz de la Escritura y a la voz diaria del Espíritu, para que tanto la forma general como las directivas específicas del Señor de la iglesia puedan ser realizadas en el servicio y en el testimonio cristiano. La vida de fe es una vida

---

[32] *AF* 1.6 (February-March, 1907), p. 1.
[33] J. Rowe y H.E. Smith, 'Love Lifted Me', en *Church Hymnal*, p. 265.
[34] V.B. Ellis, 'I'm in a New World', en *Church Hymnal,* pp. 94-95.
[35] *AF* 1.6 (February-March 1907), p. 1.
[36] *AF* 1.6 (February-March 1907), p. 1.

de fidelidad que nace de la gracia y que tiene en el agradecimiento su constante fin.

La gracia de Dios y el agradecimiento del creyente son personales. El Espíritu Santo es la presencia bondadosa de Dios, el favor activo de Dios, y la operación efectiva de Dios en el creyente. El Espíritu ordena personalmente al corazón agradecido para que el individuo sea hecho conforme a Jesucristo. Aunque es común oír en la adoración pentecostal '*Gracias, Padre*' y '*Gracias, Espíritu Santo*', la más frecuente expresión de gratitud oída es '*Gracias, Jesús*'. Todas las bendiciones fluyen del Padre en el Espíritu a través de Jesús.

Ser agradecido es también recordar de donde usted ha venido. *The Apostolic Faith* de enero de 1907 suplicó a sus lectores que recordaran cuando ellos se veían a sí mismos como 'pobres y feos', porque allí fue cuando Dios 'los exaltó y los utilizó'. Pero cuando 'consigan ser algún gran Nabucodonosor', entonces Dios los echará fuera 'para comer hierba como un buey. Manténgase pequeños y Dios los utilizará'.[37] La humildad es la compañera del agradecimiento.

Uno es agradecido por ser parte del pueblo santo de Dios y por haber salido del mundo que está ciego y atado. La amistad con el mundo apagará y destruirá la acción de gracias y la alabanza a Dios porque una de las principales marcas de una persona 'mundana' es la ingratitud.

Los caminos de Dios no son los caminos del mundo. Sus métodos son diferentes. El 'mundo' ha rechazado a Jesús, y ha perseguido a sus discípulos a través de la historia. Los pentecostales son uno de los cuerpos denominacionales cristianos más perseguidos y martirizados del siglo XX. En algunos países de América Central, por ejemplo, han sido asesinados tanto por las fuerzas de la 'derecha' política como por las fuerzas de la 'izquierda' política. Esto no significa que han endosado o legitimado tácitamente el *status quo*. Significa que han tomado una tercera vía y que han rechazado los caminos del mundo.

Una de las fuentes profundas de acción de gracias y de gratitud es el sentido de pertenecer a la iglesia del Dios vivo y el hecho de no desear más ser parte del mundo que está pasando. Aun cuando

---

[37] *AF* 1.6 (February-March 1907), p. 1.

los pentecostales no pueden decir el tiempo y el lugar cuando el Señor los salvó, todavía tienen un sentido definido de haber sido llamados fuera del mundo y haber entrado en la iglesia en camino al reino de justicia. Cada vez que alguien nace de nuevo y espera con la iglesia, los creyentes recuerdan, se regocijan y miran hacia el hogar venidero. La fuente es la justicia de Dios, la forma es caminar en la luz, y la meta es un cielo y una tierra nuevos en donde habita la justicia. Esta 'fe fiel' es la victoria que vence al mundo.

El agradecimiento es una actitud y una motivación poderosa para dar testimonio. La aguda delineación entre la iglesia y el mundo aumenta el dolor de la separación que la iglesia en general y el creyente en particular siente con respecto al mundo. Aunque los creyentes odian el mal y no son amigos del mundo, sin embargo, recuerdan que Dios los amó tanto mientras estaban en el mundo. De hecho, ellos están ahora en el mundo, para amar el mundo como Dios lo hace. El mundo es un enemigo que tiene que ser amado. Los creyentes están, para utilizar la terminología de Niebuhr, sin asumir todas sus conclusiones, contra el mundo para transformarlo, lo cual ya ha comenzado en ellos. Cristo está contra la cultura y, sin embargo, Cristo es la vez el transformador de la cultura.[38]

En la mayoría de los servicios pentecostales las peticiones de oración serán hechas por los perdidos (vecinos, parientes, compañeros de trabajo, etc.) Los vecinos están perdidos y engañados, pero Dios sigue obrando a favor de la convicción, bendición, juicio y dirección de ellos hacia Jesucristo. Pero, es evidente el enfado en ellos, por las ataduras de Satán, el dolor por la condición perdida de estas personas y la alegría por su liberación, así como se celebra la vida y misión de la iglesia. Cuando alguien es salvado—existen muchos testimonios en diferentes contextos—hay un gran regocijo.

En resumen, el agradecimiento es establecido y formado por la justicia gratuita y la fidelidad misericordiosa de un Dios santo y compasivo. Ser salvado, perdonado, justificado o nacido de nuevo, es ser llevado fuera del 'mundo' injusto y ser colocado en el cuerpo de Cristo de modo que uno pueda llegar a ser, con todos los creyentes, la justicia de Dios hacia el mundo. Uno agradece por caminar en la luz, ser una luz (en términos del carácter cristiano) y hacer

---

[38] H.R. Niebuhr, *Christ and Culture* (New York: Harper & Row, 1951).

obras de justicia para que otros crean y glorifiquen a Dios. El agradecimiento como acción de gracias y alabanza es característica de la adoración pentecostal y es un motivo apasionado que da forma y contenido al culto de estas iglesias. Interpretar a Dios como clemente, al mundo como perdido y a uno mismo como liberado o rescatado, conduce a estar dispuesto a servir a Dios de una manera agradecida, en adoración y testimonio.

Compasión

Si el agradecimiento es el fundamento de la estructura afectiva pentecostal, el interior del edificio es un amor compasivo y anhelante. Los pentecostales, habiendo emergido del movimiento de santidad del siglo XIX, tienen una preocupación por la santidad como el amor perfecto o la dedicación sincera a Dios. Aunque ellos han sido criticados por sus feroces conflictos doctrinales, sin embargo, se reconoce ampliamente que estas iglesias tienen un profundo amor por Dios, un profundo amor mutuo y un profundo amor por los perdidos. Objetivamente ellos reconocen que Dios es amor. Y, por lo tanto, los creyentes deben amar como Dios lo hace y deben ser ellos mismos, por extensión, santos. Esto es lo que significa tener la mente de Cristo.[39] Si la justicia está asociada con la fidelidad al pacto de Dios Padre con su creación, entonces, amar compasivamente está asociado con Jesús.

Para los pentecostales, así como para Juan Wesley, sus pecados clavaron a Jesús en la cruz y podrían incluso, si uno volviera a caer en ellos, representar de nuevo la crucifixión al Hijo de Dios (Heb. 6:10).[40] Sólo Dios en su justicia y por su gracia crea un nuevo pueblo que le pertenece a él y no a otro. Dios en amor creará un nuevo corazón que arda con un celo santo y que tenga un anhelo por el reino. Si uno es sacudido por una indignación santa ante la visión de las injustas violaciones del mundo, entonces se manifiesta un anhelo compasivo por la salvación de los perdidos y por la segunda venida de Cristo. En la plenitud del reino todo será santidad al Señor y sin santidad nadie verá al Señor (Hebreos 12.14). Esta santidad no

---

[39] Roberts, *The Strengths of a Christian*, p. 26.
[40] La mayoría de los pentecostales tiene, hablando en un sentido amplio, tendencias Arminianas. Véase, Roger E. Olson, *Teología Arminiana: Mitos y realidades* (Miami, FL: Editorial Patmos, 2022).

es la que se nos da en el artículo de fe que trata sobre la muerte o la resurrección y glorificación de los creyentes. Es una limpieza del corazón,[41] un lavamiento de las vestiduras y una limpieza 'de toda contaminación de carne y de espíritu, perfeccionando la santidad en el temor de Dios'.[42] Aunque el mundo fue abandonado, todavía permanecían algunos aspectos de la vida mundana, conectado con los pensamientos, el carácter, los deseos y las conductas impropias.

Como Wesley habría dicho, aunque permanecía el pecado, éste ya no reinaba en nosotros. El creyente buscaba hacer las cosas correctas y caminar en la luz. Los pentecostales quieren testificar en el poder del Espíritu. Para estos desear la santidad o la santificación es un deseo del corazón por el mismo Dios y de ser como Cristo en amor. Pero tener este amor requiere autonegarse. La obstinación se interpreta a menudo como el corazón del problema. Los deseos y el temperamento pecaminoso tienen que ser mortificados, apagados y expulsados por el amor de Dios. La sangre de Cristo, la Palabra y el Espíritu son, colectivamente, los agentes del limpiamiento (santificación). ¿Qué lo protege a uno de ser impulsado hacia la multitud perdida y sufriente de la humanidad? Las resistencias internas, las preocupaciones de esta vida, los deseos carnales, todos éstos, son obstáculos a la noción de compasión y a la llenura del Espíritu.

La pureza deseada del corazón se da cuando los creyentes 'están dispuestos a dejarlo a Él hacer a su propia manera en el más amplio sentido de la palabra'. Entonces los creyentes serán 'arcilla en las manos del alfarero ... y él 'yo', será removido'.[43] Realmente este vaciamiento es necesario si uno ha de ser llenado con el Espíritu. Cuando la llenura ocurre, entonces, la primera cosa que se puede decir es que la 'la sangre de Jesucristo limpia todo pecado' (1 Jn 1:6-10; 1 Cor 10:16-17).[44] El creyente tiene sus afectos en Jesucristo, el Cordero de Dios que quita el pecado del mundo (Jn 1:29).[45] Uno debe permanecer en la cruz y morir diariamente si el poder descansa sobre su vida y testimonio.[46] Para los creyentes de la Calle Azusa, la

---

[41] Phoebe Palmer and Mrs. J.F. Knape, 'The Cleansing Wave', in Winsett, *Songs of Pentecostal Power,* p. 180

[42] 2 Corintios 7.1.

[43] *AF* 1.3 (1906), p. 2.

[44] *AF* 1.3 (1906), p. 2.

[45] *AF* 1.3 (1906), p. 2.

[46] *AF* 1.3 (1906), p. 4.

santificación era el centro o el corazón de la 'salvación bíblica', lo mismo puede afirmarse con respecto a los millones de creyentes que les siguieron a ellos. El 'designio de Dios a través de todas las edades y en toda Su obra con los hijos de los hombres... [fue] implantar su propia naturaleza de amor en una raza caída'. Era 'dulce sentir las emociones estremecerse por ese amor ... pasando a través de cada parte' del propio ser.[47]

Jesús es el centro y el modelo del amor compasivo. Ser compasivo es ser movido hacia otros como Él lo fue. El Espíritu se mueve sobre los que se niegan a sí mismos y permiten que se manifieste el carácter del amor que se describe en la siguiente breve exhortación de la Calle Azusa:

El carácter del amor

Es dulce tener la promesa de Jesús y el carácter de Jesús labrado en nuestras vidas y corazones por el poder de la Sangre [de Jesús] y del Espíritu Santo y, tener el mismo amor y la misma mansedumbre y humildad manifestada en nuestras vidas, porque su carácter es amor. Jesús fue un hombre de amor. La gente se congregaba alrededor de Jesús para oír Sus palabras. Las mujeres llevaban a sus bebés bajo el sol ardiente y pasaban días escuchando las palabras de Jesús. Los hombres conseguían botes y atravesaron el mar para ver a Jesús y oír sus preciosas palabras. Mientras que había muchos que lo siguieron por los panes y los pesces, otros lo siguieron para ser sanados. Sí, él era un hombre de amor. Él fue la expresión de la imagen del Padre, Dios manifestado en carne.

Amados, debemos tener ese amor puro que baja del cielo, el amor que está dispuesto a sufrir pérdida, el amor que no se envanece, que no es provocado fácilmente, sino que es apacible, manso y humilde. Día a día somos contados como ovejas listas para el matadero. Estamos crucificados al yo, al mundo, a la carne y a todo, para que podamos llevar en nuestro cuerpo la muerte del Señor Jesús, para que nuestro gozo sea completado al igual que el Suyo es completado.[48]

---

[47] *AF* 1.3 (1906), p. 4.
[48] *AF* 1.3 (1906), p. 4.

Si se trataba de llenar al mundo con la doctrina de Cristo, antes de su pronta venida, los primeros pentecostales se dieron cuenta que tenían que ser vaciados de todas las cosas que estorbaban tanto su disponibilidad y su carácter, como su testimonio. Así como la fe es la victoria sobre el mundo que aseguraba a cada creyente la justicia para caminar en la luz, la crucifixión es la estrategia bíblica contra la carne con sus pasiones incómodas y sus deseos. La pasión de Cristo por sus pecados, cuando se lucha contra esos mismos pecados, se convierte en compasión. La compasión por aquellos que están atados al pecado, por aquellos que están esclavizados en las pasiones, solamente es posible en Cristo.

Como todos los afectos cristianos, la compasión se sostiene habitando en Cristo. Sin la compasión de Cristo uno no puede hacer frente, confesar y mortificar a sus propias pasiones pecaminosas. Como el amor crece, así también crece el rechazo a estas pasiones y el deseo de alcanzar a las ovejas dispersadas sin pastor (Mt. 9.36). Entender que el propio corazón tiene la misma clase de pasiones malvadas, motivos egoístas y resistencias inconscientes a la gracia que aquellas personas que están en el mundo, demanda moverse, hacia el mundo, con humildad. Cuando no hay una resistencia conocida, sino solamente un conocimiento del amor se trata de un amor herido que, aunque crezca, reconoce cuanto uno depende totalmente de la fidelidad, paciencia y el amor de Dios. La falibilidad, los miedos neuróticos y las resistencias reprimidas permanecen. Solamente en una constante apertura al amor compasivo de Dios, en la búsqueda del Espíritu y en una fiel comunión con los santos, es posible evitar la decepción o la desesperación que inmoviliza.

La compasión mueve a responder según el patrón de Cristo. La compasión es la razón y el motivo para una respuesta en el Espíritu y por el Espíritu. La compasión anhela que todos conozcan el amor de Dios y la venida del reino. La compasión es portadora de paz interior que se basa en Dios y fluye de la paz hecha en el Calvario. Es la sanidad del corazón que hace que sea como Dios y, por lo tanto, para los otros (Ro. 8.31). La compasión está sufriendo el amor herido por el sufrimiento de otros que no conocen a Cristo o le han rechazado.

Cuando los pentecostales 'ruegan por' sus propias resistencias, y 'matan' los afectos inconvenientes, el amor de Dios llena sus corazones. Esto es generalmente acompañado por lágrimas y risas, por dolor y alegría, por placer y deseo del Amado. Estos sentimientos son comunes entre los pentecostales. De esa manera uno reconoce afectivamente la muerte, la crucifixión de uno mismo con Cristo, y la resurrección. Se trata de una profundización de los cambios que fueron causados en el nuevo nacimiento.

La progresión o la lógica de la soteriología se reflejan en los afectos. La justificación y el nuevo nacimiento piden por la santificación la cual pide por el bautismo del Espíritu. Entonces, el agradecimiento y la acción de gracias asociadas a la salvación inicial cuando el amor de Dios es derramado en el corazón por el Espíritu Santo, piden por el amor o tienden hacia la plenitud del amor la cual es llamada entera santificación. La crucifixión y el apagamiento de las obras y de los afectos carnales no son para merecer la entera santificación; eso es necesario para ser llenado con el amor, o ser decisivamente determinado o ser movido por el amor. La santificación inicial, asociada al cambio verdadero que acompaña al nuevo nacimiento, alcanza su meta en la entera santificación. La plenitud de la libertad asociada con el nuevo nacimiento lleva hacia la plenitud del amor en la entera santificación, así como uno camina en la luz de la Escritura. La tendencia al pecado como resistencia, obstinación y así sucesivamente, debe ser reconocida, confesada, odiada, mortificada y desalojada, incluso mientras uno lee la Palabra, se rinde a la búsqueda del Espíritu, y hace todo lo bueno que puede. Lo viejo se sustituye por lo nuevo.

Es bueno ser movido por gratitud hacia los perdidos, heridos y oprimidos. De esa manera uno demuestra que es agradecido. Al recordar a aquellos que están en necesidad, uno recuerda de dónde ha venido. Pero la compasión es una profunda vinculación del yo crucificado a los perdidos. La compasión se mueve con urgencia, compasión, y anhelo por el perdido. La compasión mueve al creyente hacia el mundo y coloca al mundo bajo la esfera de la redención. El agradecimiento mira hacia Dios continuamente. La compasión mira anhelante hacia los perdidos. La compasión es la salvaguardia contra la dureza del corazón, la satisfacción personal y el sentimentalismo. La compasión canta, '*Rescata a los que perecen... cuida a los moribundos*.[49] La santidad de Dios en Cristo, por el Espíritu Santo, limpia y consume con celo santo. Llegar a ser compasivo es llevar diariamente la muerte del Señor en su cuerpo (2 Cor. 4.7-10). Los pentecostales, perseveran muy arduamente en oración por los perdidos, afligidos y oprimidos del mundo.

Las canciones pentecostales son utilizadas para llamar a los creyentes a la oración, típicamente durante un 'servicio de altar', y para dirigir esas oraciones hacia la consagración y limpieza. La compasión los mueve a testificar tanto al regenerado como a todos aquellos que fueran invitados. Sin embargo, la carnalidad obstaculizaría su testimonio, poniendo en peligro su salvación y sería un obstáculo para otros. Si la compasión hacia los otros debe ser completamente expresada, entonces, se tiene que amar a Dios tan completamente como sea posible. Es más, la capacidad de ese amor podría incrementarse, pero se tiene que quitar los obstáculos y desarraigar el egoísmo.

Algunas canciones representativas ilustrarán ese deseo de ser santificado, completamente rendido y disponible para ser utilizado por el Señor. El primero es una selección que proviene de una colección de Las Asambleas de Dios titulada *Melodies of Praise* (*Melodías de Alabanza*).[50] En la selección 'Jesús I Come' (*Jesús yo vengo*), la congregación canta:

---

[49] Fanny J. Crosby y W.H. Doane, 'Rescue the Perishing', en *Church Hymnal*, p. 145.

[50] E.P. Anderson (ed.), *Melodies of Praise* (Springfield, MO: Gospel Pub. House, 1957). Estos himnos se han elegido porque, supuestamente, Las Asambleas de Dios representa el ala 'bautista' o de las 'dos bendiciones' del movimiento pentecostal (salvado, llenado del Espíritu). A pesar de que las teologías de los pentecostales 'bautistas' o 'wesleyanos' pueden diferenciar acerca de qué hacer o no hacer, o qué sucede o que no sucede en la santificación, con todo, la preocupación por la santidad, la pureza y la consagración es evidente en los siguientes himnos. Esto es verdad a través del movimiento pentecostal, y era aún más obvio en las características de los primeros pentecostales. Sin embargo, rechazando una opinión del 'eradicacionalismo' de la santificación, Las Asambleas de Dios adoptó una declaración sobre la 'entera santificación' en su primera Declaración de Verdades Fundamentales (Statement of Fundamental Truths). No hay duda de que se trató de un intento de retener a los muchos pentecostales wesleyanos que no habían abrazado la doctrina de la obra acabada sostenida por Durham. James Bowers ha hecho una crónica de cómo el paradigma de las tres bendiciones comenzó a debilitarse, y casi se desvanece, en la formación de la Iglesia de Dios (Church of God, Cleveland). Ver su trabajo 'Sanctification in the Church of God: A shift from the Three Blessing Paradigm' (Southern Baptist Theological Seminary, 1985).

Fuera del malestar y del orgullo arrogante,
Jesús yo vengo, Jesús yo vengo;
En Tu voluntad bendita habitaré,
Jesús yo vengo a Ti;
Fuera de mí mismo para habitar en Tu amor,
Fuera de la desesperación me elevo en éxtasis
Hacia arriba sobre las alas como una paloma,
Jesús yo vengo a Ti.[51]

La conexión entre la consagración y la llenura del Espíritu se hace explícita cuando los creyentes son urgidos a lo siguiente:

Llénate del Espíritu.
Ríndete completamente al Único que nos limpia
Y te hace completo;
Llénate del Espíritu.
Necesitas el precioso amor de Dios
Para llenar e inundar tu corazón;
Hasta que no haya lugar
Para que él yo carnal pueda tener habitación.[52]

A los que están buscando la llenura y la bendición del Señor, en 'Bring your Vessels not a Few' (*Trae muchas vasijas*), se les manda

Trae tus vasijas vacías,
Límpialas con la sangre preciosa de Jesús,
Vengan, necesitados, uno y todos;
Y en espera de la consagración humana
Ante el trono de Dios,
Hasta que el Espíritu Santo baje.[53]

Mientras que buscan la '*Bendición Pentecostal*' ruegan que Dios limpie sus '*corazones de la levadura pecaminosa*'.[54] En el canto 'Esperar por el Señor por la promesa del Padre', reconocen que el poder del Pentecostés 'da la pureza interior y la victoria sobre el pecado'.[55] El alma

---

[51] Citado en Ranaghan, 'Rites', p. 736 como un canto de 'conversión'. Pero también es ilustrativo de la consagración y la limpieza.
[52] Ranaghan, 'Rites', pp. 738, 734.
[53] Ranaghan, 'Rites', p. 739.
[54] Ranaghan, 'Rites', p. 741.
[55] Ranaghan, 'Rites', p. 746.

Pentecostal desea una 'Una tierra más alta'[56] así como caminar 'Más profundo cada día en el amor de Jesús':[57]

> Más profundo, más profundo en el amor de Jesús
> Diariamente déjame ir;
> Más alto, más alto en la escuela de la sabiduría
> Más de la gracia por conocer.
>
> CORO
>
> ¡Oh más profundo todavía, te ruego!
> Y más alto cada día,
> Y más sabio bendito Señor,
> En Tu preciosa y santa Palabra.
>
> ¡Más profundo, más profundo! Bendito Espíritu Santo,
> Llévame más profundo aún,
> Hasta que mi vida se pierda completamente en Jesús
> Y en Su perfecta voluntad.
>
> ¡Más profundo, más profundo! Aunque los juicios sean duros,
> ¡Más profundo déjame ir!
> Arraigado en el santo amor de Jesús,
> Déjame crecer fructífero.
>
> Más profundo, más alto cada día en Jesús,
> Hasta que todo conflicto pase,
> Hallarme conquistador, y en Su propia imagen
> Sea perfeccionado al fin.
>
> Más profundo, más profundo en la fe de Jesús,
> La fe santa y la santa verdad;
> En Su poder y alma, exultando sabiduría
> Déjeme seguir la paz.[58]

Esta canción es importante por varias razones. Demuestra que la vida santa es una búsqueda diaria que requiere la sabiduría divina de la Palabra de Dios. Indica que una dimensión profunda es

---

[56] J. Oatman, Jr, y C.H. Gabriel, en Winsett, *Songs of Pentecostal Power*, p. 130.

[57] La santificación no es una etapa estática, terminal que, cuando es alcanzada, muestra el final de ese anhelo. La santificación es el habitar en una sincera expectación anhelante. Está caracterizada por la alegría de la unión y el anhelo herido.

[58] C.P. Jones, 'Deeper, Deeper', in *Church Hymnal*, p. 230.

alcanzada cuando el Espíritu Santo, que escudriña las profundida-
des de Dios, lleva al creyente a profundizar en Cristo, inmerso en él
y en su voluntad perfecta. Esto quizás costará algunas críticas duras,
pero es necesario estar profundamente enraizado en el Espíritu si
uno quiere ser fructífero. En realidad, el amor es el fundamento del
cual todo fruto del Espíritu brota. Profundizar en el amor es profundizar en la fe—la fe de Jesús—y seguir la paz. Esta es una remi-
niscencia del pasaje citado con frecuencia entre los pentecostales,
'*seguid la paz con todos, y la santidad, sin la cual nadie verá al Señor*' (Heb.
12.14).

Ya en 1908 los pentecostales cantaban '¿Estás tú completamente
en el altar?', 'Nada de Mí y Todo de Tí', 'Su Camino con Él', 'La Ola
Purificadora' y, 'Una Tierra más Alta'.[59] Hay algunas tensiones entre
la rigurosa visión wesleyana de la santificación y otras formulaciones teológicas en estas canciones. Pero a través de ellas se halla una
riqueza y se ve una vehemencia por articular un profundo deseo por
Dios y una plenitud del amor, que no es apreciada completamente,
si nos limitamos a leer las primeras declaraciones de fe pentecostal.

Este amor—que todo consumía—por Dios era finalmente un
anhelo por la venida del Señor. El amor de los pentecostales era un
'*anhelo por el amanecer*' del día del Señor cuando todo conflicto sería
pasado.[60] El objeto de ese afecto era Cristo mismo y la gran '*reunión
en el aire*' con todos los santos.[61] Así como cantaron 'Oh, sí quiero
verle',[62] también suplicaban al Salvador 'Oh Señor, ¿hasta
cuándo?'.[63] En otros tiempos de adoración se cantaba canciones

---

[59] Todo esto está en este libro: Winsett, *Songs of Pentecostal Power*. E.A. Hoffman, 'Is Your All on the Altar?', p. 212; T. Monod y R.E. Winsett, 'None of Self
and All of Thee', p. 174; C.S. Nusbaum, 'His Way with Thee', p. 261; Palmer y
Knape, 'The Cleansing Wave', p. 180; y Oatman y Gabriel 'Higher Ground', p.
120.

[60] R.E. Winsett, 'Longing for the Dawning', en Winsett, *Songs of Pentecostal
Power*, p. 164.

[61] L.G. Martin, 'The Meeting in the Air', en Winsett, *Songs of Pentecostal Power*,
p. 257.

[62] R.H. Cornelius, 'O, I Want to See Him', en *Church Hymnal*, p. 279.

[63] G.T. Haywood, en E. Haynes y M.S. Lemons (eds.), *Church of God Songs No.
3* (Cleveland, TN: Church of God Publishing House, n.d.), p. 148.

como, 'Iré a adonde quieras que vaya',[64] 'Sentado a los pies de Jesús' y, 'Trabajaremos hasta que venga Jesús'.[65]

Un anhelo así lo mantiene a uno separado del mundo y, simultáneamente, lo mueve a evangelizar all ser humano perdido. La paz de la santificación no sólo conduce a la satisfacción personal, porque tanto la santificación como el amor deben convertirse necesariamente en compasión en un mundo que está perdido y sufriendo. En un mundo así, la ministración de sanidad expresaba y evocaba compasión y anhelo.

En la Calle Azusa, Seymour vinculaba la santificación del alma y del cuerpo y afirmaba que ambas, junto con el resto de las bendiciones de la salvación, fueron proporcionadas en la expiación. Seymour era literalista cuando llegó a la sanidad. Dios santificaría 'los cuerpos de la enfermedad heredada ... Cada gota de sangre que recibimos de nuestra madre es impura. La enfermedad nace en un niño, así como el pecado original. Él fue manifestado para destruir las obras del diablo. Cada enfermedad es del diablo'.[66]

Aunque no todos los pentecostales compartirían desde, entonces, esa metafísica. Muchos continuarían afirmando y practicando un ministerio conjunto para el alma y el cuerpo. Mientras el enfermo pasa adelante para la oración, la congregación canta a menudo '*Las aguas sanadoras*', pero no se enfoca sólo en la sanidad física, sino '¡en el perdón, la dicha, el perfecto y precioso amor, y en el descanso!'[67]

Existen muchos testimonios sobre la sanidad en todo el mundo. Algunos consideran a la sanidad como uno de los mayores énfasis e, incluso, como la identidad que caracteriza al movimiento pentecostal. Pero cualquiera sea el punto de vista, lo que es verdad es que cuando uno era sanado, había alegría *y* tristeza. La alegría era, obviamente, debido a la ayuda milagrosa dada al afligido y la seguridad dada a todos los testigos. Pero a cada uno se le recordaba su mortalidad. *No todos* eran sanados; sólo *algunos* lo fueron y los que lo fueron, no eran en todo caso, un número suficientemente

---

[64] Mary Brown y Carrie E. Rounsefell, 'I'll Go Where You Want Me to Go', en *Church Hymnal*, p. 213.

[65] 'Sitting at the Feet of Jesus', en Winsett, *Songs of Pentecostal Power*, p. 203; y Mills y Miller, 'We'll Work till [*sic*] Jesus Comes', en Winsett, *Songs of Pentecostal Power*, p. 179.

[66] *AF* 1.1 (1906), p. 2.

[67] Heimar y Pickett, en Winsett, *Songs of Pentecostal Power*, p. 135.

substancial para crear un anhelo en la comunidad para el gran día de la salvación final y la sanidad universal. Los evangelistas de sanidad pueden haber tenido sus teorías acerca de por qué ésta o aquella persona no fue sanada, pero las masas de creyentes sabían que se trataba de un misterio.[68] Ellos, junto con sus compasivos pastores, cuidaron y consolaron a los afligidos que se reunieron con ellos en regocijo con los sanados. Las dudas y las luchas creadas por las fórmulas de la fe, entonces y ahora, se rendirían solamente ante la compasión del cuerpo de creyentes que, en su totalidad o individualmente, sabían que eventualmente todos morirían. La compasión por el enfermo y por el sufriente era siempre más intensa entre los que disponían de la menor asistencia médica o quienes podían cubrir el pago mínimo de la misma. Esta compasión fue arraigada en nociones fundamentales sobre la creación del cuerpo, la resurrección del cuerpo, un reino milenial de un nuevo cielo y tierra y, sobre todo, el ministerio de Jesús.

El amor de Dios derramado en el corazón de los creyentes en la regeneración creció en los 'hambrientos' hasta que los llenó con el anhelo por Dios y la compasión hacia los perdidos. Las canciones, los testimonios, los sermones, los servicios del altar, los servicios de sanidad, las misiones de rescate, las comidas para los pobres, los orfanatos y las misiones evocaron y expresaron el amor, el anhelo y la compasión. El agradecimiento los hizo volverse al mundo en acción de gracias y con el deseo de comunicar a otros las buenas noticias. La compasión los movió hacia el perdido, el afligido y el moribundo en obediencia al patrón ministerial de Cristo. El mundo fue vencido en la fe, lo que era una victoria personal inmediata y un compromiso corporativo. La carne fue crucificada, y con la consagración y la limpieza, la compasión podía moverlos nuevamente hacia el mundo de donde habían venido.

Pero los espíritus malvados no serían movidos por el agradecimiento o la compasión. El rechazo, la hostilidad y la persecución del mundo podían pronto echar abajo a la compasión. Los heridos y los cansados eran conscientes del peligro de enfrentar a poderes reales para vencerlos. La gracia de la regeneración les había dado

---

[68] *AF* 1.11 (October [1907] to January 1908), p. 3: 'We ought to claim perfect health in the atonement of Jesus'.

poder para resistir a las inclinaciones malvadas internas y a los encantos externos. La gracia de la entera santificación les dio la libertad interna que les permitía deleitarse en la voluntad de Dios y anhelar la salvación del mundo. Pero caminar en la luz o en la justicia y caminar en amor no era igual que caminar en el poder del Espíritu. Los creyentes necesitaron valor y fortaleza para sostener su batalla contra los poderes y principados de este mundo. Ellos necesitaron una armadura completa de dones y de gracias para proclamar el evangelio en palabra, poder y demostración del Espíritu. Este poder—un autorizado poder de Dios—traería valentía para testificar y, en caso de necesidad, para sufrir o morir. Con ese valor ellos podrían, deberían e irían a todo el mundo testificando a los perdidos y advirtiendo a la iglesia que estuviera lista para el reino de justicia, paz y gozo que pronto vendría al mundo.

El moverse hacia una nueva integración de la vida afectiva, una que intente incorporar un nuevo poder, valor y confianza en una vida de agradecimiento y de compasión activas se puede considerar en el siguiente testimonio que se cita largamente en *La Fe Apostólica* en 1908. La Srta. Antoinette Moomean, de Eustice, Nebraska, narró su viaje desde el campo misionero en China al avivamiento de la Calle Azusa. Este testimonio transmite el *ethos*, el tono afectivo y algo de los instrumentos usados para una transformación afectiva. En este relato está claro que el bautismo en el Espíritu significó una consolidación de todo lo que ella había conseguido en su desarrollo cristiano anterior y un descubrimiento del 'secreto de la resistencia de los mártires'. En el relato se entreteje doctrina, afectos, dones, prácticas y autorrevelación. Este testimonio proporciona una buena transición de la discusión precedente, sobre el agradecimiento y la compasión, al siguiente y final afecto que se considerará, la valentía. Este es el testimonio:

Al salir de China, en octubre de 1906, me pidieron que investigara al movimiento de la Fe Apostólica en Los Ángeles, en donde afirmaban que se habían manifestado los mismos dones del Espíritu Santo descritos en 1 Corintios 12.8-10. Yo había escuchado reportes contradictorios que me mantuvieron alejada del movimiento por un tiempo, pero, alabado sea Dios, Él puso

Su mano sobre mí para anhelar este don maravilloso, y yo no tuve descanso hasta que fui, oí y vi por mí misma.

Después del comienzo de la primera reunión, me tomó solamente un corto tiempo para saber que Dios estaba allí. Y cuando llamaron al altar, yo me adelanté.

Antes de esto yo había pedido que Dios moviera su gran reflector sobre mi corazón y estaba asombrada de haber encontrado tanta mundanalidad, orgullo espiritual, vanidad, falta de sinceridad, falta de amor, egoísmo, y tantas otras cosas. Cuando había ido al campo misionero en el extranjero, siete años antes de esto, pensé que había muerto a todo; pero cuando Dios comenzó a prepararme para la plenitud del Espíritu, encontré que muchas de estas cosas estaban vivas. De hecho, apenas había comenzado a morir a mí misma. Aunque el Señor me había dado victorias maravillosas en mi vida y había pensado que eran el bautismo del Espíritu, cuando Dios comenzó a buscarme como nunca, tuve que confesar que nunca había sido ni siquiera santificada.

Me habían enseñado sobre la teoría de la supresión y ahora, nuevamente, el 'viejo hombre' aparecía en mayor o menor grado. A veces retenía las palabras duras, pero me sentía hirviendo por dentro. Pero Dios me demostró que su palabra significaba lo que había dicho, que la provisión fue hecha en la expiación—no solamente por nuestros pecados o la vieja naturaleza adámica (Ro. 6.6, 18, 22). ¡Cómo me regocijé finalmente! El anhelo de mi corazón me había librado de aquello que me había evitado ser totalmente libre del pecado; ahora había sido llena y satisfecha espiritualmente. Había buscado mi bautismo del Espíritu tres veces, pero el Señor me indicó que debía ser santificada antes que el Espíritu pudiera tomar la posesión completa de mi vida. Sólo cuando los discípulos fueron santificados, antes que Cristo los dejara (Jn. 17.17,19), fue cuando ellos estuvieron listos para el bautismo del Espíritu.

Después de que algunos de los santos hubieron orado por mí, uno de ellos me preguntó si tenía el testimonio del Espíritu de haber sido santificada de acuerdo con Heb. 10.14-15. Desde algunos años antes me habían enseñado que el Espíritu guardaba 'cuentas cortas' con el Señor, y no había nada que hacer en el camino de la restitución; y habiendo dejado todo en el altar, supe que había resuelto la condición y que Dios había cumplido su promesa. Esta vez, no había otra sensación más que la seguridad de que Dios había hecho la obra en mí de acuerdo con su Palabra. Entonces comencé a alabar a Dios audiblemente, y en algunos minutos fui inundada con ondas de gloria, y el Espíritu cantó a través de mí alabanzas a Dios. Además de este testimonio del Espíritu, estaba el testimonio del fruto; ya que, por debajo de cualquier provocación, no hay sublevación ni nada que se levante contra la fe llena del Espíritu.

Cuando fui santificada, fui llena de tal gloria que estuve segura de que esto debía ser el bautismo, el cual no vendría sino hasta tres semanas después. En el entretiempo, el poder estaba sobre mí casi continuamente, a veces estando bajo el poder por horas, mientras que me consagraba a Dios como nunca.

Finalmente, luego de hacer morir realmente lo mundano, como nunca soñé que fuera posible en la tierra, en el aposento alto de la misión de la Calle Azusa, la promesa del Padre fue hecha real para mí, y fui llena con el poder de Dios y mi alma fue inundada con Su gloria. El Espíritu cantó alabanzas a Dios. Él me dio la experiencia bíblica, hablando a través de mí en otras lenguas.

El Señor me mostró que la cruz iba a tener un significado que nunca había existido para mí. Una mañana el Espíritu trató conmigo, cantando a través de mí:

Tiene Jesús que llevar solo la cruz y, todo el mundo va libremente:

No, Allí hay una cruz para cada uno, y hay una para mí.

En la última línea pareció que Él quemaba dentro de mi alma repitiéndola una y otra vez. A veces el Espíritu podía cantar y sollozar una línea. Aunque lloré y mi alma estaba angustiada, todo esto fue en el Espíritu.

La vida de Jesús pasó ante mí, y Él me preguntó si estaba dispuesta a seguir a Jesús y a vivir absolutamente para Él ministrando a otros. Pensé que había conocido algo de lo que esto significaba en China; pero ahora predicar el evangelio eterno en el poder y la demostración del Espíritu verdaderamente era salir a la línea de la fe y ministrar día y noche, a veces antes las multitudes hambrientas frente a la oposición salvaje, tenía más significado que antes. Pero Él me permitía decir, 'Por tu gracia llevaré esta cruz'.

La escena del huerto de Getsemaní vino a mí nuevamente, mientras que el Espíritu cantaba de nuevo '¿Debe Jesús llevar solo la cruz?' Y Él parecía decir, 'Tus amigos te abandonarán, tu propia familia te malentenderá, serás llamada fanática y loca; ¿estás dispuesta a llevar esta cruz?'. De nuevo contesté, 'Por tu gracia llevaré esta cruz'.

La escena de la crucifixión vino ante mí y parecía como si mi corazón se rompiera de dolor, y solamente podía esperar en silencio. Entonces dije, 'Señor, si tuviera que ser decapitada, yo podría; pero...—No pude continuar más. Más adelante en el día, el Señor me habló otra vez mientras que estaba bajo el poder. Parecía como si falleciera por la angustia de mi alma. Era inconsciente de la obra que se hacía sobre mí. Parecía como si Jesús mismo estuviera parado del otro lado, mirándome. Podía decir solamente, 'Jesús, Jesús, Jesús, lo haré, lo haré'. Su promesa vino a mí como si dijera audiblemente, 'Mi gracia, mi gracia es suficiente para ti'. Y en un instante, Él me dio a entender el secreto de la resistencia de los mártires que fueron quemados en la pira de fuego, pero en sus rostros tenían la gloria del cielo, y aparentemente estaban libres de dolor. Y él me permitió decir, 'Sí, Señor, tu gracia es suficiente'.

Entonces el Espíritu comenzó a cantar en un tono alegre, repitiendo vez tras vez la última línea hasta que podía casi ver la corona:

> Yo llevaré la cruz consagrada,
> Hasta que Cristo me libere;
> Y entonces iré al hogar a usar mi corona,
> Hay una corona para mí.

Resumiendo, el bautismo del Espíritu para mí significa aquello que nunca soñé que podría ocurrir de este lado del cielo: victoria, gloria en mi alma, paz perfecta, descanso, libertad, proximidad a Cristo, muerte a este viejo mundo y poder para testificar. ¡Gloria sea a su Nombre por siempre y para siempre![69]

Valentía

La fidelidad del agradecido y el celo del compasivo se ahondan y se fortalecen por la valentía asociada con el bautismo del Espíritu. En la regeneración uno llega a pertenecer al nuevo pueblo de Dios y da gracias por ello. En la santificación uno recibe un nuevo corazón de amor compasivo para con Dios y para con otros. Y en el bautismo del Espíritu uno recibe un 'poder o fuerza autorizada' para ser un testigo valeroso en palabra y demostración poderosa del Espíritu (1 Cor. 2:4).[70] La fe del nuevo pueblo de Dios vence el mundo si los redimidos siguen el liderazgo del Espíritu del Señor. La disciplina de la crucifixión o la mortificación neutraliza los estorbos internos a la llenura de amor y compasión que son la esencia de la santificación. La llenura del Espíritu permite al creyente y a la iglesia resistir el diablo y asaltar las fortalezas espirituales con armas espirituales (Efesios 6.10-20; St. 4.7).

Ya hemos visto cómo la justificación y la santificación, junto con sus afectos correspondientes de agradecimiento y compasión, son completamente apocalípticos en su orientación. La profundización del amor en la santificación es el resultado del avance en la intensificación del anhelo por la consumación del reino de justicia donde todo será ordenado según los propósitos del pacto de Dios. El amor perfecto anhela que todos los hijos de Dios estén en casa con el Señor, por lo cual, la visión pentecostal del cielo es tanto geocéntrica como antropocéntrica.[71] La más profunda paz con Dios fue asociada con la mortificación de los deseos carnales y la llenura de

---

[69] *AF* 1.11 (October [1907] to January 1908), p. 3.

[70] The Greek words *exousia* and *dunamis* mean 'authority' and 'force', respectively; both words are frequently translated as 'power'.

[71] En el libro *Heaven: A History*, los autores dividen las visiones del destino último en dos campos importantes: El teocéntrico o más individualista, contemplativo. Y la visión antropocéntrica, una visión más social de la gran reunión. Los pentecostales tienen algo de ambas visiones en términos de destino último y a la luz de su penúltimo culto escatológico. Véase, C. McDonnell y B. Lang, *Heaven: A History* (New Haven: Yale University Press, 1988).

amor es una anticipación que espera la paz perfecta (*shalom*) y el bienestar asociado con el nuevo cielo y tierra.

El poder dado en el bautismo del Espíritu fortalece todos los otros frutos del Espíritu y da valor e intrepidez nacida de la confianza en Dios. Esto trae gran alegría porque el creyente puede, además de permanecer de pie y sufrir por el evangelio, tomar también la ofensiva y luchar contra las fuerzas de injusticia, odio y opresión en oración, servicio y testimonio. La confianza de ese valor mira a lo que Dios ha hecho y todavía está haciendo. Esta confianza en Dios, debido a las promesas cumplidas y a su constante dirección, construye una esperanza que espera el día cuando Dios será 'todo en todos' (1 Cor. 15.28). Así como el Espíritu llena al creyente reconciliado, santificado, que entonces alaba y proclama a Dios, así también todos nosotros, un día alabaremos a Dios.

Estos tres afectos, pueden ser considerados también, como una medida preventiva contra ciertos peligros. Caminar agradecido en la luz nos protege contra la presunción o el mero deber mecánico. La gracia es el fundamento para todo lo dado y prometido; y cada día es experimentada como un regalo de perdón, limpieza y capacidad para realizar algo. El agradecimiento dispone hacia la obediencia, y cuando el corazón está verdaderamente agradecido, uno es guardado de una desatención injustificada de los límites y directivas de las Escrituras. El amor compasivo y sincero en Cristo y a través de Cristo guarda el alma contra el sentimentalismo, la apatía y la dureza de corazón. El creyente, en paz a través de la cruz, es un pacificador mediante la compasión. El valor que se da a los buscadores agradecidos, y compasivos después de la justicia es una valla contra la desesperación. Los creyentes son llamados a tomar su cruz y seguir y no meramente a ser víctimas. Sin embargo, valientemente, ellos continúan la carrera. Es importante esperar en el Espíritu soberano, porque caminar sin la dirección del Espíritu, es caminar sin su poder. Puede usarse técnicas para inducir 'las sensaciones de poder' pero el poder real pertenece exclusivamente al Espíritu. El poder, como la santidad, el amor y la gracia, están posesión del creyente sólo en un sentido derivado y relacional.

El Espíritu es '*el Guía Fiel*'[72] y el '*Obispo de la Iglesia*'.[73] Es Su oficio y trabajo 'presidir sobre la obra total de Dios en la tierra' (Jn. 10.3). Jesús ha enviado al Espíritu Santo para ser el Obispo principal y 'no los hombres' (Jn. 14.16; 15.26; 16.7-14). Es el Espíritu Santo quien infunde poder divino e inviste con autoridad celestial y, por consiguiente, ninguna 'asamblea religiosa es legal sin su presencia y su transacción'. Él es el 'Maestro de maestros'. Al parecer, hay muchos dentro del pueblo de Dios que están sin el poder divino y 'la experiencia de la salvación', porque ellos no lo aceptan como su maestro, su líder o su consolador. Es el poder del Espíritu que da autoridad a los obispos y a los ancianos. Sus 'credenciales' tienen que ser puestas en sus corazones si ellos han de ser co-obreros y tomar parte con Él. Ser investidos o dotados de poder es su calificación más importante para el oficio. Sin ese poder los líderes no pueden dar testimonio con el pueblo hasta la última parte de la tierra. El Espíritu 'toma a los miembros en la iglesia y, si ellos comienzan a pecar', el Espíritu Santo como 'el Presidente y Obispo, el Anciano Presidente, los desechará'. No puede haber poder en la iglesia y en los miembros a menos que se le haga caso al Espíritu Santo. Nadie puede tomar su lugar, Según William Seymour,

> Hoy muchas personas piensan que necesitamos nuevas iglesias … estructuras de ladrillo, mejoras modernas, nuevos coros, cantantes especializados en conservatorios que cobran de siete a quince mil dólares al año por cantar, bancos finos, candelabros finos, todas las cosas que podrían atraer el corazón humano, tampoco podrían llevar almas a la casa de reunión, como se está haciendo en este siglo XX. Nosotros encontramos que ellos han alcanzado el clímax, pero todo eso no ha traído poder divino y salvación a las almas perdidas. Los pecadores van a la casa de reunión, oyen una buena, fina y elocuente oración a Jesús, o escuchan a algún hombre renombrado. La gente queda feliz de ir porque han visto gran riqueza, han visto a las personas con los últimos modelos de vestidos, con trajes diferentes, y cargados de

---

[72] Haynes and Lemons, *Songs No. 3*, p. 111.

[73] Seymour, 'The Holy Spirit, Bishop of the Church', *AF* 1.9 (June-September, 1907), p. 3. Las citas posteriores a lo largo de este párrafo se extraen de este artículo.

joyas, adornados desde la cabeza hasta los pies con diamantes, oro y plata. La música en la iglesia ha sido dulce, y parece que una buena aparte de la gente de la iglesia está llena de amor, pero siempre se nota la falta de poder. Nosotros nos preguntamos por qué no están convirtiéndose los pecadores y por qué es que la iglesia siempre está haciendo mejoras al templo, pero dejando de hacer el trabajo que Cristo la llamó a hacer. Es porque los hombres han tomado el lugar de Cristo y del Espíritu Santo.[74]

El Espíritu es el Señor que conduce a la iglesia en la batalla y traza las tácticas que serán eficaces para llevar la gloria de Dios y para llevar a los pecadores hacia el reino. Los pentecostales tienden a verse como un ejército del Señor. Cada uno es un '*Soldado en el Ejército del Rey*', y la iglesia se mueve como un ejército poderoso en '*El camino de la Tribulación*' cuando está '*Marchando a Nuestro Hogar en lo Alto*'.[75] En valor y esperanza la iglesia está 'esperando al Señor', mientras que está sirviendo en '*Los Ejércitos de Zion*'.[76] Cada soldado está seguro de que, '*Cuando el Rollo sea abierto*', su nombre estará allí.[77]

La confianza y la esperanza son, respectivamente, las polaridades del *ya-todavía* de la valentía. La confianza de los creyentes los edifica como nuevas personas nacidas en el reino y ellos dan testimonio de sanidades, exorcismos y otras respuestas a las oraciones. El culto corporativo es 'alegría indecible y un tiempo lleno de gloria'.[78] Como la confianza en la dirección y la presencia del Espíritu edifica, también hace que ante la visión de esperanza los creyentes canten, '*Oh qué Gozo habrá*'.[79]

Muchos creyentes pentecostales son arrestados y muchos han sido encarcelados, torturados y asesinados. Pero es común para ellos el cantar, predicar y dar testimonio en las prisiones y fundar iglesias, incluso, dentro de la prisión. Desde los pentecostales encarcelados en Los Ángeles en la Calle Azusa hasta los más recientes

---

[74] Seymour, 'The Holy Spirit, Bishop of the Church', p. 3.
[75] J.D. Vaughan, *The Silver Trumpet* (Lawrenceburg. TN: James D. Vaughan, 1908), pp. 43, 59.
[76] R.E. Winsett, 'Waiting for a Blessing', en Winsett, *Songs of Pentecostal Power*, p. 2; A.J. Showalter, *The Best Gospel Songs and their Composers* (Dalton, GA: A.J. Showalter, 1904), p. 158.
[77] J.M. Black, 'When the Roll Is Called Up Yonder', in *Church Hymnal*, p. 240.
[78] 1 Pedro 1.8.
[79] T.L. Williams, *et al.*, Haynes y Lemons, *Songs No. 3*, p. 165.

prisioneros soviéticos, chinos, africanos y latinoamericanos, todos han sufrido persecución y frecuentemente han pagado con sus vidas el precio de ser discípulos fieles.

Se necesita valor para evitar la 'derecha' y la 'izquierda' política y para encontrar un verdadero camino de paz. En los ambientes más opresivos la alabanza jubilosa de los pentecostales puede oírse. Así como puede ser verdad que ellos proporcionan un 'refugio para las masas',[80] sin embargo, también es verdad que su valor no significa una resignación pasiva. Lo que se dijo en la Calle Azusa todavía puede afirmarse también, con respecto a los creyentes pentecostales del Sur del mundo: Ellos están 'listos no sólo para ir a la prisión sino para dar sus vidas por Jesús y, para ser arrestados por Jesús'.[81]

Como en los comienzos del movimiento pentecostal, el pobre, el joven y el inexperto, salen a los campos locales y extranjeros para servir. Un breve artículo en *The Apostolic Faith* de octubre de 1906 capta esta insurgencia populista del Espíritu.

Regreso a Pentecostés

¿Qué significan estos predicadores asalariados sobre la tierra que no predican a menos que consigan su sueldo? Las personas han dejado los hitos viejos ... Vuelvan. Usted no tiene tiempo que perder. Todos nosotros debemos ser y hacer algo por las almas que perecen alrededor de nosotros. ¿Quiere usted ser bendecido? ¿Quiere usted la aprobación de Dios? Sea un siervo de la humanidad. Los panes y los peces no se multiplicaron en las manos de nuestro bendito Redentor sino hasta que Él empezó a dárselos a los hambrientos.

Dios no necesita a un gran predicador que nada más pueda darles astillas teológicas y afeitadas a las personas. Él puede recoger un gusano y puede destrozar una montaña. Él toma las cosas débiles para confundir a las poderosas. Él está recogiendo guijarros de la calle y puliéndolos para Su obra. Él está acostumbrado a utilizar, incluso a los niños, para predicar su evangelio. Una hermana joven, de catorce años, fue salvada, santificada, y

---

[80] Véase, Ricardo Mariano, El refugio de las Masas: Recepción de la Obra de Lavive D'Epinay en Brasil." *Revista Cultura y Religión* 2.2 (2008): 48-66.

[81] 'Arrested for Jesus' Sake', *AF* 1.1 (September, 1906), p. 4.

bautizada con el Espíritu Santo; salió y tomó a un grupo de obreros con ella y lideró un avivamiento en cuál se salvaron ciento noventa almas. Los ministros asalariados que están rechazando el Evangelio tendrán que salir del negocio. Él está mandando a aquellos que irán sin dinero y sin precio. Gloria a Dios por este día apostólico.[82]

Los fieles informaron, y continúan informando, que por todas partes 'las señales seguirán' para celebrar la fe y la esperanza, la confianza y el valor de los testigos.[83] Los individuos tendrían sueños y visiones y serían llamados a los campos misioneros transculturales. En 1906 Lucy Leatherman de la ciudad de Nueva York informó a *The Apostolic Faith* que ella había sido llamada a Beirut. Dios le preguntó si ella estaba deseosa de 'ir con él a los árabes salvajes del desierto' y ella dijo 'Sí'.[84] Así que aquellos que confiaron en sueños, manifestaciones o lenguas del Espíritu, fueron avisados para mantenerse en guardia, porque ellos podían no ver la tierra de su confianza. El Espíritu no es una posesión permanente propia o de la iglesia.

Aquellos que reciben el bautismo en el Espíritu Santo y hablan en lenguas y después caen de ese estado pueden retener el hablar en lenguas durante algún tiempo después que el amor divino se haya ido, pero gradualmente, ese don se alejará. Una pequeña aspereza o una declaración crítica sospechosa sobre un hermano afligirá y causará dolor al vulnerable y sensible Espíritu. Se debe permanecer en guardia cuidadosa y constante, para que la carne no se levante y destruya la fragancia y dulzura de esta vida en el Espíritu. Los predicadores van a menudo demasiado lejos e intentan enfatizar con vehemencia carnal un buen punto efectuado por el Espíritu. Esa conducta recibirá un reproche manso del Espíritu y, si sinceramente se arrepintió, se superará pronto y

---

[82] 'Back to Pentecost', *AF* 1.2 (October 1906), p. 3.
[83] *AF* 1.3 (November, 1906), p. 4.
[84] *AF* 1.3 (November, 1906), p. 4. Por ejemplo, Margaret Gaines, una misionera de Iglesia de Dios, dejó Alabama en los 1950 para vivir entre los árabes en Palestina como maestra, pastora e iniciadora de iglesias.

resultará en una mayor confirmación del poder de Dios en la vida de uno.[85]

La valentía para ser un testigo fiel en el mundo, en oposición a los espíritus demoníacos, nace del poder del Espíritu que, por esta constante presencia escrutadora, ha fortalecido los afectos, manifestando los dones necesitados y expulsado al enemigo fuera de los poseídos y lejos de los creyentes. La gracia de perdón y la misericordia les dio valentía a los creyentes para enfrentar al mundo y a sus propios pecados con responsabilidad y humildad. La gracia de la santificación les dio confianza y alegría a los creyentes que alcanzaron la victoria en las luchas internas con la carne. La gracia de la llenura del Espíritu les dio valentía y la fuerza para oponerse y discernir al enemigo de los santos.[86]

El agradecimiento, la compasión y la valentía crecen desde la justicia, el amor y el poder de Dios y son constructores de un nuevo mundo que practica los principios del reino de justicia, paz y gozo en el Espíritu Santo. Los creyentes permanecen continuamente agradecidos con Dios, compasivos a través de Cristo y valientes en el Espíritu Santo. Pero ya que ellos aún están en el mundo, aunque no son del mundo; todavía están en la carne, pero no son de la carne; y todavía un adversario astuto y hábil se les opone, la posibilidad de la decepción es muy real. Los elementos culturales, carnales y demoníacos sólo pueden ser distinguidos por el Espíritu Santo. Pero de todos estos elementos utilizados por el enemigo los libra el Espíritu.

Un discernimiento disciplinado: Palabra y Espíritu

Los primeros pentecostales fueron acusados de ser demoníacos, trastornados, engañados y divisivos. Las acusaciones se hicieron debido a la proclamación pentecostal respecto a los dones espirituales que, para sus acusadores, se limitaron únicamente al primer siglo. Otros criticaron la expresión de emociones fuertes, la mezcla de razas, y las profecías de mujeres y hombres.[87] *The Apostolic Evangel* (*El Evangelio Apostólico*) publicado en Royston, Georgia, en 1907

---

[85] *AF* 1.4 (December 1906), p. 4.

[86] 'Demons Cast Out', *AF* 1.6 (February-March 1907), p. 3.

[87] H. Ward, 'The Early Anti-Pentecostal Argument', en Synan, *Aspects,* pp. 99-122.

respondió a estos asuntos en un artículo titulado 'Algunas Evidencias Infalibles que el Pentecostés Moderno es de Dios'. El artículo
bosquejó cuatro evidencias que podían ayudar a discernir el espíritu
del pentecostalismo. Daba, además, algunas exhortaciones a los
mismos pentecostales. Las evidencias eran: (1) la intensa hambre de
justicia en aquellos que fueron llenados; (2) la profunda *crucifixión*
del ego que es lo que el diablo inflama y utiliza; (3) las incesantes
alabanzas a Dios; y (4) el aumento del 'indecible *amor* a Dios y del
amor entre sí que acompaña al bautismo del Espíritu'.[88] Las advertencias a los pentecostales tenían que ver con el juzgar a otros y con
el uso poder. *The Apostolic Evangel* sugirió que cuando ellos alcanza-
ran su pentecostés tenían que ser 'verdaderos con Dios y Su Palabra,
tanto en lo externo como en lo interno. Esta advertencia era importante porque ellos medían la altura de la experiencia espiritual de las
personas por el corte del cabello o de la ropa'. Adicionalmente pentecostés los curará, supuestamente, del uso del 'ruido como manifestación de poder … Dios no dará Su gloria al ruido; aunque Él se
reserva el derecho de hacer todo el ruido que a Él le plazca'.[89] Si las
advertencias tratan más de asuntos de estilo y de sabor, las evidencias firmes, son pruebas más sustanciales de autenticidad.

Saliendo del trasfondo perfeccionista y reavivamientista, el pentecostalismo se opuso primero al fanatismo, mientras se esforzaba
en 'dejar al Espíritu tener Su camino'. Quienes se reunieron en la
Misión de la Calle Azusa, en 1906, desarrollaron pautas para reconocer al fanatismo:

> Los fanáticos están marcados por la aspereza hacia aquellos que
> no se encuentran alineados con ellos y, Jesús no es levantado.
> Más temprano que tarde los frutos de la carne aparecen ante la
> falta de vivir en santidad.

> Nosotros notamos estas cosas porque algunas almas honradas
> han temido que este movimiento pentecostal fuera fanatismo.
> Así que marcamos algunos de los rasgos de las reuniones que
> son lo opuesto al fanatismo. (1) *Amor divino a todos*, sobre todo a
> la iglesia, el cuerpo de Cristo del que cada alma justificada es un

---

[88] J.H. King (ed.), The *Apostolic Evangel* 1.4, p. 1. Cf. La muy influyente obra
de King, *From Passover to Pentecost* (Memphis, TN: H.W. Dixon Printing Co., 1914).
[89] King, *Apostolic Evangel* 1.4, p. 1.

miembro. (2) *Humildad*: ésta es una obra humilde en un lugar humilde y nos alegramos de que así sea. Nosotros nos humillamos bajo la mano del poder de Dios y constantemente investigamos las Escrituras para saber Su completa voluntad y su plan. (3) *Vidas santas*: estas personas están viviendo vidas santas, separadas del mundo, la carne y el diablo y, rescatando a otras almas para una vida de pureza y santidad. Hay un brillo del Espíritu Santo en las caras de los obreros. ¿Es éste el trabajo del diablo?[90]

Varios asuntos pueden desprenderse de la cita anterior. Siguiendo 1 Juan 3, los pentecostales miraron la fuente y los resultados de las supuestas manifestaciones espirituales y de las personas. Si Jesús no era 'exaltado' entonces la manifestación era fanática. La dureza era una prueba clara que la característica principal de Jesús, el amor divino, estaba ausente. La humildad seguía en importancia al amor, investigando sumisos las Escrituras por 'Su completa voluntad y plan'. Las vidas santas de los testigos que tienen 'un brillo del Espíritu Santo' de gloria y alegría fueron también altamente valoradas. Además del muy importante testimonio interno del Espíritu, los creyentes podían verificar sus vidas y las de otros por la confesión de Cristo que buscó edificar la iglesia en amor, avanzar en la misión y manifestar los frutos y dones del Espíritu, antes que los de la carne.

Aquellos que estaban 'caminando en la luz' reconocerían la oscuridad. Era importante caminar en toda la luz que se tenía.[91] Aquellos que habían crucificado la carne y estaban guardando su corazón y deseos en amor sincero a Dios y compasión al perdido, serían más sensibles a la carnalidad que se levantaba de su interior o venía sutilmente desde afuera. Ellos no confiaban en sí mismos sino en la cruz de Cristo. Así, mediante la investigación de las Escrituras y de sus corazones, todo podía ser guardado bajo la sangre. *The Apostolic Faith* exhortó a los fieles a recordar que:

Cuando hombres y mujeres son salvados y santificados, ellos necesitan la Sangre [de Jesús] como cuando ellos alguna vez lo hicieron. Nosotros no debemos confiar en nosotros mismos ni

---

[90] 'Marks of Fanaticism', *AF* 1.2 (October 1906), p. 2.
[91] *AF* 1.3 (November, 1906), p. 2.

siquiera por medio segundo. Nosotros necesitamos la Sangre en todo momento.[92]

Rendirse al Espíritu para la llenura diaria buscando su presencia y guía fue decisivo para la forma de vida y para la dirección de esta que permitía estar más listo para discernir a otro espíritu y el desvío del 'camino de santidad'. El don de discernimiento de espíritus operaba en el cuerpo de la iglesia siempre que hubiera una necesidad. No se igualó con la prudencia, aunque la experiencia y madurez, fueron virtudes muy estimadas. Se realizaron exorcismos siempre que la comunidad determinara, por el Espíritu, que una persona endemoniada estaba presente. Ellos fueron exorcizados en el nombre de Jesús y hasta el momento hay muchos testimonios de personas liberadas y que luego pasaron a formar parte de la comunión de la iglesia.[93]

La norma que era y es referida, una y otra vez, contra el Protestantismo, esta norma de vida está escrita en la Palabra de Dios, las Sagradas Escrituras. Para estos era importante 'trazar correctamente la Escritura, interpretarla apropiadamente y 'comparar la vida de la iglesia con la Escritura'.[94] Éste era el mismo resguardo contra los espíritus engañadores que, desde los días de la iglesia de Corinto, habían buscado infiltrar el fanatismo en la iglesia.[95] Leyendo y estudiando la Palabra establecerían el balance, junto con la oración y las alabanzas. La oración guardaría a la persona que leyó demasiado, de ser 'muy argumentativo', mientras que el cantar reavivaría el corazón. Pero los santos no podían vivir sin la bendita Palabra.[96] La disciplina de la iglesia siguió las líneas del discernimiento del Espíritu. El Espíritu llevó a las personas hacia la iglesia y luego las envió hacia afuera para dar testimonio. Era la responsabilidad de la iglesia discernir la condición de vida según el Espíritu y la Palabra, y restaurar a aquellos que podrían apartarse. La disciplina era necesaria para la

---

[92] *AF* 1.12 (January, 1908), p. 3.
[93] *AF* 1.5 (January 1907), p. 1; 1.6 (February-March 1907), p. 1; 1.12 (January 1908), p. 3.
[94] *AF* 1.12 (January, 1908), p. 3.
[95] *AF* 1.12 (January, 1908), p. 3.
[96] *AF* 1.12 (January, 1908), p. 3.

pureza del cuerpo. Sin pureza podía comprometerse la unidad y, sin unidad, se estorbaría a la misión.[97]

El discernimiento de espíritus busca determinar la fuente y evaluar los resultados de las manifestaciones espirituales y de las enseñanzas por medio del don del Espíritu y la Palabra en el cuerpo de creyentes.[98] Los afectos de agradecimiento, compasión y valentía sirven como los prerrequisitos existenciales por ser totalmente abiertos y beneficiarse profundamente de la obra del Espíritu y la Palabra en la iglesia. Algunos espíritus deben expulsarse y la protección principal contra ellos es el carácter rendido a Dios y sostenido por Dios. El fruto del Espíritu y los dones del Espíritu se pertenecen mutuamente. Cristo es a la vez el fruto y el don supremo del Espíritu. Su vida, ministerio, muerte y resurrección fueron posibles debido a la formación, conducción y empoderamiento del Espíritu.

Cada creyente testificará en palabra, hechos y carácter al Hijo encarnado que tenía el Espíritu sin medida. La comunidad llena del Espíritu es el mejor resguardo contra la decepción del mundo, de la carne o del diablo. La Escritura es la historia de justicia y verdad. El Espíritu crea hambre y sed por la justicia y la primacía de toda la verdad. Canon y carisma dados por el Espíritu y recibidos en el cuerpo de Cristo se condicionan mutuamente. No pueden explicarse o beneficiarse el uno sin el otro. Sin la Escritura no hay ningún camino. Sin el Espíritu no hay luz. El fruto del Espíritu es el carácter de Dios y, por consiguiente, es completamente delineado narrativamente en la vida de Jesús para los creyentes. Pero los actos de Jesús deben ser tomados junto con los actos del Espíritu y la historia de Dios el Padre a través de las Escrituras, porque estos tres, son parte de una historia que debe evocar y formar la vida cristiana para el reino de Dios. La oración es la vocación fundamental de la comunidad y de cada creyente. Es la creencia y práctica que forman y evocan los afectos y es esencial para el discernimiento y para cada don del Espíritu. Fuera del corazón orientado hacia Dios, el Padre, a través de Dios el Hijo y en Dios el Espíritu Santo, habla por medio de la boca de los creyentes.

---

[97] Roberts, *The Strengths of a Christian*, pp. 18, 19.
[98] R. Martin, 'Discernment of Spirits', *DPCM*, pp. 244-47.

La Oración Pentecostal: Formando y Expresando los Afectos

Orando en la comunidad de fe

Los afectos pentecostales adquieren forma y expresión en la oración que se ofrece a través de Dios y en Dios. La manera tradicional de expresar esto es notando como se relacionan todas las cosas, desde Dios a través de Cristo, en el Espíritu Santo. Pero entonces todas las cosas son ofrecidas y son retornadas en el Espíritu a través de Cristo a Dios. Cada uno de los afectos cristianos se correlaciona con un atributo de Dios. Todos los atributos divinos se integran en la unidad viviente de Dios que es la base y la fuente de la unidad y renovación incesante del carácter cristiano. Así:

> [Cada] afecto es una faceta de la vida de oración y está en correlación a los varios atributos de Dios ... En el análisis final, ni Dios ni el que ora puede analizarse en una serie de discretos atributos ... diferentes al ser de Dios, nuestras experiencias siempre son parciales y, por consiguiente, sujetas a tensión y parcialidad. El temor de Dios y el amor a Dios pueden coexistir, no debido al poder de nuestra comprensión afectiva, sino debido a la naturaleza de Dios hacia quien estas emociones se dirigen. La oración nos hace volver a alabar, a agradecer con reverencia y confesión, con regocijo e intercesión, y unifica a éstos en el amor de Dios.[99]

Los afectos pentecostales se forman y se expresan a través de las oraciones de la comunidad de fe. Allí el corazón es formado por el culto y el testimonio como aspectos mutuamente condicionantes del discipulado cristiano. Las oraciones corporativas e individuales son formadas por la predicación y la enseñanza de la Palabra, la entonación de canciones, el compartir y escuchar testimonios y pedidos de oración, la comunión de los creyentes antes, durante y después de los cultos, las constantes alabanzas y acciones de gracias ofrecidas a lo largo del culto y el funcionamiento de los varios dones del Espíritu y las intercesiones de los santos. Todas estas actividades forman las oraciones y las oraciones a su vez forman los afectos.

---

[99] Saliers, *Soul,* pp. 72, 73.

La oración en la comunidad de fe es el medio primario de participación en el culto y es un ensayo para el testimonio. Uno recuerda, reconoce y anticipa los actos poderosos de Dios y su fidelidad en la oración. Esta memoria y anticipación es la que evoca gratitud, informa la compasión y fundamenta la valentía. A menudo los testimonios del creyente, normalmente ofrecidos en los 'cultos de testimonio', tendrán la forma de una meditación piadosa sobre la vida del individuo. Estos testimonios normalmente acaban con una demanda para que la iglesia ore por ciertas necesidades, que la vida del creyente sea una bendición y que el creyente, finalmente, 'haga su morada' en los cielos.

Los creyentes dan continuamente gracias al Señor y disfrutan del tiempo de alabanza por la excelencia y la grandeza de Dios hacia ellos. La compasión se expresa a través de lamentos e intercesiones profundas que normalmente se oyen a lo largo del santuario y, a través de 'la risa santa,' los creyentes se regocijan en el Señor. Cuando las liberaciones, los cuidados y las sanidades del pasado son recordados, aumenta la acción de gracias y la alabanza, haciendo más intensa y profundamente arraigada la memoria, la expectativa y el anhelo inculcados.

En tiempos de 'concierto de oración' parece como si la congregación fuera una orquesta que se calienta para el concierto en lugar de estar tocando el mismo arreglo musical. La unidad de este tipo de oración deriva de la respuesta común al Espíritu. Los creyentes tienen un profundo sentido de alegría. Ellos están fluyendo juntos en la misma corriente, un flujo unificador que los lleva a lo largo del trayecto, guiados por el Espíritu y las Escrituras narrativas.

Para usar otra metáfora, a veces es como una presentación de jazz donde primero uno y luego otro, improvisan sobre un tema común; y en otros momentos, es como si todos estuvieran tocando una gran sinfonía de alabanza. Hay alabanzas, silencios y períodos de espera en el Espíritu soberano. A veces el cuerpo (la iglesia) estará junto durante horas para interceder por una necesidad especial. O ellos seguirán en un ayuno extendido o vigilia,[100] lo que acentúa la idea de la oración como 'esperar en el Señor'. Tal espera es

---

[100] La práctica Centroamericana está, indudablemente, influenciada por un uso católico romano. Pero enfatiza también la 'vigilancia' y el 'esperar' en oración para ser más sensibles a la dirección y a la disciplina del Señor.

esencial para el enfoque y la transformación afectiva. No hay paciencia, constancia o mansedumbre, sin 'esperar en el Señor'.

La oración es la actividad teológica primaria de los pentecostales. Todo el conocimiento que valga la pena debe ser ganado y retenido en oración, porque sólo el Espíritu puede dirigir a toda verdad. Incluso el conocimiento correcto llevará a la presunción sino existe una constante y piadosa acción de gracias, intercesión y alabanza. Una iglesia que se regocija espera y se rinde al Espíritu, es una iglesia que ama la Palabra y permanecerá, tanto como sea necesario, orando por la voluntad de Dios, la mente de Cristo y la dirección del Espíritu para que la iglesia sea llenada del Espíritu.

La oración es la actividad más significativa de la congregación pentecostal. Cubre cada actividad y expresa la riqueza afectiva del creyente y de la iglesia. Toda oración es en el Espíritu, y todos aquellos que de verdad oran, se abren continuamente al Espíritu, y reciben lo que el Espíritu está diciendo y está haciendo en ellos y entre ellos. Recibir y ser habitado por el Espíritu de Cristo es ser un cristiano fiel. Esta habitación y constante receptividad constituye a la iglesia en una comunidad que participa con Dios y, al mismo tiempo, como una fuerza misionera. Todos aquellos que tienen el testimonio interno del Espíritu de Jesucristo testifican de él. Entonces, según Roberts, formar parte de la comunidad involucrada en la misión de Dios,

> ... es como permanecer o estar en la casa de Dios. Es como aprender de un padre terrenal que les da una visión a los creyentes de cómo van a ser las cosas y los dirige en sus caminos, premiando su obediencia y disciplinando su falta de docilidad. Pero en todo momento los nutre y les da paz. Hay un espíritu que entra a la casa de Dios; es el Espíritu Santo. Y ser llenos de ese Espíritu es lo que les pasa a aquellos que moran en la casa del Señor todos los días de su vida—quienes son nutridos por el ambiente de esperanza, compasión y paz. Porque la espiritualidad cristiana es una especie de comunicación, la oración y la iglesia son sus centros focales: La oración como conversación con

Dios, y la iglesia como el 'hogar' de Dios, el lugar donde Él especialmente habita, su presencia terrenal, su 'cuerpo'.[101]

La iglesia pentecostal es muy parecida a una familia con padres, madres, hermanas y hermanos entrenándose para su vocación cristiana: El testimonio. Los afectos de agradecimiento, compasión y valentía no pueden desarrollarse aparte de la actividad del Espíritu, ni se puede dar un testimonio cristiano auténtico sin el poder del mismo Espíritu. El evangelio de Jesús crucificado, resucitado y Rey venidero debe proclamarse en palabras, poder y demostración del Espíritu. Adorar en Espíritu y verdad debe realizarse según la naturaleza y voluntad del Dios que constituye a la iglesia como un movimiento en misión de transformación.[102] Entonces, la oración, el corazón del verdadero culto y el testimonio, siempre y continuamente tienen que ser emitidos en el Espíritu.

Orar en el Espíritu

Los pentecostales podrían estar de acuerdo con la mayoría de los cristianos de que la oración es el acto fundamental de fe, el acto central del culto y el significado más profundo de la existencia humana. Los humanos son hechos para Dios y para la oración. El humano es espíritu, hecho en Dios y para Dios, que es Espíritu. La fe, como el establecimiento de una sensibilidad espiritual apropiada a través de la gracia, cree las promesas de Dios y vive en esperanza. Pero el amor es el corazón de la fe y la esperanza. El Espíritu se reconoce tradicionalmente como el vínculo entre el Padre y el Hijo y el punto de contacto entre Dios y la humanidad. El Espíritu de Dios, y no la conciencia humana o los sentimientos piadosos, son la proporción de la fe. El Espíritu Santo es la habilidad cognoscitiva

---

[101] Roberts, *The Strengths of a Christian*, pp. 24, 25.

[102] Gerlach y Hine (*People, Power, Change*) analizan el pentecostalismo y los movimientos de Poder Negro y caracterizan a ambos como potencialmente revolucionarios. Para una consideración más reciente de este problema, así como para una crítica del modelo reduccionista de privación para analizar y entender a los movimientos religiosos, se puede consultar a L.P. Gerlach, 'Pentecostalism: Revolution or Counter-Revolution?', y V.H. Hine, 'The Deprivation and Disorganization Theories of Social Movements', ambos en I.I. Zaretsky y M.P. Leone (eds.), *Religious Movements in Contemporary America* (Princeton, NJ: Princeton University Press, 1974), pp. 669-99, 646-54.

de Dios que da su autoconocimiento a la humanidad como un don.[103]

La teología puede desviarse del Espíritu a través del escepticismo, el temor al fanatismo, la presunción, o el intento de domesticar al Espíritu. Las personas también pueden intentar cultivar el carácter cristiano como un ejercicio de autosuperación. Pero este esfuerzo está condenado como un esposo o esposa que intenta desarrollar los afectos requeridos para un buen matrimonio aparte de su esposa o esposo. Los afectos cristianos son afectos correlativos y espirituales ya que ellos son fruto del Espíritu. Los medios deben ser espirituales si el resultado o la meta ha de ser espiritual. La meta de la vida cristiana no es el logro de un cierto perfil de personalidad sino una participación en la vida de Dios. Cuando los medios se convierten en el fin, el creyente es susceptible a uno de los más grandes peligros en la vida cristiana, el orgullo espiritual.

Central a la práctica pentecostal de la oración es la visión de plenitud o llenura con el Espíritu. Todos los cristianos oran en el Espíritu. Pero ¿qué entienden los pentecostales por una oración llena del Espíritu? La posibilidad, algunos dirían la inevitabilidad de orgullo espiritual, es un peligro claro y presente, porque esto parecería implicar un desarrollo mayor del fruto del Espíritu y una franqueza y deseo por los dones espirituales. Esta experiencia subsecuente de la llenura parecería crear, necesariamente, dos clases de cristianos: El habitado por el Espíritu y el llenado por el Espíritu. Quizás una breve discusión acerca de la llenura o plenitud mostrará cómo los pentecostales buscan evitar ese peligro.

Parte del problema, por supuesto, es la noción de 'llenura'. Si esto se refiere a una objetivación y cuantificación del Espíritu, entonces el creyente se sentiría lleno y satisfecho, quizás algo parecido a como uno se siente después de una comida cordial. Aunque existe a menudo una profunda satisfacción en la bendición espiritual, no hay sentimientos normativos. Las nociones del Espíritu como una fuerza o una cantidad sustancial tienen como su referente primario, no el Espíritu, sino a los efectos que el Espíritu produce. De una manera similar las palabras bíblicas para el Espíritu que hacen

---

[103] P.J. Rosato, *The Spirit as Lord: The Pneumatology of Karl Barth* (Edinburgh: T. & T. Clark, 1981); Prologue, p. v., pp. 47-52.

referencia a él como viento o como aceite, agua que fluye, o fuego. Todas son utilizadas para referirse a alguna propiedad eficaz y no a la naturaleza esencial del Espíritu.

La discusión anterior hace notar la importancia que tuvo para los primeros pentecostales el vaciarse, echar fuera y mortificar a la carne. Todas estas disciplinas no estaban en función de llegar a ser digno de recibir una bendición de Dios o de ser un tipo de elite espiritual. Ellas fueron diseñadas para darle más el corazón a Dios y para eliminar las cosas contrarias a su naturaleza y voluntad. Ser llenado con el Espíritu es ser decisivamente determinado y orientado por la voluntad del Espíritu. Esto es análogo a la idea de ser llenado de miedo, por ejemplo. Cuando esto pasa uno huirá o luchará, o quizás, esté totalmente inmovilizado. El miedo llena el corazón y así, decididamente, orienta a toda la persona a paralizarse por el miedo. Así, ser llenado del Espíritu es ser determinado decididamente por el Espíritu y orientado hacia las cosas del Espíritu, a lo que el Espíritu está diciendo y está haciendo. El fruto del Espíritu que habita al creyente le otorga una intensidad más profunda y, en la comunidad escatológica del pentecostalismo, una nueva urgencia.

Ser llenado del Espíritu y estar abierto para una fructificación mayor tiene, indudablemente, implicaciones para el carácter y la vocación del creyente. Otros creyentes que no reclaman ninguna llenura o bautismo en el Espíritu pueden aparecer, y realmente pueden ser, personas más estables. Muchos han hecho más convertidos y muchos tienen un conocimiento y percepciones cristianas mayores. El primer Pentecostés, así como aquellos subsecuentes, tomó lo que los discípulos eran y lo puso en el fuego. Ellos todavía tenían mucho que aprender y desaprender. Todavía iban a tener diferencias de opinión, depresión y luchas. Pero no sería negando el impacto dinámico y el carácter carismático de la comunidad pentecostal.

Los pentecostales testifican que ellos son más fuertes, más abiertos y útiles, que lo que fueron antes del bautismo y la llenura del Espíritu Santo. Estos buscan continuamente la llenura del Espíritu. Aunque ellos hablan de un bautismo del Espíritu, ellos testifican de repetidas llenuras. Al decir que uno quiere crecer y que uno quiere ser llenado con el Espíritu, puede o no puede ser la misma cosa, porque el bautismo del Espíritu está fundamentalmente relacionado con la vocación del creyente de ser testigo de Cristo en el poder del

Espíritu Santo. Pero decir que el fruto del Espíritu no tiene ninguna relación con el testimonio del creyente sería similar a decir que la santidad no tiene nada que ver con el Espíritu. La profundización de la vida del creyente a través del cultivo del fruto del Espíritu está directamente relacionada con el testimonio y la preocupación por la efectividad—como una vasija entregada—en el testimonio. Algunas visiones del poder y los dones tienden a ignorar esto y dan énfasis a cómo Dios usó a Sansón aún durante sus compromisos iniciales, o cómo Dios usó a Balaam e, incluso, habló a través de un asno (¡una observación un poco humillante para todos los predicadores!). Pero el punto en relación con el bautismo del Espíritu no es cuántos o qué tipo de dones se han manifestado. El punto es caminar en el Espíritu y hacer realidad la llenura de Dios, vivir en una franqueza radical, una mansa rendición y un celo apasionado por las cosas de Dios (Col. 3:2-3).

Cuando el Espíritu viene a habitar en el creyente en la regeneración, Él trae al Hijo y al Padre.[104] La vida de Dios en el creyente y el creyente en Dios—una habitación mutua—hace del cristiano y de la iglesia en su conjunto, una habitación de Dios a través del Espíritu. Orar en el Espíritu es comunicación y comunión profunda con Dios. Ser llenado con el Espíritu es rendirse, ser dirigido y empoderado por Dios para dar un testimonio más consistente con el Espíritu de Jesucristo. Los pecados contra el Espíritu impiden ese testimonio, dividen a la comunidad de fe y desvían los afectos cristianos.

De hecho, la consideración de pecado en relación con el Espíritu agrega un necesario correctivo a la visión parcializada del pecado como una trasgresión con su moralismo resultante. En las Escrituras el Espíritu Santo puede ser resistido (Hch. 7.51), afligido (Ef. 4.36), insultado (He. 10.29), apagado (1 Tes. 5.19), mentido (Hch. 5.3-4) y blasfemado (Mt. 12.31; Lc. 12.10; Mr. 3.21, 29). Consecuentemente, el pecado no es sólo transgredir la ley, también es algo profundamente personal. Pensar acerca de estos tipos de respuestas opuestas podría indicar algo de lo que significa ser llenado por el Espíritu. En lugar de resistirse, rendirse; en lugar de afligirse, regocijarse eternamente; en lugar de insultar, venerar; en lugar de apagar,

---

[104] En Juan 17, El Espíritu trae al Hijo y al Padre, quienes por el Espíritu hacen su habitación en medio de la humanidad y con la humanidad.

ser inflamado y provocar a otros para amar las buenas obras; en lugar de mentirle al Espíritu, hablar la verdad en amor en función de edificar y preservar la comunidad de fe; en lugar de blasfemar, bendecir, valorar y proclamar el testimonio del Espíritu como el testimonio de Dios. Si estas respuestas vinieran del Espíritu, los afectos resultantes tendrían a Dios como la fuente, la meta y los medios del cumplimiento, y el mismo cumplimiento sería un derivado.

En el análisis final el fruto del Espíritu no puede ser cultivado por cualquiera sino por el Espíritu en personas que constantemente se someten a sus consejos, dirección, búsqueda y habilitación. Como Karl Barth, quien apenas puede ser acusado de promover el entusiasmo, ha dicho: 'Sólo donde el Espíritu es suspirado, llorado y orado, Él se hace presente y nuevamente activo'.[105] De hecho, la mejor defensa contra el entusiasmo es la continua llenura del Espíritu. De esta manera la humilde gratitud, el amor compasivo y la esperanza valerosa, se dispondrán hacia la reprobación, el reproche, la corrección o la resistencia, la oposición y el rechazo de todo lo que es no Escritural, no edifica y es antiético al testimonio cristiano.

Los pentecostales han usado a menudo esta estrategia para detectar una moneda falsa como una analogía para discernir los espíritus: 'Estar tan familiarizado con lo auténtico, que lo falso se detecta rápidamente'. Esto sólo puede suceder en una continua rendición y apertura al Espíritu. Es en una vida vivida en el Espíritu y delante del Espíritu, en el discipulado cristiano, en la comunidad de fe, que se vive en la verdad. El Espíritu dirige en esa realidad, esa fidelidad de Dios con nosotros. Realmente una relación con Dios sólo es posible, continua y fundamentalmente, en el Espíritu de Dios. La oración es la manera de reconocer lo que significa fructificar, así como el requisito previo para el discernimiento como un don del Espíritu.

La oración de los pentecostales es ofrecida en tres formas que modelan y expresan los afectos, cada uno en su propia manera. Estas formas son: Con palabras comprensibles, sin palabras, y con palabras no comprensibles. Cada uno de los tres afectos discutidos antes será uno de los modos de oración que ilustran su diversidad.

---

[105] Barth, *Evangelical Theology*, p. 58.

El primer y más obvio modo de oración es con palabras comprensibles o la oración en lengua vernácula. Las oraciones pentecostales han sido formadas principalmente por la Biblia y por la comprensión de la vida cristiana que ha sido mediada a través del movimiento de santidad. El agradecimiento ha sido normalmente la oración expresada en la congregación Pentecostal, por medio del agradecimiento por lo que Dios ha hecho y rinde alabanzas por lo que Dios es. Estas son continuamente ofrecidas en el culto de estas iglesias que se mueven en el Espíritu y que saben cómo responder a la presencia del Espíritu de manera idónea.

Pero también suspiros, gemidos y risas, expresan y forman los afectos. La compasión es el ejemplo más obvio. En las oraciones de intercesión los creyentes lloran por los perdidos y afligidos, y anhelan la venida del Señor. La oración como suspiro es evocada por el Espíritu que gime y suspira como toda la creación por la manifestación llena y final de los hijos e hijas de Dios (Rom. 8.26). 'La risa' santa también es común cuando los creyentes experimentan el consuelo y la alegría del Espíritu y meditan en la promesa y visión escatológicas. De hecho, todas las oraciones son escatológicamente calificadas por la tensión del *ya-todavía no*, discutida previamente en el Capítulo 2. La acción de gracias, el amor y la confianza son indicativos del *ya* de lo que Dios ha hecho, está haciendo y hará, mientras que la persona que pide anhela, se regocija y alaba debido a la victoria prometida, y espera valientemente a través de los duros juicios, que son indicativos del *todavía no* de los afectos.

Hablar en lenguas, el aspecto de la piedad pentecostal más estudiado y discutido, es una forma de oración que edifica moralmente sobre todo al individuo; da convicción, confianza y valentía. Este discurso escatológico indica que el poder del fin está irrumpiendo ahora de esta manera, aunque por supuesto es una de las formas en que esto está ocurriendo. El final empezó en Jesucristo y está llegando a su consumación. Este discurso crea y sostiene una comunidad en cuya cultura se sitúan simultáneamente el *ya* pero *todavía no* de la existencia escatológica. Las lenguas, cuando son interpretadas, son como la profecía, buenas para la comunidad. Todos no ejercerán este don de lenguas en la comunidad. Pero para los pentecostales, finalmente, todos pueden hablar en lenguas para autoedificación en la unidad de cuerpo, si final e indirectamente, resulta ser edificante para todos.

Toda oración, como ya se indicó previamente, es en el Espíritu. Los tres modos sugieren que la totalidad de la personalidad está comprometida en un diálogo piadoso y comunión con Dios. Más aún, las tres formas de oración indican que los afectos no sólo son integraciones cognoscitivas complejas, sino que ellos también operan en diferentes niveles y son expresiones de diferentes niveles o dimensiones de la conciencia humana. Esto es verdad, ya sea que pensemos en una cultura narrativa o en una cultura instruida. Los participantes del Primer y del Tercer Mundo necesitan esa oración multidimensional que busca y que forma.

Los tres modos de oración son interdependientes y mutuamente condicionantes. En la oración el Espíritu Santo santifica continuamente a los creyentes para que la estructura, el contenido y la dinámica de la santidad de Dios, sean reproducidas en los cristianos como justicia, amor y poder. Los tres corresponden a el agradecimiento, a la compasión y la valentía, utilizados anteriormente para caracterizar a los pentecostales.

Los tres modos de la oración son modelados y practicados en la comunidad misionera como los medios fundamentales para formar y expresar los afectos distintivos. El testimonio, el fruto, los dones y la llenura del Espíritu Santo contribuyen a la unificación de una pasión que ordena los afectos y los dirige a una sola meta: El reino de Dios.

La Pasión Pentecostal: Vivir en Dirección al Reino

Así como Pentecostés es más que un solo día, el pentecostalismo es más que una sola experiencia. Pentecostés, originalmente una fiesta de cosecha de primavera (la Fiesta de las Semanas), se volvió una conmemoración de la entrega de la Ley en el Sinaí. Esta Ley era un estilo de vida, un convenio establecido por palabras escritas en piedra por Dios y la voz de Dios hablando desde el fuego y la nube que cubrieron la montaña. Pentecostés, como Sinaí, representa una dispensación de vida y no, simplemente, un 'puntapié inicial' que inaugura la iglesia. Por un lado, la iglesia como el pueblo de Dios, el pueblo de fe, esperanza y amor, es más antiguo que Pentecostés.

Por otro lado, el pueblo en Pentecostés continuó en la doctrina de los apóstoles, la comunión y el partimiento del pan.[106] Los cumplimientos proféticos de ese día abrieron la historia de una manera nueva y decisiva para el testimonio de la iglesia sobre Jesucristo en el poder del Espíritu. En las palabras del teólogo católico romano José Comblin:

> La cristiandad tiene dos fuentes: El 'evento Jesús' y la experiencia del Espíritu. Pascua y Pentecostés ... íntimamente unidos uno al otro, ninguno puede absorber o reducir al otro. La tradición de la cristiandad Occidental nunca ha dado bastante importancia al Espíritu. Hubo una Pascua; pero hay millones de eventos de Pentecostés.[107]

El mensaje de millones de pentecostales es que el reino de Dios está irrumpiendo, a través del ministerio del evangelio de palabra, poder y demostración del Espíritu Santo. Para ellos, Pentecostés se ha vuelto un paradigma litúrgico, una realidad existencial, y una dispensación del Espíritu en los últimos días. Previamente en este capítulo, se ha demostrado cómo los pentecostales han operado en una correlación implícita entre Dios como justo, santo y poderoso, y la vida cristiana como agradecimiento, compasión y valentía. Ésta era una correlación de los atributos divinos y los afectos cristianos. El linaje de la santidad y la orientación apocalíptica del pentecostalismo dan a estos afectos, comunes a todos los cristianos, su configuración pentecostal distintiva. Particularmente a través de la oración, en los tres modos antes mencionados, el creyente es formado y expresa el anticipo del reino.

Una pasión por el reino

Para los pentecostales el reino, al menos el aspecto victorioso de éste en el futuro es por cualquier medio inevitable. Ellos recuerdan que el reino fue quitado de Israel y fue dado a otros que produjeron

---

[106] Ver Valliere, *Holy War and Pentecostal Peace*, especialmente el capítulo 1 donde se delinean las dimensiones sociales, morales y cósmicas de Pentecostés a lo largo de un llamado a la iglesia a volverse una casa de oración para la sanidad de todas las naciones. El mensaje de paz de Valliere es oportuno y cuidadosamente defendido. Los pentecostales harían bien en considerarlo cuidadosamente.

[107] J. Comblin, The *Holy Spirit and Liberation* (Maryknoll, NY: Orbis Books. 1989), p. 184; y ver pp. 2-3.

el fruto apropiado (Mt. 21.43). Esto introduce otra tensión en la espiritualidad pentecostal, además, de la característica tensión del *ya-todavía no*. A la luz de ello, el fruto de justicia, paz y alegría, así como los afectos correlativos de agradecimiento, compasión y valentía, son indispensables como requisitos de disposiciones para la participación fiel en el reino de Dios. Ya que para la mayoría de los pentecostales no hay ningún lugar de refugio o ninguna 'seguridad' eterna que el habitar en Cristo, consecuentemente, no hay una visión estática o abstracta de la vida cristiana que sea suficiente. Ellos son una comunidad teleológica orientada hacia la meta o en el camino al reino. Como Robert Roberts ha observado acerca de la sinceridad requerida por parte de los buscadores del reino:

Yo tengo que anhelar el reino, buscarlo, valorarlo, desearlo, antes de la visión que me dé para incorporarme a la espiritualidad cristiana. Esto es un incremento de esperanza, paz, alegría, compasión y gratitud como emociones genuinas. Si yo estoy satisfecho con mi vida mundana presente, negando exitosamente la perspectiva de la muerte con éxito y, satisfecho acerca del mal en el corazón del mundo y en mí mismo, entonces el mensaje del reino no llevará esos frutos en mí, aun cuando yo lo crea en algún sentido.[108]

Por consiguiente, para vivir ante y en la presencia de Dios, a través de Cristo, es completamente necesario para todos no ser vanos ni infructuosos.[109]

El reino de Dios es el gobierno o reinado de Dios. Es esa sociedad y situación en que las personas, creadas por Dios a su imagen divina, aman a Dios y al prójimo con todo su ser. El reino es 'presente y futuro', '*ya*' y '*todavía no*', 'en el mundo, pero no de este mundo'. La comunidad de Cristo reconoce y está de acuerdo en someterse alegremente a este reinado. El Espíritu Santo es el poder reinante que forma a las personas de acuerdo con los requisitos del reino. Estos requisitos corresponden a la naturaleza del Rey y sobre

---

[108] Roberts, *The Strengths of a Christian*, p. 24.

[109] Ver Juan 15 para el destino de los 'infructuosos' y 1 Corintios 13 para el 'margen de ganancia' de aquellos que expresan regalos, hacen ofrendas, se sacrifican, etc., pero carecen de amor. El punto importante es la participación en la vida divina y en la misión de Dios. La salvación es participación, amor duradero y fructífero.

qué significa estar debidamente relacionado con el Rey y con los demás. En consecuencia, ser llenado del Espíritu es estar dispuesto hacia el reino con toda resolución, anhelo y seriedad. Como Pablo lo ha señalado, el reino no es cuestión de comida ni bebida (moralismo), sino justicia, paz y gozo en el Espíritu Santo. Estos tres frutos del Espíritu requieren y prevén una sociedad o comunidad del Rey.[110] Los afectos pentecostales representativos, discutidos con cierto detalle anteriormente, están dinámica y teleológicamente relacionados con esta sociedad en el camino al fin. El compañerismo del Espíritu Santo y los afectos de los individuos se requieren y se condicionan mutuamente. Sin embargo, la pasión por el reino de Dios es el principio organizador, el centro integrador de los afectos.

Esta pasión puede ser interpretada como un afecto gobernante de la manera siguiente. Orar por el reino de justicia y caminar en la luz son maneras de formar y expresar el afecto de gratitud. Dar gracias es un reconocimiento fundamental de que la vida propia y el reino son un don de Dios. Alabar y agradecer significan vivir para alabar la gloria de Dios y para caminar en las obras ordenadas desde la fundación del mundo para glorificar Dios (Efesios 2.10). Caminar en la luz, agradecer y anhelar la justicia en el mundo entero, esto es lo que significa creer en un Dios justo. Conocer a este Dios es ser declarado justo por la fe, llegar a la justicia de Dios en el mundo en anticipación de un reino de justicia consumado. El Espíritu guía a toda verdad y empodera al creyente para proclamar el mensaje del evangelio (Jn. 16:13). La justicia significa fidelidad a la misión de Dios. La justicia habla del ordenamiento de toda la vida de acuerdo con la voluntad de Dios. Describe la estructura, los límites y los contornos de esa relación. No puede haber paz con Dios ni puede haber verdadero gozo sin justicia. Pero la justicia nunca será perfectamente comprendida en este mundo debido a la falibilidad humana y a la rebelión mundana. El cumplimiento interino de la Ley y de toda la rectitud es el amor.

El corazón de la espiritualidad pentecostal es el amor. Una pasión por el reino es una pasión por el Rey; es un anhelo, como ya se ha mostrado, por ver a Dios y por estar en casa con él. Cuando el corazón está lleno del amor a Dios hay una profunda paz. Es la paz

---

[110] H.A. Snyder, *The Community of the King* (Downers Grove, IL: IVP, 1977).

comprada en el Calvario y aplicada a través de la sangre de Jesús al creyente para limpiarlo de toda inmundicia de la carne y del espíritu, perfeccionando la santidad en el temor de Dios (2 Cor. 7.1). Este profundo temor y reverencia a Dios, con la realización de la salvación, es una relación dinámica y no una inevitabilidad estática, perfila la espiritualidad pentecostal. Hay una paz y un descanso muy pequeños para la persona de doble ánimo que tiene iniquidad o resistencia en su corazón. El conocimiento de esta batalla, la vigilancia, la consagración y la fatiga de orar por la paz, todos estos elementos, contribuyen al avance compasivo de los pentecostales hacia el mundo. Sus prójimos no sólo son transgresores, sino también, como ellos mismos, están corrompidos e interiormente alienados de la vida de santidad y felicidad. Esta paz nace del perfecto amor y reverencia, es un momento-a-momento que mora en Cristo a través del Espíritu y la Palabra. Los santos en la Calle Azusa eran profundamente conscientes de esta dimensión de la espiritualidad:

> Cuando hombres y mujeres son salvados y santificados, ellos necesitan la Sangre, como nunca la necesitaron. Nosotros no debemos confiar en nosotros mismos ni un segundo; nosotros necesitamos la Sangre, en todo momento.[111]

En el Espíritu, la Sangre, o la vida, da y siendo dado, sigue limpiando periódicamente cuando los creyentes se someten a Dios en confesión y arrepentimiento. El reino es para aquellos que siguen la paz y la santidad sin la cual nadie verá al Señor (Heb. 12.14). La pasión por el reino significa rendición al Espíritu. Cuando buscamos el reino nos llenamos de amor y suspiramos y gemimos por el reino. Cuando uno suspira en el Espíritu, con una expectativa anhelante, uno está debidamente dispuesto.

Muchas veces se ha notado que vivir en la presencia de Dios era crucial para la espiritualidad cristiana y, sobre todo, para la piedad pentecostal. Esto no implica vivir con ciertas sensaciones constantes, ni es meramente un ejercicio mental. Hay una experiencia vital diaria de presentarse uno mismo como una persona dispuesta al

---

[111] En la Calle Azusa dieron énfasis a la necesidad de la Sangre de Jesús a cada momento. Uno debe confiar en Dios en todo tiempo, y no en el brazo de carne, en todo momento. La santificación, entonces, no era ninguna condición estática de presunción o autoayuda.

Espíritu como la fuente y dirección de la vida (Gál. 5.25). Las disciplinas de la oración privada y corporativa, vivir en las Escrituras, caminar en comunión, la Cena de Señor, ayunar, todas son formas de aprender a atender al Espíritu en el seguimiento de Cristo. Vivir en la presencia de Dios, caminar en la luz y deleitarse en el Señor, son todos aspectos de una misma cosa. Esto es lo que significa conocer a Dios.

Para los pentecostales ser bautizados o llenados del Espíritu es una manera de hablar de la integración de estos aspectos de la vida cristiana. El gozo del Señor es una fuerza, estímulo y fuente de esperanza. Este gozo es el fruto del Espíritu que da al creyente una 'prueba' del poder de la era venidera. A veces incluso esa probada puede causar que el creyente pierda la conciencia. El éxtasis de los pentecostales no es una posesión o pérdida del autocontrol. Es una renuncia al control en una confianza que cree que el reino—como la salvación—es un don de Dios que no tiene nada que ver con el progreso obstinado o técnicamente manipulado, sino que todo tiene que ver con el poder de Dios que resucitó a Jesús y envía el Espíritu con señales y maravillas a la comunidad de esperanza. El gozo es a menudo un sentido permanente, sosegado, constante, de la conducción y providencia de Dios. Pero también está caracterizado—y los dos conceptos se refuerzan mutuamente—por momentos de una alegría indescriptible.

Todos los dones del Espíritu son signos escatológicos, prolépticos, de un reino de gozo donde la aflicción, la muerte y el pecado son derrotados y se destierran de una vez por todas. Hablar en lenguas puede expresar el doloroso anhelo de gozo o su maravillosa victoria, pero el verdadero gozo siempre infunde valor para seguir adelante hacia el reino. Las sanidades, desde un dolor de cabeza hasta un ataque cardíaco, representan incentivos provisionales, temporales, para regocijarse porque el Padre va a dar el reino a los pobres que buscan primero el reino y su justicia. Cuando se tiene presente que la mayoría de los creyentes pentecostales, son jóvenes, adultos pobres, no-blancos, del Sur del Mundo, no es ninguna maravilla que esta renovación en el Espíritu, esta celebración anticipadora del reino sea caracterizada frecuentemente por actos como reír, saltar y alabar a Dios. Ellos creen que el reino es suyo. Ellos

sinceramente podrían estar de acuerdo con Wesley que, en su comentario sobre Rom. 14.17 y 1 Cor. 4.20, proclamó que:

> El reino de Dios ... la verdadera religión, no consiste en obser-
> vancias externas sino en justicia ... la imagen de Dios estampada
> en el corazón; el amor a Dios y al hombre, acompañado con la
> paz que sobrepasa toda comprensión, y el gozo en el Espíritu
> Santo ... Para el reino de Dios ... la religión real no consiste en
> palabras, sino en el poder de Dios que gobierna el corazón.[112]

La pasión por el reino es el afecto gobernante de la espiritualidad
pentecostal y no un mero amor de la experiencia por la experiencia
misma. Existen varias maneras de justificar esta declaración, sin embargo, lo más importante es observar que la espiritualidad pentecostal no se desarrolla en soledad, sino que requiere de una comunidad de testigos.

La comunidad del Rey

La pasión pentecostal por el reino de Dios se forma y se expresa en
y a través de una comunidad de fe. Esta comunidad existe en la
tensión escatológica del *ya*-pero *todavía no*. La estrategia del Espíritu
Santo de anunciar y prever de antemano el reino es para formar y
para sostener a la comunidad del Rey. Esta fuerte tensión puede
explicar por qué, hasta el momento, ellos no tienen ninguna eclesiología fuertemente desarrollada. De alguna manera la iglesia como
una organización humana, con políticas y procedimientos, es una
gran desilusión. Pero esto es tanto una fortaleza como una debilidad.

Es una fortaleza porque es una crítica continuada de la tendencia
de la iglesia hacia el institucionalismo. La iglesia es una comunidad
en camino al reino y es en sí más un movimiento del Espíritu que
una estructura acomodada a la edad presente. Es una debilidad obvia, porque significa que a menudo no existen los suficientes con-
troles bíblicos y teológicos para las pautas que tienen que guiar la
vida de la iglesia fuera del ambiente del culto y en su testimonio
público. Los pentecostales, frecuentemente, se han dividido por
puntos doctrinales menores y por enfrentamientos personales.

---

[112] J. Wesley, *Explanatory Notes on The New Testament* (London: Epworth Press,
1976 [1754]), pp. 575, 598.

Ellos son serios acerca de la doctrina, pero con cierta frecuencia pierden el interés y la atención sostenida por las 'políticas' de la iglesia. La comunidad, en su deseo de estar separada del mundo, asume de una manera acrítica elementos de su cultura. Esto es más real cuando, como pentecostales, experimentan 'la redención y ascenso' a un status socioeconómico más alto del que tenían anteriormente.

Pero mi propósito aquí es hacer notar la relación de la iglesia con el reino en la estrategia del Espíritu. Los pentecostales no creen que la política mundana, ni en la manipulación o la coerción que algunos traerán alguna vez al reino. Ellos a menudo son criticados por su falta de conciencia y responsabilidad social. Sin embargo, existen razones históricas, sociales y teológicas que pueden explicar ese hecho. Del avivamiento y la reforma social del movimiento de santidad del siglo XVIII, al gran cambio entre los evangélicos de fines del siglo XIX e inicios del siglo XX, hubo un complejo cambio cultural, social y teológico qué influyó en los pentecostales.[113] Hubo un cambio del optimismo cultural al pesimismo, del optimismo pos milenial al pesimismo premilenial, de la santificación como pureza a la santificación como bautismo del Espíritu que daba poder para el servicio. Al lado de estos cambios, estuvo la aparición de los acercamientos histórico-críticos radicales a la Escritura, la aceptación del progreso evolutivo y las secuelas devastadoras de la Guerra Civil norteamericana. Muchos pentecostales al principio del siglo XX fueron parte de las masas proletarias de personas que se habían unido a los grupos de santidad más radicales. Enfrentados con la opción liberal, el activismo del evangelio social o el fundamentalismo conservador, el último parecía más apropiado social y

---

[113] T. Smith. *Revivalism and Social Reform* (Gloucester. MA: Peter Smith, 1957); D. Moberg, *The Great Reversal: Evangelism versus Social Concern* (Philadelphia: Lippincott, 1972). Smith escribe una crónica de los diferentes niveles y del profundo involucramiento social del movimiento de santidad temprano, mientras que Moberg delinea el gran cambio evangélico o vuelta al individuo. Este cambio ocurrió debido a los efectos aplastantes de la Guerra Civil Norteamericana en todos los planes optimistas para construir una utopía. Pero también se desarrolló entre los evangélicos herederos del movimiento de santidad debido a la asociación de la reforma social con el liberalismo y el progreso evolutivo en el cambio de siglo. Los pentecostales, aislados al principio, gradualmente se asociaron cada vez más con los evangélicos más conservadores e individualistas. Los fundamentalistas estrictos nunca hicieron nada, ni lo hacen ahora, por abrazar a los pentecostales.

teológicamente. Esto fue infortunado tanto para liberales como para los pentecostales. ¡Para no decir nada de los fundamentalistas!

De todos modos, dado ese tipo de situación histórica, social y teológica, los pentecostales evitaron la política. Después de todo, ¿por qué tenían a las masas privadas de derechos, en ese tiempo o actualmente, o porqué intentan jugar el juego de las elites de poder político? Jesús premiaría la fidelidad al pacto del convenio a su Palabra y al prójimo, pero nunca premiaría al mundo. La iglesia era una comunidad en camino al reino; este mundo no era su hogar. Esto no indica, sin embargo, que los pentecostales no tuvieron ninguna significación social. Ellos, por supuesto, estaban bastante involucrados en misiones de rescate, ayuda médica, orfanatos, escuelas, alimentando al hambriento y vistiendo al desnudo. Se cuidaron mutuamente y cuidaron a todos aquellos que necesitaban el amor y el cuidado del Señor. La iglesia estaba para extender el evangelio, aliviar al sufriente, y preparar a los fieles para la venida del Señor, no para aplastar la injusticia social.

Muchos de los primeros pentecostales eran pacifistas y bastante críticos de la sociedad predominante. La mezcla de razas, la nivelación de las personas en la 'democracia' de los dones del Espíritu, y el ministerio de las mujeres, todas estas acciones fueron prácticas contraculturales. ¡Para no decir nada de las prácticas de la vestimenta, discurso y conducta que luego expresaron la ética social y la narrativa de la santidad que los caracterizó!

No obstante, esta contracultura entrenó a hombres y mujeres para ser valerosos, articulados y pacientes. La comunidad era la estrategia del Espíritu para transformar al mundo y a ellos con él. Así como 'las obras de la carne' eran destructivas de la unidad, consecuentemente, también lo eran de la misión. Aquellos que practicaron estas cosas no podrían heredar el reino de Dios. El mundo, la carne y el diablo eran enemigos del reino de Dios. El fruto del Espíritu, por otro lado, tendió a unificar y, acoplado a los dones, edificó a la comunidad de fe y la calificó para un testimonio efectivo.

En años siguientes, cuando la situación económica y la ubicación social de los pentecostales norteamericanos habían ascendido hacia la clase media y media alta, su sentido de pasión escatológica comenzó a declinar.[114] Si la tendencia de los primeros años fue rechazar a la sociedad o ignorarla, la tendencia de los últimos años ha sido la de acomodarse a la sociedad predominante. Con la respetabilidad social emergieron nuevos peligros. Pero actualmente muchos pentecostales se están interesando cada vez más en las raíces del movimiento o en su pasado radical. Ellos están en diálogo con otras tradiciones teológicas y, junto con algunos evangélicos, están redescubriendo algo del potencial apocalíptico y revolucionario del pentecostalismo. Las tensiones escatológicas (*ya-todavía no*, iglesia-reino, iglesia-mundo) tienen que ser consideradas y deben tener una nueva dirección teológica, si la espiritualidad ha de recuperar algo de la visión radical original, ahondar afectivamente, y abrirse a dar y a recibir de la riqueza del gran cuerpo de Cristo. Aún más importante para los pentecostales, la expansión misionera, tan sorprendente durante el siglo XX, está en peligro de detenerse y de ser traicionada por un pragmatismo estrictamente lujurioso por la cantidad y la efectividad, carente de la preocupación teológica por la calidad. En otras palabras, para un discipulado cristiano y para una eclesiología responsables.

La pasión por el reino de Dios con una preocupación por la transformación afectiva y la integración puede ofrecer una forma de avance. Pero primero tiene que prestarse atención a ciertas tensiones internas y a ciertas críticas externas cruciales. Los nuevos paradigmas teológicos necesitan ser construidos para dirigir esas tensiones y críticas y unificar elementos de la espiritualidad que tienden hacia la fragmentación individual, el aislamiento ecuménico y la estrechez misionera. Esta es la agenda del cuarto y último capítulo.

---

[114] G.B. McGee, 'Apostolic Power for End-Times Evangelism: A Historical Review of Pentecostal Mission Theology' (documento inédito presentado al Diálogo Internacional entre Católicos Romanos y Pentecostales Clásicos, en Emmetten, Suiza, 1990).

4

La Espiritualidad Pentecostal como Transformación Trinitaria: Una Visión Teológica

La Ruptura de la Síntesis Pentecostal: Los Problemas Internos y las Críticas Externas

La lógica del argumento

Quizás sea de ayuda regresar nuevamente al principio y mirar, no sólo la estructura, sino también, especialmente, la lógica de esta presentación. El siguiente cuadro puede considerarse como una explicación detallada de la misma:

La Lógica del Argumento

Capítulo		
1	**TESIS**	
	Terea Teológica	y Espiritualidad
	Perspectiva	y Propósitos
2	**APOCALÍPTICA**	
	Creencias	Prácticas
3	**AFECTOS**	
	Atributos Divinos	Afectos Apocalípticos
4	**PASIÓN POR EL REINO**	
	Alcanzar	Extender

En este volumen buscamos demostrar que existe una cierta correlación, implícita por lo menos, entre una visión particular de
Dios—los atributos divinos—y una espiritualidad distintivamente
pentecostal cuyo centro de integración se encuentra en ciertos afectos apocalípticos. Estos afectos se forman y son expresados por
ciertas creencias y prácticas; y representan la integración existencial
de esas creencias y prácticas. Se ha demostrado que esta espiritualidad es Cristocéntrica—el evangelio quíntuple—debido a su punto
de partida pneumático. En el Espíritu, Cristo Salva, Santifica, Bau-
tiza en el Espíritu Santo, Sana y viene pronto como Rey. Hemos
afirmado y demostrado que, dada la naturaleza e historia del pentecostalismo, la tarea teológica se entiende mejor, como una reflexión
discerniendo o, haciendo una reflexión crítica en la que la comunidad de fe escatológica discierne la realidad viva de Dios con nosotros.

Ya que la espiritualidad—la base de toda la teología—fue comprendida como la integración de las creencias y las prácticas en los
afectos y, teniendo en cuenta que estos afectos se caracterizaron
como '*apocalípticos*', fue importante describir el ethos apocalíptico
que está en el contexto y horizonte inmediato de los creyentes y
hacedores de la Palabra. Los elementos buenos y malos de esta comunidad apocalíptica fueron evaluados. El evangelio quíntuple y el
esquema de salvación de las '*tres bendiciones*' fueron vistos como
constituyentes del centro de la ortodoxia pentecostal temprana. La
salvación era una jornada narrativa y los peregrinos practicaron su
fe a la luz del reino que estaba irrumpiendo, a través del culto, caminando en el Espíritu (ética) y dando testimonio del Espíritu del
fin. El caminar era la vivencia de un drama cósmico en el que el
testimonio de Cristo y el testimonio acerca de la propia vida diaria
se procesaba en la comunidad escatológica y con la comunidad escatológica.

En el Capítulo 2 se demostró que la ortodoxia y la ortopraxis de
la comunidad pentecostal son interdependientes. Y en el Capítulo 3
se trató sobre la integración de los afectos (la ortopatia). Fue en este
punto que se vio que los atributos divinos de justicia, amor y poder—a veces implícitos, a veces explícitos en el capítulo anterior—
estaban correlacionados con el testimonio de la salvación (salvación, santificación y la llenura con el Espíritu) y con la comprensión

bíblica del reino de Dios como justicia, paz y gozo en el Espíritu Santo. Siguiendo la discusión de las características fundamentales de los afectos (objetivo, correlativo y disposicional), los afectos apocalípticos de la espiritualidad fueron explicados de tal forma que su correlación con los atributos divinos se hizo explícita. Los afectos fueron vistos como formados por las creencias y las prácticas y como expresiones de las creencias y de las prácticas. Aunque no son los únicos afectos, seleccionamos al agradecimiento, la compasión y la valentía, como los afectos pentecostales centrales. Relacionados entre sí y con algunos otros afectos, fueron vistos con un indicativo del tipo de '*gramática*' necesaria para hablar el lenguaje de la espiritualidad pentecostal o, mejor aún, para entender algo de las '*reglas*' de cómo estas hablan el lenguaje de la fe cristiana. La oración fue vista como la evocación y la expresión de los afectos y se exploraron sus varios modos. Además, la oración fue vista como el primer y esencial acto teológico de la comunidad, así como el medio continuo o el entorno de su culto y testimonio. Las creencias y prácticas se integran en los afectos que son correlacionados con Dios y la salvación. Estos afectos se enfocan hacia el reino de Dios que fue visto como el regulador de los afectos o como la pasión de la espiritualidad pentecostal. Esta pasión en el corazón de las creencias y prácticas le dio una dirección definida, profundidad e intensidad a los afectos.

La visión de que el cristianismo es fundamentalmente, aunque no exclusivamente, un asunto de ciertos afectos que forman el centro existencial de la espiritualidad pero no son meramente sentimientos piadosos autogenerados—la visión más o menos sostenida por Jonathan Edwards y Juan Wesley, con amplios precedentes bíblicos—es especialmente apropiado para el estudio del pentecostalismo, cuya espiritualidad individual-corporativa está marcada por vivir en la presencia escatológica de Dios y de la presencia escatológica de Dios. Además de reclamar que éste es un acercamiento especialmente apropiado al pentecostalismo, durante la discusión de los Capítulos 1 y 2, se argumentó que se trataba de una verdad general para todo el cristianismo y crucialmente importante para la consideración de la tarea teológica y pastoral de la iglesia. Aunque no es central al argumento propio, sin embargo, esta demanda teológica subyace en todo lo señalado hasta este momento. La teología es la tarea reflexiva, piadosa, y el piso común en el que se interrelaciona la ortodoxia, la ortopraxis y la ortopatia, respectivamente. O el piso común en el que se interrelaciona las creencias (ortodoxia), las acciones (ortopraxis) y los afectos (ortopatia). Esta visión está por encima y en contra de un fundamentalismo o de un liberalismo demasiado racionalista arraigado en la razón o en la experiencia humana y que no está decididamente formado por la Escritura.

Para los primeros pentecostales la irrupción del reino con todas las señales de *Las Lluvias Tardías* requirió una revisión de la vida cristiana, de la iglesia y de las prioridades de la fe. Lo que estaba en continuidad con los temas de la santidad del siglo XIX y del avivamiento. Pero representan una intensificación escatológica de esos motivos restauracionistas, perfeccionistas y premileniales. La resultante síntesis pentecostal con las señales que la acompañaban, las maravillas, los afectos santos, y la explosión misionera, fue vibrante, poderosa y extensamente influyente. Pero esto todavía no fue establecido. En los primeros cinco o diez años del avivamiento de la Calle Azusa emergieron problemas tan severos y profundos que marcarían y fragmentarían el movimiento pentecostal en los siguientes años.

La naturaleza del problema

En la '*olla pentecostal*' de la primera década del siglo XX se incrustaron varios ingredientes diferentes y, potencialmente explosivos, que necesitaron una cuidadosa y lenta cocción. Personas de diferentes trasfondos raciales, regionales y teológicos estuvieron juntas en oración, renovación y cuidado comunitario. Hombres y mujeres, afroamericanos y caucásicos, del Norte y del Sur, del Este y del Oeste, todos convergieron en '*Aposentos Altos*' en Topeka (Kansas), Los Ángeles (California—la Calle Azusa), Dunn (Carolina del Norte) y Atlanta (Georgia). Su sospecha sobre la organización y su ingenuidad sobre el avivamiento de la iglesia a través de una santificación más profunda y el empoderamiento para los últimos días preparó la emergencia del problema. Adicionalmente había una excitación y un hambre por nuevas visiones y experiencias. A pesar de no ser malas en sí mismas y que casi siempre fueron consideradas buscando el precedente bíblico para todo, sin embargo, contribuyeron a hacer volátil todo el *ethos* desarrollado. Como en el libro de Hechos de los Apóstoles, no se había desarrollado ninguna eclesiología o políticas para juzgar las diferencias, sobre todo aquellas cuya consideración pudiera requerir más de unos pocos días o semanas. Aunque había muchas publicaciones y personas reunidas para discutir los temas en una conferencia cristiana que recordaba a Hechos 15, sin embargo, permanecía el hecho de que el nuevo movimiento, si bien era bastante fuerte para transformar experiencias, no tenía la suficiente experiencia para juzgar diferencias teológicas e interpersonales y para llegar a un acuerdo común.

En 1910 William H. Durham comenzó a desafiar la visión predominante de 'las tres bendiciones' de la salvación y en cuatro años el movimiento fue dividido en varias líneas soteriológicas, teológicas (la doctrina de la naturaleza de Dios) y raciales.[316] Durham sostuvo que la santificación comenzaba en la regeneración y continuaba como crecimiento. La segunda crisis fue el bautismo del Espíritu y no la santificación. Él no podía encontrar una segunda obra de santificación en los Hechos de los Apóstoles ni había experimentado una antes de su bautismo del Espíritu. Durham se basó en la 'obra terminada del Calvario'. Esto fue bastante aceptable, por supuesto, para muchos fundamentalistas. Sin embargo, no fue suficientemente fuerte como para provocar que los elementos más conservadores de los fundamentalistas abrazaran o incluso toleraran a los pentecostales. Cuando la controversia se volvió 'carnal', personas como Frank Bartteman se separaron de Durham, aunque estaban de acuerdo con la mayoría de sus preocupaciones.

El rechazo de Durham de la subsecuencia y la consecuente erradicación de la santificación aumentó las diferencias entre los pentecostales y el movimiento de santidad wesleyano que había sido su cuna. La santificación se volvió posicional (imputada) y progresiva. La santidad habría de continuar como una preocupación, una consagración en preparación para el retorno de Cristo y un ideal a ser buscado. De hecho, mucha de la teología del altar de Phoebe Palmer podía ser abrazada por los defensores de la Obra Finalizada, por lo

---

[316] Faupel, 'Everlasting Gospel', pp. 265, 332, 333-393; A.L. Clayton, 'The Significance of William H. Durham for Pentecostal Historiography', *Pneuma* (Fall, 1979), pp. 27-42; Reed, 'Origins and Development'; R.M. Riss, 'Finished Work Controversy', *DPCM*, pp. 306-309; *idem*, 'Latter Rain Movement', *DPCM*, pp. 532-34.

menos, en el énfasis de exigir la santificación personal en fe. Pero no había ninguna consideración real de la enseñanza de Wesley y no se había considerado cuidadosamente los reparos de Wesley contra el fariseísmo y la complacencia moral.

Negando que la entera santificación fuera alcanzable había una tendencia:

> ...a aceptar algunos compromisos ideales como la propia meta. Para negar la alcanzabilidad de una moral ideal y agradable, inevitablemente, se llegaba a repudiar la práctica de ese ideal. Si el realismo determina que sólo el compromiso es posible, entonces, el compromiso se vuelve la meta. Es buscado, accedido, oficializado; la aquiescencia desplaza a la aspiración.[317]

Nuevamente el evangelio quíntuple se volvió cuádruple, con Cristo como santificador dejado fuera, perdiéndose así la posibilidad de una nueva integración soteriológica cara a cara con una reapropiación de las profundas visiones wesleyanas. A muchos pentecostales de la santidad wesleyana, esto le parecía una traición a la visión original, y era equivalente a una desastrosa desconexión de la pureza y el poder. Esto fue irónico, ya que el movimiento de santidad había visto a la pureza y al poder como dos lados de la misma moneda; para ellos la santificación era el bautismo del Espíritu. Muchos de los pentecostales wesleyanos se habían vuelto wesleyanos antes de recibir el bautismo del Espíritu y habían sido perseguidos debido a ese hecho (por ejemplo, R.G. Spurling y N.J. Holmes). Ellos estaban bastante perturbados debido a que tenían que abandonar una realidad espiritual que habían mantenido frente a la oposición. C.H. Mason el obispo de la *Church of God in Christ*, una denominación pentecostal-wesleyana, no veía este asunto como una razón para la expulsión de los defensores de la Obra Terminada o para dividir al movimiento pentecostal. Otros, sin embargo, no estaban tan seguros. J.H. King de la *Holiness Pentecostal Church* (*Iglesia Pentecostal de Santidad*) definió la Obra Terminada como 'Antinomianismo, Darbyismo elegantemente vestido de Zinzendorfianismo y

---

[317] Peters, *Christian Perfection*, p. 187.

venido a la tierra para hacer su viejo y destructivo trabajo entre los creyentes'.[318]

A pocas semanas de la muerte de Durham en julio de 1912, emergió el nuevo problema, conocido como la controversia de 'Sólo Jesús'. Éste era un unitarianismo de la segunda persona de la Trinidad que buscaba establecer la fórmula bautismal correcta (Hch. 2.38 sobre Mt. 28.19), el nombre correcto (Jesús = Josué = Jehová salva, por consiguiente, en 'Jesús' se unifican Jehová y todos los otros nombres de Dios) y la naturaleza correcta de Dios (Jesús como designación unida para Padre, Hijo y Espíritu Santo).

Tres factores contribuyeron al rápido desarrollo de esta doctrina, además, de los eventos históricos inmediatamente precipitantes:[319] El ya prevaleciente experiencialismo Jesuscéntrico, la apertura a la búsqueda de revelaciones especiales y, el intenso enfoque en el libro de Hechos de los Apóstoles.

La Obra Terminada y la Nueva Controversia—Jesús Sólo, junto con el deseo de unificar a las muchas misiones e iglesias esparcidas del movimiento pentecostal, llevaron a convocar a una asamblea en Hot Springs, Arkansas, del 2 al 12 de Abril de 1914. El grupo congregado fue casi completamente blanco; aunque C.H. Mason asistió a esa reunión, él no había sido invitado. La ponencia de apertura fue hecha por M.M. Pinson y fue titulada *The Finished Work of Calvary* (*'la Obra Terminada del Calvario'*),[320] y en el preámbulo a las Bases de Unión, si bien se mencionaba redención y bautismo del Espíritu, la entera santificación fue explícitamente silenciada. Aunque la frase 'entera santificación' aparecería después como un título doctrinal en la *Declaración de las Verdades Fundamentales* de 1916, el estilo y la memoria de la reunión de 1914, señalaban claramente que el movimiento estaba dividido. La Obra Terminada, la Nueva Controversia, controversias raciales, todas estaban arremolinándose alrededor del nacimiento de lo que llegaría a ser la denominación pentecostal más grande del mundo: Las Asambleas de Dios.

---

[318] J.H. King, *From Passover to Pentecost* (Memphis, TN: H.W. Dixon, 1914), p. 106.

[319] Faupel, 'Everlasting Gospel', pp. 33-393.

[320] M. M. Pinson, "The Finished Work of Calvary." *Pentecostal Evangel* 7 (April 5, 1964): 26-27.

Las mujeres no fueron protagonistas prominentes en todas estas controversias—con la excepción de Florence Crawford y, posteriormente, Aimee Semple McPherson—jueces o formadoras de nuevos movimientos. A la mayoría de las mujeres, aunque ellas continuaron fundando iglesias, pastoreando, profetizando, misionando, entre otras tareas, se las omitió cada vez más de los temas relacionados con la política y la dirección del movimiento pentecostal. Ellas habían sido ancianas en la Calle Azusa. Y si bien en los años siguientes su número en el ministerio decreció, sin embargo, su influencia e importancia espiritual en el movimiento pentecostal fue inmensa.[321]

La fuerza de las críticas

Además de los feroces debates internos sobre la doctrina y los frecuentes choques de personalidad, desde el principio, había una severa crítica al estilo y sustancia del pentecostalismo.[322] La crítica de la actividad emocional avivamentista no fue nada nuevo. Bailar, gritar, brincar, postrarse, llorar y esperar en el Señor, fueron parte del avivamentismo de los siglos anteriores. La prominencia de afroamericanos, blancos pobres y mujeres, fue una fuente de temor y de turbación para muchos. La combinación era asombrosa, para no decir nada de los dones del Espíritu. El hablar en lenguas era especialmente señalado y utilizado para etiquetar a este movimiento. Los pentecostales eran, para usar los términos más amables y delicados, '*rodadores santos*' y '*habladores de lenguas*'. Los menos amables se refirieron a ellos como el '*último vómito de Satanás*' antes del fin de los tiempos. Ellos fueron diversamente caracterizados como endemoniados, perturbados, regresivos, orgiásticos, divisivos, elitistas, escapistas y anti-intelectuales.[323]

Con el mejoramiento del status socioeconómico y educativo de los pentecostales, su presencia en la corriente principal evangélica a través de la Asociación Nacional de Evangélicos en los años cuarenta y la explosión de la renovación carismática de los años sesenta, varias de las críticas sobre ellos se han suavizado. Pero han emergido

---

[321] R.M. Riss, 'The Role of Women', *DPCM*, pp. 893-89.
[322] Anderson, *Vision of the Disinherited*, pp. 153-94.
[323] H. Ward, 'The Anti-Pentecostal Argument', en Synan (ed.), *Aspects of Pentecostal-Charismatic Origins*, pp. 99-122.

otras críticas teológicas más afinadas[324] relacionadas con la subsecuencia, las obras de justicia y la alegada exégesis de las experiencias.
El viejo criticismo todavía está rondando en Norteamérica y en el
Sur del mundo. Richard Quebedeaux, a pesar de hacer su crítica un
poco menos severa, contrastó de la siguiente manera al pentecostalismo clásico y a la renovación carismática en uno de sus libros:

Teología	Fundamentalista versus Evangelicalismo Progresista
Culto	'Espíritu de Confusión' versus 'Espíritu de Silencio'
Posición Eclesiástica	Sectarismo versus Ecumenismo
Mente y Espíritu	Anti-Intelectualismo versus Motivación Intelectual
Religión y Sociedad	Despreocupación Social versus Conciencia Social
Cristo y Cultura	Rechazo Cultural versus Afirmación Cultural
Constitución	Clase Obrera versus Posicionamiento de la Clase Media[325]

De los siete criterios, probablemente, el último es el más decisivo: La ubicación social contribuye a su análisis parcializado y ne-
gativo de estas iglesias. Los primeros pentecostales y los pentecostales del Sur del mundo tienen que autoevaluarse utilizando diferentes categorías. Richard Quebedeaux mejoró la severidad de su análisis después de dialogar con pentecostales educados de una manera
más formal.[326]

Aunque en Norteamérica el acomodo al *status quo* no representa
el cuadro total (la donación de tiempo, talentos y bienes normalmente excede a los otros cuerpos cristianos), sin embargo, hubo un
precio que pagar cuando los pentecostales ascendieron a las clases
medias y altas de la sociedad. Las estrellas de cine, el dinero y las

---

[324] Para los argumentos anti-pentecostal más vigorosos (aunque Dunn apoya
parte del argumento de los pentecostales), ver Brunner *A Theology of the Holy Spirit*, y Dunn, *Baptism*. Para las réplicas Pentecostales, ver Ervin, *Conversion-Initiation*;
idem, *Spirit Baptism*; Stronstad, *Charismatic Theology*; J.B. Shelton, *Mighty in Word
and Deed* (Peabody, MA, Hendrickson, 1991); R.P. Menzies, *The Development of
Early Christian Pneumatology* (JSNTSup, 54; Sheffield: JSOT Press, 1991).
[325] *The New Charismatics: The Origins, Development and Significance of New- Pentecostalism* (Garden City, New York: Doubleday, 1976).
[326] Richard Quebedeaux, *The New Charismatics II* (New York: Harper & Row,
1983), pp. 190-92.

mega-iglesias han eclipsado, con frecuencia, a las lenguas como evidencia de llenura espiritual y a las bendiciones. Si bien los líderes denominacionales lamentan los cambios y condenan el 'anuncio' y la 'proclamación' del evangelio de la prosperidad, a partir de Jim Bakker, Tammy Bakker y Jimmy Swaggart:

> ... el registro deja pocas dudas que los pentecostales no han intentado resistirse mucho a las tentaciones de la buena vida... Describiendo estos últimos aspectos del pentecostalismo contemporáneo como un 'verdadero movimiento de *super-mercado*. El historiador Harrell anota que no ofrecen sanidad para el enfermo, sino seguridad para los bienes; no el consuelo para los pobres, sino la confirmación al exitoso. También, Martin Marty muy perceptivamente dijo que en tiempos pasados el Pentecostalismo 'fue verdadero' porque era pequeño y puro, pero ahora 'es verdadero' porque muchos son atraídos a él.[327]

Grant Wacker sostiene que, aunque la tendencia puede estar orientada hacia el acomodamiento, actualmente la primera y segunda generación pionera es mejor entendida, no en los términos de teorías de compensación por el bajo estatus social o la pobreza, sino en términos de un perfeccionismo radical que no significaba un escape, sino un medio para enfrentar las dificultades de la vida. Ellos 'intentaron enfrentarse con el pecado y el sufrimiento forjando una nueva visión en la cual el evangelio era todo'. Wacker avanza un poco más cuando observa que:

> En aspectos cruciales, el movimiento pentecostal actual es menos maduro que lo que fue en los primeros años. Los pentecostales modernos no necesitan romantizar su pasado en función de aprender de él. La primera generación se resistió a las lisonjas de la sociedad secular para predicar un evangelio que desafió a la cultura en formas más que superficiales. Los pentecostales modernos pueden recuperar esa visión. Pueden descubrir, como el historiador de la iglesia George Marsden lo ha expuesto, esa gracia que no es barata y el perdón que es más que buenos modales. Ellos pueden descubrir que, en el comienzo, el

---

[327] G. Wacker, 'Wild Theories and Mad Excitement', in H.B. Smith (ed.), *Pentecostals from the Inside Out* (Wheaton, IL: Scripture Press), p. 27.

movimiento sobrevivió, no a pesar de los hechos que salían del ritmo de los tiempos, sino precisamente por ellos.[328]

La lógica de su espiritualidad inicial (todavía presente, aunque distorsionada), la naturaleza y el número de problemas internos y las críticas externas, así como la emergencia de las diferencias de clases y los acomodamientos sociales y culturales actuales de este movimiento, conducen a la necesidad de revisar la espiritualidad pentecostal.

La necesidad de una revisión

El movimiento pentecostal norteamericano está en un periodo de adolescencia teológica. A este movimiento tentado a olvidarse o a recordar selectivamente el pasado, peligrosamente acomodado a la cultura de la clase media—y alta—norteamericana, y teniendo su experiencia supuestamente distintiva, el bautismo en el Espíritu, comercializada en cada iglesia o, inducida para el impaciente y aburrido espectador, se les está pidiendo que escojan lo que ellos serán o desean ser. Por supuesto, no es posible o deseable, un mero repetir del pasado. Pero el pragmatismo conduce pronto a la separación y al abandono cínico. Casi el mismo fenómeno que se observa en el pentecostalismo norteamericano, particularmente su acomodo a los valores de la sociedad de consumo; está ocurriendo también en sectores significativos del pentecostalismo latinoamericano y, principalmente, dentro de las 'exitosas' iglesias carismáticas.

El llamado a la revisión viene de varios sectores. Algunos hablan del movimiento pentecostal como estando en una 'encrucijada'.[329] Margaret Poloma, en su detallado análisis sociológico de las Asambleas de Dios, una de las denominaciones más grandes vinculadas a este movimiento, afirma que ellos tienen que prestar atención a sus valores centrales (su enfoque se orienta a 'la santidad ideal' o el cierre de la 'brecha ideal-real'). Poloma nota que el poder y el éxito son vistos como sinónimos de la santidad, en lugar de la simplicidad y el sacrificio. Esta concluye que, si ellos abandonan 'el dinamismo por el relativismo, lo sobrenatural por lo natural, lo ideal por lo real, y la ambigüedad por la rigidez', se destruirá la identidad distintiva

---

[328] Wacker, 'Wild Theories', p. 28.
[329] C.M. Robeck, Jr, 'Where Do we Go from here?', *Pneuma* 7.1 (Spring, 1985), pp. 1-4.

de la iglesia.[330] Estas observaciones pueden aplicarse fácilmente a la mayoría de los pentecostales norteamericanos que han pasado a ser parte de las clases medias y altas y, son miembros de tercera o cuarta generación de pentecostales. Junto con varios observadores internos, Paloma cree que el carisma o lo distintivamente pentecostal, será rebajado en el casamiento con el movimiento hacia el culto del 'éxito' o lo poderoso o, hacia el fundamentalismo conservador.

Como el movimiento carismático comienza a perder su novedad, las principales denominaciones protestantes también trabajan para hacerlo 'conservador' y para acomodarlo. Asimismo, mientras el movimiento carismático independiente está creciendo, parece haber una declinación del crecimiento global de la iglesia en Norteamérica.[331] Mientras tanto, debido al crecimiento numérico explosivo en el Sur del mundo, las nuevas y urgentes preguntas de la teología, el discipulado y el sufrimiento o martirio, presionan por una respuesta cuidadosa por parte de los pentecostales acomodados.

Mientras que los reinos personales de tele-evangelismo se desploman ante la opinión pública y en la desesperación privada, entre los pentecostales existe un creciente deseo de revisar el pasado, mirando con realismo y respeto a los padres y madres del movimiento. Aquellos que comparten esta preocupación están convencidos de que el pentecostalismo es más que un sentimiento, más que un episodio en la historia de la iglesia o un episodio individual, más que una opción agregada que encaja con el perfil de personalidad de ciertos cristianos. Ellos buscan un segundo candor y un reavivamiento de la visión apocalíptica ampliada, para no ser individualistas, del reino de Dios.[332] Por lo tanto, se podría sugerir, que, junto con los católicos romanos, los ortodoxos orientales y los protestantes más liberales, los pentecostales también son llamados a una visión renovada que oriente los problemas de la pastoral local y global.

La espiritualidad pentecostal, que ha sido la preocupación de este volumen, representa uno de los desarrollos más significativos

---

[330] Poloma, *The Assemblies of God*, pp. 232-41.

[331] Poloma, *The Assemblies of God*, pp. 242, 243.

[332] McGee, *Apostolic Power*. McGee resalta la importancia de la escatología para la misiología pentecostal y se lamenta con respecto a la declinación del poder y a la urgencia de la visión escatológica de los pentecostales norteamericanos.

y de largo alcance en la iglesia moderna. En cierto nivel se necesita, más que antes, un liderazgo cuidadosamente entrenado y habilitado por los dones del Espíritu.

Pero en un nivel aún más profundo, sólo el trabajo teológico traerá unidad, enfoque y poder renovado para que el movimiento pentecostal pueda dar y recibir los dones en el cuerpo de Cristo. Los pioneros no temían arriesgarse y sacrificarse. Si los hijos e hijas van a profetizar y, no meramente especular, tienen que hacer lo mismo. Pero parte del riesgo estará en el área de la discusión teológica seria, sostenida y responsable hacia dentro y hacia fuera del movimiento pentecostal. Si la apocalíptica es en cierto sentido la madre de esa teología y, sobre todo de esa espiritualidad, entonces es tiempo de conocerla mejor y es tiempo de esperar interpretaciones frescas de lo que el Espíritu del fin le está diciendo a la iglesia.

La Revisión de la Espiritualidad Pentecostal: La Trinidad Escatológica

Permítanme evocar la definición de la tarea teológica adelantada en el Capítulo 1 e ilustrarla en la historia pentecostal con varios grados de fidelidad. Para estas iglesias la teología es una reflexión discerniente o una reflexión crítica, sobre la realidad vivida, hecha por la comunidad de fe escatológicamente. La historia y el testimonio de esta comunidad viven por el poder del Espíritu dentro y fuera del creyente. El Espíritu del fin gime, suspira y presiona internamente para conducir hacia el mundo en testimonio poderoso y hacia Dios en adoración profunda. La oración es el primer acto de reflexión discerniente que compromete a toda la persona e involucra a toda la comunidad de fe como contexto y ejemplo. La realidad viviente de Dios y el reino llama a una respuesta integral que lleve a una reflexión más profunda y a una respuesta más amplia. La espiritualidad de la comunidad de fe como una integración de creencias, prácticas y afectos, viene a ser la condición previa y el resultado continuo de esa reflexión discernidora o crítica. Cuando la integración empieza a fragmentarse ocurren luchas intelectuales, distorsiones afectivas y dilemas prácticos que claman no ser meramente resueltos, sino también, ser interpretados como síntomas de una necesidad más profunda.

Unificación y fragmentación

La *Apostolic Faith Misión* de Calle Azusa adoptó la posición de 'la restauración de la fe una vez entregada a los santos, la religión antigua, los campamentos, avivamientos, misiones, evangelización en las calles y en la prisión, y la unidad en todas partes'.[333] Desde la *Unión Cristiana* de 1886 a la misión de la Calle Azusa, hubo un clamor por la unidad, cuando ellos buscaron 'reemplazar las obras muertas, los credos y los fanatismos para vivir un cristianismo sencillo y práctico'.[334] Pero, como vimos previamente en este capítulo, los desacuerdos y las divisiones sobre el número de experiencias cruciales de salvación, el nombre y la naturaleza de Dios, así como la unidad de todos los pueblos y razas a lo largo del cuerpo denominacional mundial y local, representaron un problema. La división sobre la doctrina, las personalidades, la raza y el regionalismo, fueron comunes. Junto con la fusión de amor cristiano, estuvo la fisión en varios grupos que intensificaron el poder y el impacto del movimiento, se extendieron en el mundo y avanzaron hacia el fin.

A pesar de los esfuerzos por la unidad, no emergió una política ni un proceso, para llegar a un consenso y los movimientos continuaban extendiendo y multiplicándose demasiado rápido. Las presiones eran grandes y quizás también había la necesidad de una mayor santificación en términos de amor y paciencia. Pero la preocupación por la verdad en cada parte de la formulación de fe tensionó las mejores motivaciones. La unidad no se podía asegurar por medio de credos 'artificiales', ni tampoco podía ser garantizada por las buenas intenciones.

Todos estaban de acuerdo en que la unidad, como amor y como enseñanza bíblica, era crucial para llevar a cabo la misión de la iglesia en los últimos días. Sin embargo, con tanto énfasis en el avivamiento y en la iglesia como evento, no hubo mucha inclinación o interés en edificar una clase de organización que pudiera servir al vibrante organismo. Habiendo rechazado, no sólo los credos 'artificiales', sino también poniendo bajo sospecha a las organizaciones 'artificiales', estuvieron expuestos a las improvisaciones, a las imitaciones y al pragmatismo de líderes con habilidades y madurez variada que

---

[333] *AF* 1.1 (September, 1906), p. 2.
[334] *AF* 1.1 (September, 1906), p. 2.

frecuentemente pelearon unos contra otros, tanto como peleaban contra el diablo.

Además de la fragmentación eclesiástica, hubo una división o una falta de integración con respecto a las fases de la salvación. Llegaron a ser casi como la división de los dispensacionalistas estrictos de quienes los pentecostales habían heredado su escatología—y leyeron sobre esta en su Biblia anotada de Scofield—endosada por los fundamentalistas.

Especulación y determinismo

Aunque los pentecostales tuvieron un tipo de dispensacionalismo diferente al de los fundamentalistas, sin embargo, fueron influenciados por estos cuando utilizaron las publicaciones fundamentalistas y las especulaciones concernientes a los eventos y características del fin de los tiempos.

El dispensacionalismo pentecostal fue más al estilo de John Fletcher o de Joaquín de Fiore (aunque estaban más familiarizados con Fletcher, que con Fiore). Según ese esquema dispensacionalista, había tres edades superpuestas e interrelacionadas respectivamente, la del Padre, la del Hijo y la del Espíritu. Los pentecostales estaban viviendo en la edad del Espíritu antes del día final de gloria que sigue al retorno de Cristo y cuando todas las cosas serán hechas de nuevo.

Cuando la primera década del siglo XX pasó, y la primera generación de pentecostales comenzó a morir, también comenzó a menguar el fervor apocalíptico y creció mucho el interés por las tablas detalladas de los tiempos.[335] Aumentó la especulación acerca de 'quien', 'cuando', y 'cómo' en Daniel, Ezequiel, Apocalipsis y Mateo y, proliferaron los sermones y los libros de bolsillo sobre profecía.

Entre los pentecostales que se quedaron en casa, junto con la continua preocupación misionera, hubo un anhelo por el cielo y una fuerte oración y apoyo financiero hacia las misiones. Una preocupación que se mantiene constante en la actualidad. Pero, debido a su asociación con los evangélicos que habían rechazado el evangelio

---

[335] Los libros de Clarence Larkin, famoso dibujante dispensacionalista, todavía se venden en los 'campamentos' y librerías pentecostales. C. Larkin, *Dispensational Truth or God's Plan and Purpose in the Ages* (Philadelphia: Rev. Clarence Larkin Est., 1920).

social modernista, los pentecostales y otros sectores con raíces en el movimiento de santidad del siglo XIX, se separaron de muchas formas de testimonio a favor de la justicia social y de una visión más amplia del reino de Dios.

Renovación o realización

En la década del cuarenta (1940s) la renovación del ardor apocalíptico y el deseo de un orden apostólico volvió con gran fuerza en un movimiento competitivo y condenado por muchos grupos pentecostales: *El Nuevo Orden de las Lluvias Tardías*[336] Fue un movimiento premilenial y básicamente emergente entre los sectores de la baja clase media y de la clase trabajadora pobre. Este movimiento fue una voz de protesta contra el *aburguesamiento* del pentecostalismo de aquel tiempo.

Además del nuevo celo apocalíptico, en el nuevo movimiento había un renovado énfasis en la sanidad y otros dones, así como en el ministerio quíntuple de apóstoles, profetas, evangelistas, pastores y maestros. Estos habían entrado en una etapa de declinación una década antes de que ocurriera esta revitalización. Aquellos que se involucraron en *El Nuevo Orden de las Lluvias Tardías* de la mitad del siglo contribuyeron, posteriormente, al surgimiento del movimiento carismático en las décadas de los 60s y 70s, respectivamente.

El Reino Ahora

En contradicción con *El Nuevo Orden de las Lluvias Tardías* que era de clase obrera, premilenial y pesimista, con respecto a forjar el Reino de Dios en la tierra; el movimiento *El Reino Ahora* (*The Kingdom Now*) de los años ochenta es optimista, postmilenial y socialmente localizado en las clases media y alta. Mientras que es similar en muchos aspectos al movimiento del reconstruccionismo cristiano que busca aplicar la ley de Dios a la sociedad para imponer la justicia, la razón fundamental del movimiento *El Reino Ahora* es la infiltración de las estructuras para transformarlas desde adentro. Acoplado con un fuerte énfasis en la fe pragmática o en los

---

[336] R.M. Riss, 'Latter Rain Movement', *DPCM,* pp. 532-34; Faupel, 'Everlasting Gospel', pp. 394-518.

principios de la vida del reino (en la *'Dimensión-K)*,[337] este movimiento representa el otro extremo del espectro de respuesta al apocalipticismo pentecostal. Es un movimiento activista, pero está muy lejos de ser revolucionario. Está más cerca del 'no apartarse del mundo' o de la reflexión del optimismo del 'poder-hacer' y del 'pensamiento positivo' que satura mucha de la piedad conservadora norteamericana contemporánea.

Además del movimiento conocido como *El Reino Ahora* que se mueve hacia la realización del reino de Dios, en la década de los 80s también surgió otro movimiento significativo que desafió al pentecostalismo contemporáneo con una forma de escatología fundamentada en la *'fórmula de fe'* o *'nómbralo-reclámalo'*. Este movimiento fue asociado con—pero no se halla limitado a—Kenneth Hagin y Kenneth Copeland.[338]

Aunque la sanidad divina en la expiación había sido pensada antes, durante y después del avivamiento de la Calle Azusa, hubo calificaciones, explicaciones y retractaciones sobre las declaraciones extremistas que ocurrieron en aquel tiempo. Ya en en 1910, en el periódico *The Apostolic Faith* se publicaba que mientras el movimiento pentecostal continuara siendo asaltado por los sanadores de la 'hiper-fe', también debería emerger el carácter pastoral que se opusiera a estas demandas extremas. Así como ellos tuvieron que admitir que estaban equivocados acerca de las lenguas como idiomas

---

[337] Nota del Editor: *K-Dimensión* es usado por el autor para referirse a *'Kingdom Dimensión'* o a la *'Dimensión del Reino'*.

[338] Para revisions y críticas a la 'fe' o a la teología de la prosperidad, ver C. Farah, *From the Pinnacle of the Temple: Faith versus Presumption* (Plainfield, NJ: Logos, n.d.); *idem*, 'A Critical Analysis: The 'Roots and Fruits' of Faith-Formula Theology', *Pneuma* 3.1 (Spring, 1981), pp. 3-21; D. Gee, *Trophimus I Left Sick: Our Problems on Divine Healing* (London: Elim Publishing, 1952). Para una apreciación global seguida por una breve bibliografía sobre fuentes de prosperidad y de no prosperidad, ver R. Jackson 'Prosperity Theology and the Faith Movement', *Themelios* 15.1 (October, 1989), pp. 16-24 Los pentecostales desarrollaron respuestas pastorales a la tesis de la 'hiper-fe' desde el principio del siglo XX. A sus críticos que los acusaban de defender estos extremos, ellos podían responder que es mejor errar desde el lado de lo que Dios puede y quiere hacer que decir que Él no puede y no quiere hacer algo, al menos con respecto a los milagros, señales y maravillas. Se podía ver que ambas posiciones se necesitan en un sentido análogo a la fe que necesita obras, al fruto que necesita dones y que todos necesitan paciencia y amor humilde, si las técnicas mágicas y el 'progresivo naturalismo' han de ser derrotados y la misión de la iglesia ha de avanzar en el mundo moderno.

misioneros, también los primeros pentecostales tuvieron que admitir que Dios no siempre sana inmediatamente y que, ciertamente, todos mueren en Adán.

Si bien la sanidad como un don importante, signo y ministerio, llegó a ser otro foco para la tendencia hacia lo humano, hubo un movimiento que se oponía a la técnica de esperar en el Señor y en su voluntad soberana. Pero a pesar de la oposición al don, hubo suficientes sanidades para mantener vivas la esperanza y el gozo en la comunidad de fe. Aunque no ocurrieron de una manera suficiente como para guardar a los fieles de las preguntas antagónicas, estos continuaron luchando con esperanza y pasión. Pero a pesar de que también hubo algunos que construyeron su 'clientela', los pastores que vivieron con el pueblo construyeron comunidades fieles junto con aquellos que sufrieron, fueron sanados, enfermaron y murieron.

La tensión entre la renovación y la realidad es evidente en los movimientos *El Nuevo Orden de las Lluvias Tardías*, *El Reino Ahora* y las estrategias de la 'fórmula de fe.' Este es un indicador de lo que ocurre, cuando la tensión del *ya-todavía no* del Reino es empujada en cualquier dirección, hacia el fin inminente o hacia la realización presente. Para superar esas tensiones se necesita una revisión de los viejos modelos, una reevaluación de la asociación dispensacionalista, una integración de las experiencias 'soteriológicas', un esfuerzo concertado hacia la unidad y la inclusividad, así como una definición ampliada de la misión que mueve al pentecostalismo más allá de las comprensiones individualistas del pasado.

Correlación y transformación

Es evidente que hubo y hay una espiritualidad pentecostal distintivamente apocalíptica. Pero es igualmente claro que esa espiritualidad necesita una atención nueva y fresca. Lo que aquí se ofrece puede y tiene que ser solamente una declaración sugestiva y programática que, aunque tiene continuidad con el pasado, sin embargo, ofrecerá la posibilidad para futuros desarrollos e innovaciones. La teología se preocupa por la relación entre Dios y la creación. Por lo que la teología pentecostal concibe esa relación como un vivir dinámico que requiere una reflexión discursiva y discerniente o crítica que es dada por el Espíritu y que está sintonizada con las cosas del

Espíritu. Ya que el pentecostalismo es un movimiento apocalíptico del Espíritu, tendrá prioritariamente visible su horizonte y su contexto escatológico en su acercamiento a la teología. En ese sentido, la tarea teológica de estas iglesias no es solo una reflexión *sobre* la realidad, sino también una reflexión *de* la realidad y *desde* la realidad. Ya en el Capítulo 3, la correlación Dios-salvación que está relacionada con la transformación afectiva, fue ampliamente discutida. Ahora se tiene que hacer explícito aquello que estaba implícito en la historia y pensamiento pentecostal, aplicado en una forma ligeramente diferente. A continuación, examinaremos cinco términos interrelacionados desde una nueva correlación y visión ampliada de la transformación. Estos cinco términos son Dios, historia, salvación, iglesia y misión.

Dios

Dios tiene la palabra final, él es la realidad última. En consecuencia, los pentecostales tendrán que centrar su atención y sus esfuerzos teológicos en una comprensión de Dios como la presencia trinitaria escatológica, y no en las secuencias especulativas sobre los últimos tiempos.[339] Esto no significa, necesariamente, renunciar al premilenialismo. Pero se hace necesario un cambio de enfoque escatológico.

Hay una sola presencia, pero hay tres personas cuya unidad e identidad consiste y es dada en una interrelacionalidad pericorética,[340] en la que cada persona participa totalmente en la vida de las otras personas. La unidad está en la comunidad. Pero lo distintivo se percibe en la apropiación de ciertas obras por cada uno, aunque todos en virtud de su co-injerencia, están involucrados en cada obra. Así, el trabajo de la creación es asignado al Padre; la obra de

---

[339] La perspectiva trinitaria de este capítulo emergió durante los últimos diez años de enseñanza con mi colega R.H. Gause en la *Seminario Teológico Pentecostal* en Cleveland, Tennessee. Ha sido profundizada y ampliada en diálogo por los siguientes autores: J. Moltmann, 'The Fellowship of the Holy Spirit–A Trinitarian Pneumatology', *SJT* 37 (1984), pp. 287-300; P. Hocken, 'The Meaning and Purpose of Baptism in the Spirit', *Pneuma* 7.2 (Fall, 1985), pp. 125-34; D. A. Dorman, 'The Purpose of Empowerment in the Christian Life', *Pneuma* 7.2 (Fall, 1985), pp. 147-65; M. Duggan, 'The Cross and the Holy Spirit in Paul: Implications for Baptism in the Holy Spirit', *Pneuma* 7.2 (Fall, 1985), pp. 135-46.

[340] La *pericóresis* es un concepto teológico cristiano que expresa el grado de unión entre las personas de la Trinidad.

reconciliación al Hijo; y la obra de sustentación y unificación hacia la gloria al Espíritu.

La apropiación y pericoresis son las doctrinas antiguas de la iglesia que fueron formuladas para ser fieles a las narrativas bíblicas y a la realidad vivida de los redimidos. Actualmente ellas pueden servir para la revisión de la espiritualidad pentecostal como una forma de garantizar la unidad y la diversidad de la iglesia, la crisis y el desarrollo de una transformación soteriológica y el reconocimiento de la sorprendente obra de Dios en la creación revelada desde el Edén hasta el fin: Redención desde el comienzo y hasta el fin.

Vivir en la presencia del Dios de la redención es vivir como participante en el drama divino. Ser creado a la imagen de Dios es ser hecho para amar y para estar en comunión con Dios y con los demás. Dios es una comunión que nos crea para la comunión y nos lleva hacia la máxima participación en la vida divina. El cielo es geocéntrico y, por lo tanto, antropocéntrico. En la imaginación pentecostal es el hogar, el sitio de reunión y la celebración familiar, con todos los redimidos alrededor del trono de Dios.

Historia

Pero la revelación no es una idea o una realidad estática. Es una revelación—como el último libro de la Biblia—del Dios que habla a las iglesias, obra en todas las cosas, y trae a todas las cosas delante de su trono. La Historia es un proceso trinitario escatológico. Esto no significa que Dios, en el sentido hegeliano, se disuelve en la historia. Significa que la historia está en Dios. Dios obra en la historia, en el mundo, para el bien de aquellos que han sido llamados de acuerdo con su propósito. Como Dios, la presencia trinitaria escatológica, es el fin y el límite de todas las cosas. Entonces, la historia como el gran escenario de Dios es movida *por* Dios, *en* Dios y *para* Dios. Acá es posible afirmar que una comprensión dispensacionalista de la historia como la de Joaquín de Fiore,[341] los Capadocios,

---

[341] Para acceder a fuentes primarias de Joaquín de Fiore, ver B. McGinn (ed.), *Apocalyptic Spirituality* (New York: Paulist Press, 1979). Joaquín ha sustentado a Jürgen Moltmann y su acercamiento 'constantemente presente e interactuante' a las dispensaciones trinitarias. Melvin Dieter relaciona a Moltmann y Joaquín de Fiore con John Fletcher, 'el primer sistematizador de Wesley', y el desarrollo dispensacional de la santificación como el bautismo en el Espíritu santo. Ver el excelente artículo de Dieter, 'The Development of Nineteenth Century Holiness

John Fletcher y Jürgen Moltmann, es más compatible y apropiada con la teologización y la formación espiritual pentecostal.[342] Es fascinante encontrar una asociación de revelación o 'profundidad' trinitaria con el bautismo del Espíritu en los primeros escritores pentecostales desde B.J. Irwin (1896) a D. Wesley Myland (1906), y el Obispo J.H. King (1914). Irwin testificó que el 'bendito bautismo—del Espíritu Santo y fuego—profundiza e intensifica nuestro amor hacia Dios y ... nos da una percepción más clara de la naturaleza de la adorable Trinidad'.[343] Myland mostró sensibilidades pericoréticas cuando exhortó a los creyentes a que:

no piensen que todo esto sólo muestra al Espíritu; el Padre está allí, el Hijo está allí, y el Espíritu Santo está allí. Siempre que Dios ha llegado a alguien, la totalidad de Dios está presente; ese es el dinamismo de Dios; las cosas del Espíritu son mostradas en Su obra soberana. Este movimiento debe tener cuidado de no afirmar que nunca hubo Espíritu hasta la plenitud pentecostal o, afirmar después que se ha alcanzado la experiencia pentecostal, que esto es sólo del Espíritu. No, ¡Esto es Dios! El Padre, el Hijo y el Espíritu Santo llenando al creyente.[344]

Según J.H. King, Obispo de la Iglesia de Santidad Pentecostal, el derramamiento del Espíritu Santo en el día de Pentecostés fue una revelación decisiva de la Trinidad. Él consideró que esta revelación era esencial para entender 'el mensaje de la Iglesia y para su autocomprensión'. Su Pentecostés personal fue una 'revelación interior de la Trinidad que era incomprensible para cualquiera fuera de la experiencia pentecostal...este conocimiento de la Trinidad era

---

Theology'. Dieter llega al corazón de las predisposiciones teológicas y hermenéuticas separando entre las comprensiones más Reformadas de la historia y la pneumatología de los acercamientos de los movimientos de santidad y pentecostal.

[342] Dieter, 'Holiness Theology'.

[343] Las críticas pronto se levantaron contra la excentricidad teológica y posterior caída moral de Irwin ('abierto y grueso pecado'), pero su creatividad y temprano liderazgo llevaron eventualmente a la formación de la *Pentecostal Holiness Church* bajo la guía de su asistente, J.H. King. Ver B.H. Irwin, 'Pyrophobia', *The Way of Faith* (28 October 1896), p. 2; y H.V. Synan, 'Benjamin Hardin Irwin', *DPCM*, pp. 471-72.

[344] D. W. Myland, 'The Latter Rain Covenant and Pentecostal Power', in *Three Early Pentecostal Tracts* (The Higher Life Series; New York: Garland Publishing, 1985) citado en Hocken, 'Baptism in the Holy Spirit'.

esencial, para que la Iglesia, como un todo y el creyente en particular, fueran verdaderamente apostólicos'.[345]

Dios actúa en la historia y es afectado por la historia. Jesús y el
Espíritu 'suspiran y gimen' con la creación y el creyente con quienes
comparten en el proceso trinitario escatológico. Dios crea, reúne en
Cristo y avanza en un proceso que actualmente es una procesión
hacia el nuevo cielo y hacia la nueva tierra. La espiritualidad pentecostal narra ese viaje y actúa en Dios, a la luz del objetivo del reino
consumado; reino que comenzó en Jesús y es llevado adelante en el
Espíritu. Esta procesión:

> ... tiene dos fuentes: El 'evento Jesús' y la experiencia del Espí-
> ritu—Pascua y Pentecostés. Los dos eventos están íntimamente
> asegurados el uno con el otro, pero ninguno puede ser absorbido
> o reducido por el otro ... Hubo una Pascua y hay millones de
> fiestas de Pentecostés en la experiencia de cada creyente.[346]

---

[345] D.A. Alexander, 'Bishop J.H. King and the Emergence of Holiness Pentecostalism', *Pneuma* 8.2 (Fall, 1986). Se necesitan hacer más trabajos sobre la integración de King. Mi trabajo representa un paso en esa dirección. Ver también
H.V. Synan, 'Joseph Hillery King', *DPCM*, pp. 520-21. H.A. Zinder, *The Divided
Flame* (Grand Rapids: Zondervan, 1986), está alegando sobre la construcción de
la Santidad-Pentecostal desde el lado de la Santidad. En mi opinión, no estamos
tan lejos de su punto. La obra de Zinder es la más importante, ya que él busca
correlacionar soteriología con eclesiología y misiología. Nuestra única diferencia
puede estar en el matiz de la escatología.

[346] La más reciente y creativa apreciación católica romana del pentecostalismo
se encuentra en el libro de José Comblin, *The Holy Spirit and Liberation* (Maryknoll,
NY: Orbis Books, 1989). Aunque todavía hay diferencias sobre las visiones ma-
rianas y eclesiológicas, existe mucho acuerdo sobre la importancia de la pneumatología, la espiritualidad y la experiencia, para la vida y la misión de la iglesia. Para
apreciar las interacciones creativas, desde el lado pentecostal, con las perspectivas
liberacionistas, ver *Pastoralia* 7.15 (December, 1985), pp. 55-68, una serie de artículos que son resultado de una Consulta llevada a cabo en Puerto Rico en 1984.
Ver, especialmente, los artículos de Héctor Camacho, Aida Gaetán, Rodolfo Girón y Ricardo Waldrop. Las conclusiones están preservadas en este número de
Pastoralia en la 'Declaración de la Consulta de Líderes Educacionales de la Iglesia
de Dios: Desarrollo de un modelo pastoral pentecostal frente a la teología de la
liberación', pp. 99-106. Ver también el breve y sugestivo análisis de D.W. Dayton
en 'Pentecostal/Charismatic Renewal and Social Change: A Western Perspective',
Transformation (October/December, 1988), pp. 7-13. Miroslav Volf ha comparado
los acercamientos pentecostales y liberacionistas a la salvación para encontrar algunas sorprendentes coincidencias como puntos para un posterior desarrollo en
su artículo 'Materiality of Salvation: An Investigation in the Soteriologies of Liberation and Pentecostal Theologies', *JES* 26.3 (Summer, 1989), pp. 447-67.

Consecuentemente, la historia de la salvación es una progresión del Padre, a través del Hijo, en el Espíritu y, desde el Espíritu a través del Hijo, hacia el Padre. Dios es todo en todo y el Altísimo es el inicio de lo 'que conocemos y como somos conocidos'. Sobre este tema, Moltmann escribe sobre tres movimientos: el monarquial, el eucarístico y el doxológico. Todos estos movimientos se refieren a Dios como el origen trinitario, presencia y destino de la existencia cristiana. Esta no es una interpretación moralista de la historia porque el reino soberano del Padre, Hijo y Espíritu Santo es 'el estrato continuamente presente y transiciona en la historia del reino'.[347]

Esto significa que el Espíritu no está limitado a la inspiración de la Sagrada Escritura y a la iluminación y empoderamiento del creyente. El Espíritu es también creador y está íntimamente involucrado en todas las cosas y las sostiene y dirige, providencialmente, hacia su meta en Dios. La meta de la creación no es la aniquilación sino la transformación; así como la meta de los seres humanos es la nueva creación.[348] Por el Espíritu la intención creativa del Padre y la pasión redentora del Hijo son comunicados a toda la creación en una gracia preveniente o preventiva que es la fuente de todo lo es bueno, verdadero y hermoso.

Los pentecostales, y esto desde ser recordado, hablan de la restauración de la fe apostólica. Este acercamiento reconoce que, a través de Lutero, Wesley y el movimiento pentecostal, las cosas vitales y buenas fueron restauradas a la iglesia. Pero este proceso de restauración forma parte de una restauración mayor de todas las cosas las cuales, finalmente, serán mayores que en la creación inicial. Esta es una 'restauración más' para que Dios sea 'todo y en todos'.

De acuerdo con esta comprensión de la historia como un proceso escatológico trinitario, toda la historia es una historia de la misión de Dios y, llegar a ser cristianos llenos del Espíritu es llegar a ser parte de un proceso teleológico de sufrimiento, sanidad, esperanza y victoria que sigue adelante hacia el reino de Dios.

---

[347] Moltmann, *Trinity and Kingdom*, p. 208.
[348] M. Volf en 'On Loving with Hope: Eschatology and Social Responsability', *Transformation* 7.3 (July-September, 1990), pp. 28-31, urge a los pentecostales a mantener la esperanza en amor, recordando que la creación está para ser transformada, no aniquilada, por el Espíritu. Su artículo muestra cuáles obras son significativas en el reino sin sacrificar la soberanía de Dios.

Salvación

Aunque la historia puede ser caracterizada en términos de una especie de accidentada sucesión de crisis-desarrollo en las cuales nuevas posibilidades son creadas por Dios, así también la vida cristiana individual es un proceso de crisis-desarrollo que hace avanzar, no pasivamente, sino apasionadamente a la obra de Dios.

La salvación escatológica, como participación en la vida divina de la misión histórica, requiere una transformación afectiva. La salvación no es fundamentalmente un evento consumado, aunque está arraigada en lo que Dios ha hecho por nosotros, sino que 'él por nosotros', está fundamentado en 'en sí mismo'. Porque Dios es una presencia trinitaria escatológica en la historia, y porque los seres humanos somos hechos para amar y para estar en comunión con El y con los otros; lo que Dios ha hecho por nosotros en Cristo, se concluye en nosotros a través de Cristo, en el Espíritu. La salvación es una pasión por la que Dios está obrando en todas las cosas y que está moviendo la historia hacia la consumación.

La santidad de Dios indica que Su presencia no es como cualquiera otra, sino que sólo Él es la fuente del orden, la unidad y el poder divino para revelar y para hacer, tanto en la creación como en la redención. Consecuentemente, la estructura de santidad es la justicia, el contenido de la santidad es el amor, y la dinámica de la santidad es el poder del Espíritu que permite la donación de sí mismo por la justicia y el amor al mundo. Ser llenado con el Espíritu es deleitarse en la voluntad, el amor y el servicio a Dios.

Esta salvación significa en primer lugar, haber recibido una nueva vida para ordenar la vida. La resurrección fue la justificación de la vida de Cristo y, por lo tanto, del mundo de los pecadores. Esta fue la vindicación de la vida, enseñanza y muerte de Cristo y la puesta a cuentas de la vida humana. Nacer de nuevo es vivir de esta nueva fuente de vida que ha vencido al pecado, a la muerte y al infierno. Él declara justos a todos aquellos que se vuelven y admiten por gracia, Su Señorío y que admiten que ellos pueden llegar a ser justicia de Dios en Él. Recibir una declaración de justificación requiere una declaración por el Justo. Ya que el Espíritu está obrando en el ordenamiento de todas las cosas de acuerdo con este mensaje de justicia y moviendo todas las cosas en juicio y gracia hacia el fin, ser salvado es tanto recibir el Espíritu de justicia y ser llevado a toda verdad, así como avanzar decididamente hasta el fin.

Pero ser salvado también es amar. El amor es el centro integrador, porque la salvación como participación, requiere que todo sea hecho en amor o no aprovecha para nada. El amor es el centro de la transformación afectiva. No es cuestión de erradicar la sustancia del mal, ni de que persista la sentencia de muerte a causa de la caída o de la pecaminosidad de la humanidad. El amor como unión significa que todos moriremos en Dios y, por lo tanto, viviremos. Así como uno vive, así uno muere. La muerte es la validación final de la dirección de una vida. Es el reconocimiento de la solidaridad con toda la creación, bajo maldición; pero, porque también es la solidaridad con Cristo en el Espíritu que gime, se completan los sufrimientos de Cristo.

Entonces, la pregunta por la entera santificación no es una cuestión de subsecuencia o de erradicación. Más bien, llega ser una pregunta sobre la medida de amor apropiada o adecuada, a aquel que 'ha amado tanto' al mundo. Nada menos que un amor completamente sincero es la medida de amor adecuado. Cuando las resistencias vienen a la conciencia y, son vistas bajo esta luz, entonces pueden ser confesadas. La 'carne' es mortificada en la medida que los pensamientos y deseos salen a la luz en un seguimiento participativo de Cristo y son renunciados, no como 'el yo', sino como el 'viejo yo' que encuentra su centro integrador en la 'carne' y no en el Espíritu (Mt. 16.24; Lc. 14.26, 27, 33; Jn. 8.31; Fil. 2.12; Gál. 2.20; 5.16-24). En este sentido, la intuición de Wesley fue correcta. Si Dios es amor, el amor de aquel que 'amó tanto', entonces el cumplimiento de la Ley y de toda justicia en Cristo fue hacia la santidad, la cual es esencialmente, en esta vida, una sincera devoción a Dios y al prójimo.

Esto requiere una transformación afectiva. Sin esta transformación afectiva, la justicia recibida y declarada por la voluntad, será resistida y la injusticia no será profunda y totalmente rechazada— ya que el amor vence y sana. El pecado en el creyente no es, en sus más serios aspectos, alguna pérdida de comunión perfecta con toda la voluntad de Dios y como Dios conoce y actúa. Esa es la meta final. Pero en forma penúltima (y crucial para la espiritualidad pentecostal), el pecado es una traición, una resistencia deliberada al propósito para el cual fuimos llamados. La pasión de Cristo en la cruz ya ha sido consumada. La pasión del creyente y la iglesia en Cristo no lo está todavía. En Cristo esa pasión se vuelve compasión, un anhelo sincero por ver todo y a todos redimidos, y un andar detrás de la paz y de la santidad, sin la cual nadie verá al Señor (Heb. 12:14).

Hablar de poder sin el centro integrador del amor es correr el riesgo de llegar a ser 'metal que resuena o címbalo que retiñe' o, peor aún, un acto de perseguir la justicia al pie de la letra, excluyendo la misericordia y la humildad nacidas de una completa sinceridad hacia Dios. La sinceridad, como simplicidad de intención y deseo, dirigirá al poder hacia un testimonio de auto-entrega en lugar de la dominación o la presunción (Heb. 9.14).

El poder de Pentecostés es visto como histórico, existencial, habitual y extraordinario. El poder del Espíritu forma una vida para Dios, así como Cristo fue formado en el útero de María. Este poder es una persona, el Espíritu Santo que debe ser existencialmente invocado, recibido y bienvenido. Recibir al Espíritu es recibir al testimonio del Espíritu y acceder a la guía del Espíritu; a la producción de frutos y al empoderamiento para el testimonio. La llenura del Espíritu debe ser invocada diariamente, ya que se trata de vivir de su llenura y por su dirección y no por el mundo, la carne o el diablo.

La continua llenura del Espíritu es una realización penúltima y proléptica de la llenura de todas las cosas, cuando todos confiesen que Jesucristo es Señor para la gloria de Dios Padre. Esta llenura significa que la vida, el poder y el fruto del Espíritu son decisivos para la santidad. Uno es llenado con el Espíritu, no por el temor a la lujuria o la codicia. Esta extraordinaria llenura es análoga a la crisis de Getsemaní en la vida de Jesús. El que tenía el Espíritu sin medida clamó por fuerza para ofrecerse cuando luchó y sufrió. Hay tiempos de sufrimiento extraordinario que muchos pentecostales han tenido que soportar cuando una extraordinaria llenura y habilitación del Espíritu se hace necesaria para hacer una ofrenda de sí mismo. Éste es el don y el testimonio del martirio.

Para los pentecostales de cuarta y quinta generación y, para los nuevos convertidos en estas iglesias, quizás esa visión de la salvación como una pasión trinitaria escatológica, pueda ser entendida simplemente como el desarrollo de un proceso con tres dimensiones.

Cada una de las tres puede ser un momento de crisis o puede ser una fuente de dirección continua, inspiración o juicio, dependiendo del trasfondo personal, el conocimiento y la condición espiritual presente.

El nuevo creyente o el niño son recibidos en la comunidad y pertenecen a Dios y a la familia de Dios. El bautismo o la dedicación es usado—y los pentecostales han usado ambos—para indicar esta recepción y afirmarla. Pero, simultáneamente, un tiempo que mira hacia delante por un existencial 'sí' y se vuelve a Dios en arrepentimiento y amor con plena seguridad del perdón de pecados. Cuando el nuevo creyente crece o el niño entra en la adolescencia, se presentan nuevas situaciones y tentaciones. Una toma de conciencia respecto al yo y al mundo en el nuevo creyente, junto con un reconocimiento de las resistencias al amor y a la voluntad de Dios, exige una internalización de la justicia por la cual uno ha sido recibido y dirigido. Ahora es el tiempo de estar, afectiva y sinceramente, identificado con Cristo y la misión de la comunidad de fe. La integración moral se dará según el avance diario en la fe, a través de todos los medios de gracia (la oración, las Escrituras, el culto, el compañerismo, el consejo, la confesión, la Cena de Señor, el Lavamiento de Pies, entre otros) que Dios pone a disposición del creyente. Esta permanencia sincera en Cristo es el centro de la espiritualidad pentecostal.

Pero si el camino virtuoso hacia el reino ha de ser seguido en amor en el mundo, uno debe ser empoderado a diario, no solamente para caminar con cuidado, sino también para librar una batalla contra los principados y las potestades del mal. Los pentecostales desean la llenura del Espíritu, porque entienden que el tiempo presente y el mundo en que viven, están bajo el hechizo del diablo. Los demonios deben ser combatidos con armas y estrategias, en la fuerza y el poder del Espíritu. Para llenar la tierra con el evangelio, para la práctica de la justicia, para amar y defender a otros, los creyentes necesitan la continua llenura del Espíritu. Cuando hablan en lenguas en la comunidad escatológica, la alabanza del reino que ha llegado se une con aquel que está llegando, en una celebración proléptica de la victoriosa gracia de Dios. Pero, y esto es igualmente espiritual, el creyente también suspirará, llorará y gemirá, para que esa misma alegría y victoria hagan resaltar la pérdida y la necesidad del mundo.

Este desarrollo es una progresión de la *pertenencia* a una comunidad ordenada por la justicia y para la justicia, del *estar identificado* sinceramente con Cristo para cumplir con toda justicia, del *ser empoderado* para actualizar el propósito de la misión de Dios en el mundo. De esa manera los creyentes son guiados y llenados por el Espíritu Santo, quien les da su fruto (el carácter del testigo) y sus dones (el equipamiento especial para el testimonio) para la misión. Este es un movimiento que enfatiza el nuevo pueblo del pacto, justificado por gracia a través de la fe. Este pueblo manifiesta el nuevo corazón de sincera integración por la gracia a través de la fe, así como la nueva vocación como testigos de Cristo por la gracia a través de la fe. Estas tres dimensiones de la salvación están constantemente presentes e interrelacionadas en una forma análoga a la pericorética relación trinitaria. Estas dimensiones corresponden a la resurrección, la cruz y Pentecostés. Así como estos son eventos de significado continuo, estas dimensiones son hitos o crisis de avance que reflejan el desarrollo de la fe de los creyentes de estas iglesias. Así como el Calvario es central en la historia de la salvación para la santificación y la integración moral, también el amor es central en la salvación como participación en la vida divina.[349]

La Iglesia

La Iglesia es una comunión de diversidad y unidad en el Espíritu. Así como Dios es Uno en Tres, así también la Iglesia es una y muchas en Dios. La iglesia como comunidad escatológica trinitaria es una comunión en Dios—pueblo de Dios, cuerpo de Cristo y comunión en el Espíritu Santo. ¿Qué sería del compañerismo sin la participación de los miembros del grupo? En la comunidad de fe los dones y los oficios coinciden y la teología es la reflexión discerniente del conjunto en el que cada uno ofrece sus dones. La

---

[349] 1 Corintios 13, citado frecuentemente en este estudio, es el modelo de integración para la espiritualidad. Las prácticas y creencias se expresan, comparten, fortalecen y están enraizadas en el amor que es el centro integrador de la espiritualidad cristiana. La satisfacción plena como absoluta sinceridad es la única respuesta apropiada a Aquel que tiene tanto amor y que nos ha amado tanto.

comunidad reconoce los dones de todos los miembros y se edifica en el discipulado y en el amor al prójimo. El fruto del Espíritu es uno porque el Espíritu es la única fuente y el fruto es el carácter de Dios. Pero la iglesia es la *milieu*[350] o jardín donde el fruto es cultivado. El fruto es cultivado por el Espíritu, para que tanto la iglesia como comunidad y cada creyente en particular, puedan dar testimonio del carácter y cuidado Dios en el mundo. Los dones son diversos, aplicados diferentemente, distribuidos soberanamente (no 'descubiertos', 'cultivados' u 'operados a voluntad'), y diferentes en cada manifestación. Pero los dones son para todo el cuerpo que es para el reino. Los dones sirven, simultáneamente, para una función de edificación 'interior' y para la función de la evangelización 'exterior'.

La iglesia que alcanza el nivel de fraternidad divina es una por la misma presencia divina de la cual vive. La iglesia es santa porque la presencia de Dios es santa y es la única presencia que santifica. Ser apartado para Dios, para el creyente y para la iglesia, significa que uno está apartado para la unión, porque lo que es unido a Dios es santificado. Tratar profanamente a alguna parte de la iglesia es profanarla en todas sus partes. La santidad de la iglesia demanda unidad. Todos los que oran en la misma presencia de Dios son uno, son santos y tienen que esmerarse por mostrar al mundo cómo se aman los unos a los otros. Pero esta iglesia que es una en la presencia divina y santa en la unión divina, es apostólica en su poder y católica en su mandato universal. La iglesia en la presencia trinitaria escatológica de Dios es llevada hacia el mundo en el poder del Espíritu, el cual está llevando a todo el mundo hacia el fin. El poder apostólico es autoridad y fortaleza para proclamar el único evangelio en palabras y demostración del Espíritu.

Todos los creyentes son, tanto parte los unos de los otros, como parte del cuerpo de Cristo. Ellos coinciden como hijos de Dios. Dios es el padre divino que los ha engendrado y los trae, como a hijos amados, en la misma familia, por creación, redención y

---

[350] Nota del Traductor: *Milieu* es un galicismo, usado en el lenguaje figurado y extremadamente formal, que puede ser entendido como 'el pueblo particular y la sociedad que nos rodea y que influye en nuestras formas de comportamiento'.

destino.[351] La iglesia vive desde Dios, a través de Cristo en el Espíritu, y en el Espíritu exalta a Cristo para la gloria del Padre.

Misión

A la luz de todo lo señalado previamente, la misión integral de la iglesia puede ser definida como una transformación trinitaria escatológica. La iglesia está siendo transformada por Dios y para Dios y, en lo que es y en lo que hace por el reino, da testimonio de su naturaleza. La misión es hacer justicia, amar misericordia y caminar humildemente con Dios. La iglesia reconoce la presencia divina que obra en la creación y en la providencia, así como en las dimensiones soteriológicas más inmediatas. Esto significa que la santificación del creyente y de la iglesia es un motivo análogo para la santificación del mundo, no por disolver a la iglesia en el mundo, sino para llamar al mundo al arrepentimiento y a la justicia. La iglesia, donde sea posible, tiene que trabajar para construir estructuras más justas como han sido ordenadas por Dios. Las estructuras no pueden santificarse en la misma forma que los individuos, sino que, ya que el Espíritu está obrando en toda la creación, la acción discerniente de la iglesia puede llevar al creyente a participar en acciones que expresan más justicia, dignidad y amor por las personas.

La defensa de los débiles, la opción por los pobres y la denuncia profética del pecado contra la creación y de la opresión humana son parte de la misión de la iglesia y están conectadas con el amor al prójimo. No hay dicotomía entre el mandamiento de amar al prójimo y la Gran Comisión cuyo eje es el mandato de hacer discípulos en todas las naciones. Ambos mandamientos no pueden ser confundidos o dicotomizados, particularmente, porque el amor es el carácter de Dios y del cristiano en Dios. Consecuentemente, rechazar el mandamiento de hacer discípulos es odiar, o peor aún, ser indiferentes a las necesidades del prójimo. En tal sentido, discipular solamente a aquellos que parecen ser candidatos a la membresía de la iglesia, es negar el cuidado integral y la providencia del Espíritu. El Espíritu es contristado o apagado cuando actuamos de esa manera. Actualmente las implicaciones personales, sociales y cósmicas de Pentecostés están siendo mejor comprendidas en el movimiento

---

[351] Ver Moltmann, 'The Fellowship of the Holy Spirit'.

pentecostal, especialmente en el Sur del mundo y entre algunos sectores norteamericanos.[352]

El amor que persigue la justicia e insiste en las demandas de Dios sobre todas las estructuras de poder humanos y la fidelidad a las personas es el amor que lleno de esperanza, busca liberar a los cautivos, porque el Espíritu del Señor es derramado sobre la iglesia.[353] La liberación pentecostal trae gran gozo, porque la paz, no la manipulación coercitiva y violenta, es el medio y la meta como fruto y don del Espíritu.[354] La postura pacifista de los primeros pentecostales, dentro de una era nuclear en la que los índices de pobreza se agravan cada día más, es la mejor estrategia para la iglesia actual.[355] Las inmensas necesidades de los creyentes del Sur del mundo y del Primer mundo, podrían hacer tambalear a la iglesia sobre sus rodillas, sin hablar de la aflicción, el odio y la esclavitud de millones de otros seres humanos.

---

[352] El pentecostalismo representa un nuevo acercamiento en el cristianismo que es tanto suplementario como complementario. Es una religión contextualizada que tiene una abrumadora mayoría negra y mestiza en su composición social. Aunque tenemos diferencias teológicas, éticas y políticas, he argumentado que existe un centro, un fundamento espiritual presente en la primera parte del siglo XX, con raíces en los siglos XIX y XVIII y, a través de Wesley, constituye un camino de regreso a las fuentes orientales y occidentales, hasta la iglesia primitiva. Este es un punto importante que puede ser oscurecido por enfoques exclusivistas sobre similitudes fenomenológicas o externas. También es importante para la revisión teológica y la praxis cooperativa –una operación simultánea– del futuro. Ver la introducción de Walter Hollenweger a la obra de C.E. Jones, *A Guide to Study of the Pentecostal Movement* (2 volúmenes; Metuchen, NJ: Scarecrow Press, 1983), p. vii-viii. Ver Valliere, *Holy War*; J. Moltmann, *The Church in the Power of the Spirit* (New York: Harper & Row, 1977), pp. 289-336.

[353] Ver R.J. Cassidy, *Society and Politics in the Acts of the Apostles* (Maryknoll, NY: Orbis Books, 1988). Las implicaciones políticas y misioneras de esta influencia, contracultural y potencialmente transformadora, está comenzando a ser valorada y trabajada por los propios pentecostales y por otros autores.

[354] Valliere, *Holy War*, pp. 46-86.

[355] Jay Beaman describe la posición pacifista de muchas denominaciones pentecostales. Una posición que fue totalmente abandonada en la medida que el siglo XX se orientaba cada vez más hacia conflictos mundiales y regionales altamente críticos. Dentro de esa realidad, los pentecostales se movieron más hacia la corriente dominante de la cultura norteamericana. Pero todavía existe una 'tercera ola' de paz en muchos países del Sur del mundo como, por ejemplo, Guatemala. Este es un país en el que muchas personas fueron asesinadas tanto por sectores de la derecha como de la izquierda política. Aunque también hubo muchos pentecostales que apoyaron a candidatos políticos en Chile, Brasil, África del Sur y ciertas partes de Asia.

En este tiempo, todavía es válida la visión original de unidad para implementar la misión de Dios, a través de corazones santificados por el poder del Espíritu. El fin está tan cerca y tan inminente como Dios. Esto es tan urgente como la pasión de Dios. Pero antes que la unidad de toda la iglesia pueda ser alcanzada, los pentecostales levantándose sobre los recursos de su propio viaje espiritual y las formas en la que Dios ha tratado con ellos, tienen que llegar a la unidad de una nueva forma. La iglesia no puede pedirle al mundo que se preocupe por la justicia, la paz, la unidad y el amor de Dios, si ella misma no está viviendo y practicando todas estas cosas con un compromiso visible.

Alcanzándonos Unos a Otros: Memoria y Arrepentimiento

Basado en el sugestivo bosquejo precedente de una nueva dirección o revisión de la espiritualidad, seguidamente se presentan ciertas observaciones, con la intención de delinear el posible impacto que un esfuerzo programático puede producir o puede provocar sobre la escena pentecostal contemporánea.

La visión y los desheredados

Desde el trabajo de Niebuhr *Las Fuentes Sociales del Denominacionalismo*, hasta la obra clásica sobre la historia social del pentecostalismo de Robert Mapes Anderson, *La visión de los desheredados*, se ha aceptado que el movimiento pentecostal surgió entre la clase pobre y trabajadora y por la clase pobre y trabajadora.[356] Aunque en el avivamiento de la Calle Azusa y en el resto del movimiento pentecostal hubo personas con cierto grado de educación superior y de clase media (p.e., J. H. King y N. K. Holmes), sin embargo, es verdad que la mayor parte de sus integrantes—entonces y después—provienen de la clase pobre y trabajadora. Esto es así, porque si se examina la realidad de estas iglesias en el Sur del mundo, se puede verificar que la inmensa mayoría de sus adherentes son personas pobres. Una

---

[356] H.R. Niebuhr, *The Social Sources of Denominationalism* (New York: World Publishing, 1929); Anderson, *Vision of the Disinherited*. Para una crítica, desde la perspectiva pentecostal y de santidad del libro de Anderson, se puede consultar el trabajo de Grant Wacker y Timothy Smith *Religious Studies* Review 8.1 (January, 1982), pp. 15-28).

realidad que puede explicar por qué tanto en el comienzo de este movimiento en Norteamérica como en otras partes del mundo, la liturgia ha sido del pueblo, por el pueblo y para el pueblo.[357] Y se puede verificar además que esta liturgia ha estado caracterizada por la máxima participación de razas, sexos y clases sociales. Lo que explica por qué en esta iglesia pobre y trabajadora se dio una integración de todas las personas y se aceptó el pleno ministerio de las mujeres.

La razón para que ocurra esa ruptura de barreras sociales y económicas fue la perspectiva escatológica acompañada de la caída de *Las Lluvias Tardías*. Una comprensión parecida se encontraba en el movimiento de santidad del siglo XIX, dentro del cual escritores como Phoebe Palmer que escribió el libro *La promesa del Padre*, defendieron el ministerio de la mujer. Las mujeres tuvieron un ministerio vital como ancianas, pastoras, misioneras y maestras, entre otras tareas visibles. En la experiencia comunitaria de estas iglesias se notaba que la línea de color—los prejuicios raciales—había sido lavada en la sangre de Cristo. Cada uno era necesitado y apreciado en la gran tarea de la evangelización mundial. Cualquiera que fuera llamado y dotado por el Espíritu era aceptado por la comunidad mientras se evidenciara el fruto de una vida piadosa.

El pentecostalismo en su origen, debido al trabajo de C.H. Mason y W.J. Seymour, fue una de 'las más poderosas expresiones de la religión negra en el mundo', un movimiento en el que la piedad negra ha ejercido una enorme influencia sobre la historia religiosa norteamericana. Pero muy pronto hubo entre los pentecostales un acomodo a la segregación racista; y, aunque Mason inició y mantuvo una comunión bastante cercana con la *Iglesia de Dios* y la *Iglesia de Santidad Pentecostal* y, predicó en estas iglesias, los pentecostales adoraban y fraternizaban en denominaciones separadas.

Años después, la creciente asociación con los evangélicos fundamentalistas significó que se veía menos plausible la ordenación de las mujeres. Estas todavía podían ser pastoras o evangelistas, sin embargo, sus ministerios fueron catalogados en un rango menor que el de los hombres. Esos nuevos líderes fueron bastante corteses

---

[357] J.F. White, *Protestant Worship: Traditions in Transition* (Louisville, KY: Westminster/John Knox, 1989).

y prudentes cuando señalaron que las mujeres estaban bajo la su-
pervisión de los hombres para no 'usurpar la autoridad' de estos.

Al presente todavía continúa la división racial intra e interdeno-
minacionalmente. La *Iglesia de Dios en Cristo*, por ejemplo, es casi
completamente negra, mientras que las *Asambleas de Dios* en Norteamérica es una denominación mayoritariamente blanca. Hay denominaciones con más afroamericanos y otras representaciones étnicas, sin embargo, no todos tienen las mismas oportunidades de ac-
ceso al ministerio y al liderazgo. Los dones de liderazgo distribuidos
por el Espíritu a todos los creyentes no están reflejados todavía en
las políticas administrativas y educativas de muchas iglesias pentecostales norteamericanas. Los pentecostales se han movido socialmente hacia la respetabilidad de la clase media, pero todavía permanecen ambiguos acerca del ministerio de las mujeres y de los líderes
de grupos minoritarios.[358]

Una restauración de la visión misionera escatológica conectada
con el estudio vigoroso de las Escrituras iniciaría un camino positivo hacia la reunificación de lo que ha sido fragmentado y estratifi-
cado. Los desafíos son muy grandes en términos de campos misioneros y necesidades humanas. En los últimos tiempos, las maldicio-
nes y divisiones de la Caída han de ser superadas en anticipación del
reino venidero. La unidad y la distintividad de la Divinidad refleja-
das en la expiación masculino/femenina, en Cristo, significa que
cada uno tiene una parte importante que jugar, distintiva e igualita-
riamente, en el ministerio dentro de las iglesias. Así se podrá entender que la ordenación llega a ser un reconocimiento de la asignación
del Espíritu para el ministerio en el cual cada persona—varón y mujer—es apartada para llevarlo a cabo.

Las doctrinas de la división

En el comienzo del movimiento pentecostal hubo una visión unificada de la salvación, de Dios y del reino. La salvación fue entendida

---

[358] I. C. Clemmons, 'Charles Harrison Mason', en *DPCM*, pp. 585-88. Clemmons cita a Gayraud Wilmore y a Sidney Ahlstrom para fundamentar su reclamo
de un lugar de honor y significativo para Seymour y Mason, en particular, y para
los negros en general, en los orígenes del movimiento pentecostal. R.M. Riss,
'The Role of Women', en *DPCM*, pp. 893-94. Ver también los artículos, en
DPCM, sobre Phoebe Palmer, Pandita Ramabai, Aimee Semple McPherson y
Maria Woodworth-Etter.

en términos del evangelio quíntuple y de las tres bendiciones. La presencia triunfante de Dios era manifestada en dones y maravillas que indicaban una fresca irrupción del reinado de Dios. Con la emergencia de la visión de la Obra Finalizada, el evangelio quíntuple fue efectivamente reducido nuevamente a un evangelio cuádruple, abandonando el énfasis distintivo sobre la santificación. La victoria reemplazó a la santificación y la categoría del poder fue dominante sobre la pureza y la limpieza de la persona. Y se avanzó hacia una ambigüedad en cuanto a la santidad. Las *Asambleas de Dios* retuvieron una declaración sobre 'la santificación plena' en su 'Declaración de Verdades Fundamentales' inicial, y continuó enfatizando la consagración para un mayor servicio, efectividad y preparación para el Rapto de los santos.

Cuando fue formada la *Pentecostal Fellowship of North America*-PFNA (Fraternidad Pentecostal de América del Norte), la 'Declaración de Fe' fue exactamente la misma que la de la *National Association of Evangelicals*-NAE (Asociación Nacional de Evangélicos), con excepción del Artículo 5: *'Creemos que el evangelio pleno incluye la santidad de corazón y vida, sanidad para el cuerpo y el bautismo en el Espíritu Santo, con la evidencia inicial de hablar en otras lenguas como el Espíritu se manifieste'*. Es significativo que aquí se anticipa una lucha y una ambigüedad concerniente a la santidad. Este código de conducta de la santidad permaneció vigente varias décadas, con las Asambleas de Dios como uno de los primeros grupos en modificar su declaración, y la Iglesia de Dios (Cleveland) como uno de los últimos movimientos pentecostales en hacerlo.

Siguiendo las raíces y el espíritu de la 'Declaración de Fe' de la PFNA, los pentecostales necesitan retener el evangelio quíntuple, así como la comprensión tridimensional de la salvación desarrollada previamente en el capítulo anterior bajo el subtítulo 'Correlación y transformación'. El uso de las tres dimensiones afirma la necesidad de la experiencia de crisis en el desarrollo de una vida moralmente comprometida, integrada y empoderada, que evita la necesidad de elegir entre dos o tres crisis.

La santificación como integración moral dentro de un proceso de toda la vida de discipulado y crecimiento puede ofrecer una vía para comenzar a salir de ese largo impase. La integración moral puede ser deseable, pero implica madurez. Puede ayudar a evitar el moralismo y la presunción al centrar la espiritualidad, no en las obras de justicia o en las manifestaciones de poder, sino en el amor humilde mediante el acto continuo de morar en Cristo. La integración moral bajo estas circunstancias, aunque requiere lucha y mortificación de la carne, nunca será una lucha por obras de justicia ni un episodio sentimental.

Si se toman en serio las demandas del discipulado del Nuevo Testamento, tal como se encuentra en los Evangelios, estas enseñanzas no pueden ser nada menos que revolucionarias. La transformación afectiva requiere la negación de uno mismo, tomar la cruz cada día, seguir a Jesús, amar como Jesús amó y caminar como él caminó (Mt. 16.24-26; Mr. 8.34-38; Lc. 14.26-35). Los pentecostales, si consideran las demandas de un discipulado radical y la formación de la vida cristiana, podrían desarrollar una espiritualidad que correlacione más estrechamente los énfasis del evangelio quíntuple de Jesús.

Los problemas ocasionados por los movimientos de la *Nueva Controversia* o *Sólo Jesús* son más difíciles y complejos, porque ellos atacan al corazón de la espiritualidad original y especialmente a la espiritualidad revisada. A favor suyo, las iglesias conocidas como 'Sólo Jesús' advierten contra el triteísmo. Pero, cuando se sigue el énfasis 'Jesuscentrista' de los primeros pentecostales en sus consecuencias lógicas, esta es una forma moderna de monarquismo moralista que anula la lógica de la revelación progresiva de la historia de la salvación y viola el sentido pleno de la Escritura. A estas Escrituras se les da una interpretación especial, por los pentecostales unitarios, cuando la perspicacia podría demandar un acercamiento distinto (por ejemplo, Jn. 17 o los pasajes que tratan sobre el bautismo de Jesús). La unidad no es identidad. Por esa razón, se necesita un diálogo continuo y profundo sobre los peligros pastorales, soteriológicos y misionológicos del triteísmo y del modalismo entre los pentecostales unitarios y los demás pentecostales. Este diálogo ha comenzado en la *Sociedad para Estudios Pentecostales,* pero se necesita, sin embargo, más aprobación y apoyo de las denominaciones.

Los movimientos del '*El Reino Ahora*' representan y hacen evidente la protesta contra el *aburguesamiento* del pentecostalismo.[359] Ellos son representativos del pesimismo de la naturaleza y del optimismo de gracia presentes en el amplio movimiento pentecostal. Pero sobre ambas posiciones, la tensión entre el *ya-todavía no* del reino, tiene que mantenerse. Los premilenialistas nunca, al menos en los círculos pentecostales, se han sentado y esperado el escape en un Rapto secreto. Ellos han sido cualquier cosa menos pasivos. Aunque en ocasiones, algunos exageraran en sus expectativas, se olvidan de la gracia y no se dan cuenta de que todavía están en este mundo. Sin embargo, el reino continúa irrumpiendo, pues todavía no ha sido consumado. En tal sentido, se tiene que combinar optimismo con pesimismo en una espera activa y misionera, así como lo explica Juan Wesley; un tema que es reclamado por premilenialistas y postmilenialistas.

Pasión y política eclesiástica

Una pasión por el reino de Dios fue el centro unificador del movimiento pentecostal. Estos, aún en sus divisionismos, todavía comparten esta pasión. Actualmente, con excepción de los grupos unitarios, las diferencias no han impedido la cooperación y un intercambio de púlpitos Los pentecostales han compartido una misma pasión. Pero no han compartido una misma política eclesiástica o una misma forma de gobierno.

Irónicamente, siguiendo al divisionismo inicial de la primera parte del siglo XX, los pentecostales solamente volvieron a hablar entre ellos hasta 1943, cuando junto con varias iglesias de santidad y protestantes, fueron invitados a unirse a la *Asociación Nacional de Evangélicos*. Luego volvieron a verse en la primera *Conferencia Pentecostal Mundial* (CPM), que fue organizada en 1947 y, después, en la *Fraternidad Pentecostal de Norteamérica* (FPN), fundada en 1948. Los

---

[359] P. D. Stockard, 'Modern Kingdom Theology: A brief Review and Critique of the Book, *Held in the Heavens Until: God's Stategy for Planet Earth* by Earl Paulk' (Term Paper, Pentecostal Theological Seminary, 1989). Stockard realizó entrevistas y revisó esencialmente recursos bibliográficos primarios y secundarios. Ver también la crítica más aguda de Robert Bourman, Gary S. Hawkins y Dan Schlesinger en 'The Gospel According to Paul: A Critique of *Kingdom Now Theology*', *Christian Research Journal* (Winter/Spring, 1988), pp. 9-13, and (Summer/Fall, 1988), pp. 15-20).

afroamericanos no participan en la FPN, pero si participaron en la CPM. La Conferencia Pentecostal Mundial no es realmente un cuerpo representativo o inclusivo del pentecostalismo mundial, ya que está dominado por los pentecostales norteamericanos y europeos que son realmente una minoría, si se le compara con el movimiento pentecostal mundial.[360]

Los pentecostales, no obstante, comenzaron a comunicarse y a cooperar mutuamente en las áreas de estrategia misionera, publicaciones, capellanía e intercambio académico. El intercambio académico se inició en 1970 con la formación de la *Sociedad para Estudios Pentecostales* (SEP), un espacio de diálogo que se ha constituido en el grupo académico más inclusivo o ecuménico.[361]

De darse una genuina revisión en el futuro, con el gran número de escuelas bíblicas pentecostales, varias universidades de artes liberales y los seminarios teológicos, también se deberá realizar un mayor intercambio de recursos. El número de miembros en el Sur del mundo está creciendo, sin embargo, todavía no existe una política eclesiástica que permita unir a sus representantes con otros administradores, teólogos y misionólogos para reflexionar sobre su praxis común y para revisar su espiritualidad.

La tradicional sospecha pentecostal de las organizaciones y la protección del 'territorio' por parte de las actuales burocracias denominacionales, crea competencia, redundancia y cada denominación 'reinventa la rueda'. Lo que se necesita es que grupos como la CPM se vuelvan foros más inclusivos para que todos los componentes de la familia pentecostal—y particularmente las vigorosas, dinámicas y crecientes iglesias pentecostales del Sur Global—dialoguen sobre los temas teológicos, pastorales y misioneros comunes.

Actualmente los misioneros de estas iglesias están presentes en diversas regiones geográficas. El incremento del liderazgo y la participación de los creyentes del Sur Global, y su mayor fusión o

---

[360] D. Barrett, 'Global Statistics', en *DPCM*, pp. 810-29. Ver también J.W. Sheppard 'Sociology of Pentecostalism', *DPCM*, pp. 794-99. Especialmente intrigantes son los comentarios de Sheppard en p. 799, 'la asunción que los pentecostales parecen ser más políticamente conservadores que otros segmentos de la población–llámense pentecostales políticamente liberales o radicales que se hallan preocupados por la justicia social y la liberación–bajo investigación'.

[361] See R.P. Spittler, 'Society for Pentecostal Studies', *DPCM*, pp. 793-94, and Robeck, 'Seminaries and Graduate Schools', pp. 722-26.

participación con los pentecostales del Norte Global, está animando a una mayor efectividad y a una profundización teológica a través del intercambio narrativo y el culto común. Estos prometedores diálogos y fusiones podrían avanzar un poco más y orientarse a subsanar las muchas divisiones del pasado y evitar las futuras e innecesarias fragmentaciones o fanatismos.

Hasta hace poco no había una publicación internacional en la que los pentecostales pudieran hablarse mutuamente superando los límites culturales y socioeconómicos, raciales y nacionales. Una espiritualidad pentecostal revisada requiere un intercambio fraternal y global. Un final común en el reino consumado requiere un proceso común de esperanzas compartidas. Un resultado espiritual—la unidad—requiere un proceso espiritual, una praxis compartida de creyentes, una fraternidad misionera, un testimonio común y un análisis de las Escrituras. Hay viejas estrategias de estas iglesias que han funcionado localmente y han fortalecido al movimiento pentecostal en cada región del mundo. Desde mi perspectiva, enfatizar simplemente los aspectos cuantitativos del crecimiento y desatender los temas cualitativos de identidad y la contribución al cuerpo de Cristo más amplio, es contristar al Espíritu de unidad.

Alcanzándonos a Juntos: Aprendiendo con las Críticas

La subsecuencia y el sectarismo

Desde el comienzo se han interpuesto contra el pentecostalismo los cargos de subsecuencia, elitismo y divisionismo. Y, como ya se ha indicado previamente, ¡estas fueron algunas de las acusaciones moderadas! Se ha dicho, por ejemplo, que ellos desintegran la unidad de la iniciación cristiana, especialmente a través de su falta de comprensión del bautismo, el rito de iniciación en las iglesias mayoritarias. Todo esto es cargado a la cuenta de la doctrina de la subsecuencia.

Como resultado del reclamo de las bendiciones subsecuentes—sea la plena santificación, el bautismo en el Espíritu, o ambas—los pentecostales han cargado con la acusación de un elitismo que divide a los cristianos entre cristianos antes y después de las experiencias redentoras que se 'tienen' o 'no se tienen'. Los pentecostales han expresado una preocupación por la preparación de la Novia (enfocándose especialmente en las vestiduras de la novia y/o en el tener aceite en las lámparas) y por todos aquellos que han sido 'sellados' por el Espíritu para el Rapto. Finalmente, los críticos de los pentecostales manifestaron que esto conduce naturalmente, si no groseramente, a la división de las iglesias ya que anima a las personas a dejar 'las iglesias formales y muertas' por el culto más libre y vivo de las iglesias pentecostales. Este espíritu divisivo, según sus críticos, se percibe también en las continuas subdivisiones de los propios pentecostales.

Para entender la subsecuencia uno necesita considerar la historia de la salvación en sí misma.

¿Por qué hay un Pentecostés después del Calvario y de la resurrección? ¿Fue sólo un evento inaugural de la nueva iglesia que estaba esperando que llegara su cumpleaños? No. En la historia personal, como en la historia de la salvación, hay también crisis o eventos que permiten nuevos desarrollos o intensifican el desarrollo de una forma no imaginada antes del evento.

La iniciación cristiana no es generalmente entendida como terminal. Aún los críticos admiten que hay acciones y eventos sacramentales subsecuentes que, si bien continúan con la iniciación, son decisivos para el desarrollo posterior. Los pentecostales, todavía muy inmaduros teológicamente, pueden aprender con las críticas en una discusión sobre, por ejemplo, el significado y la significancia de la confirmación, la *teosis* y el bautismo del Espíritu. ¿Cuál es la diferencia entre recordar el bautismo y recordar el nuevo nacimiento? ¿Cuáles son las similitudes? ¿Cómo pueden ser interpretadas juntas? Estas preguntas y otras necesitan formar parte de un proyecto espiritual común. También puede ser útil entender que, mientras Dios es recibido en la iniciación cristiana, uno no necesita todo lo que necesita de Dios. Esto requiere un caminar en la luz y buscar en oración un completo entendimiento y desarrollo tanto cronológico como espiritual.

Así, por ejemplo, cuando una persona aburrida, cínica y estéril, llega ser una persona renovada, jubilosa y fructífera ¿lo que le ha ocurrido lo convierte en elitista? ¿O esta actitud solamente ocurre si él testifica del hecho? Ciertamente no. Esto ocurre solamente cuando se hacen demandas exclusivistas a los otros con respecto a lo qué tienen que recibir y a la forma cómo tienen que recibirlo. La gracia, por lo menos en la aplicación y en la transformación de las vidas, es una realidad maravillosa y multifacética. La afirmación de una particular experiencia de llenura con el Espíritu no es una afirmación sobre una mayor madurez espiritual, o una mayor comprensión de las Escrituras. Ciertamente aquí hay un espacio para la discusión y el aprendizaje juntos

Todas las iglesias tienen afirmaciones especiales y creen que sus dones distintivos son los suficientemente importantes para justificar su existencia corporativa y sus esfuerzos individuales. Cada una tiene que reconocer a la Iglesia en su propia iglesia y luego en las otras iglesias. La presencia de Dios reconocida a través de la confesión de Jesucristo en palabra, obra y fruto es la base para un reconocimiento mutuo. En ese reconocimiento, así como en el subsecuente intercambio mutuo, uno puede descubrir que es 'mejor' o 'peor' que cada uno.

Finalmente, debe recordarse que adicionalmente a su 'aparición', muchos pentecostales fueron 'reprimidos' o 'expulsados' de sus iglesias debido a su testimonio y a sus declaraciones sobre sus experiencias santificadoras y empoderadoras. Hubo, por supuesto, diferencias teológicas asociadas con estas salidas. Pero hubo también conflictos de clase, raciales y culturales y, con frecuencia, la percepción que la iglesia existía y estaba reglamentada por una elite clerical que se veía a sí misma como una elite que no necesitaba aprender nada nuevo con el pueblo. Esos clérigos no podían llorar o regocijarse con otros en sus luchas o victorias espirituales. Estas acciones de los clérigos dieron la impresión de que la iglesia era una 'tienda cerrada' con reglas y liturgias no negociables y que existía para el beneficio de unos pocos. Todavía no se ha dicho nada sobre la falta de sacrificio misionero y sobre la preocupación por los pobres y el compromiso compasivo en la atención a las necesidades de los heridos y hambrientos. El juicio ligero, los malentendidos y la falta de comunicación, llevaron a muchas divisiones innecesarias.

El redescubrimiento en cada generación del discipulado radical de Jesús y el poder del Espíritu Santo hace necesario que la iglesia albergue a sus propios hermanos y hermanas pentecostales con, por lo menos, la misma paciencia y atención con que alberga a su cultura. Cuando a los desheredados y los que no tienen poder en este mundo se les concedieron sus derechos y fueron habilitados por el

evangelio en el poder del Espíritu, ellos oyeron que los no pentecostales los acusaron de elitistas, porque enseñaban una subsecuente obra de gracia. Ante esa acusación los pentecostales respon-
dieron con mucho gozo: ¡*Sí, por supuesto*! O simplemente dijeron:
¡*Aleluya*!

Misión y unidad

A los pentecostales, hay que recordarles, que la pasión misionera
compartida es el medio o el vehículo para la unidad. Este resultado
es consistente con su espiritualidad y su manera distintiva de ser
cristiano. Ellos pueden estar de acuerdo con la perspectiva de Harry
Boer, quien, en su influyente obra, *Pentecostés y las Misiones*, recuerda
a todos los cristianos que el Espíritu no fue dado a las organizaciones eclesiales, 'a muchos individuos temerarios' o incluso al organismo. No. El Espíritu ha sido dado 'a la organización que sirve al
organismo, y al organismo que llega a ser la expresión de la organización'. Boer refuerza aún más su argumento en sus observaciones
sobre la Gran Comisión cuando afirma que 'el derramamiento del
Espíritu es en su naturaleza y por causa de su misma naturaleza, el
cumplimiento de la Gran Comisión en la vida de la Iglesia. Esto no
es, como los mandamientos de la ley, un mandamiento que los hombres son impotentes de obedecer'. Boer afirma que la Gran Comisión, en lugar de ser predicada como un mandamiento que obedecer, tiene que ser presentada 'como una ley que expresa la naturaleza, y que gobierna la vida de la iglesia'. Boer advierte más adelante
que si la iglesia fuera:

> … vista como un cuerpo que se reúne para la edificación y la
> adoración, y que *también* tiene la tarea de obedecer al manda-
> miento misionero, no debería esperarse un mayor despliegue mi-
> sionero. Tampoco el Espíritu puede entrar a ejercer plenamente
> su función en la Iglesia mientras Él es considerado como el Es-
> píritu de regeneración y santificación que debe *también* proveer a
> la Iglesia con *donum superadditum* (don adicional) de misionero.[362]

Los pentecostales no sienten que su movimiento o el bautismo
en el Espíritu Santo es un *donum superadditum*. Todos los pentecostales auténticos dan testimonio de que se puede comenzar un

---

[362] Boer, *Pentecost and Missions,* pp. 215-17.

significativo intercambio ecuménico junto con la preocupación misionera. Existe una creciente necesidad de expandir contactos a través de las estructuras y prácticas que permitan y habiliten una fusión de horizontes de esperanza en el contexto del intercambio narrativo y la reflexión sobre la praxis misionera.

Al respecto, actualmente se nota muchos signos esperanzadores que hubieran sido inconcebibles, varias décadas atrás. Estos signos incluyen un rico y progresivo diálogo católico romano-pentecostales clásicos;[363] un diálogo Concilio Nacional de Iglesias de Cristo de Los Estados Unidos-pentecostales; varias iglesias pentecostales del Sur Global son parte del Consejo Mundial de Iglesias;[364] grandes Conferencias Nacionales pentecostales-carismáticas en Kansas City y New Orleans en décadas recientes;[365] la participación progresiva de los pentecostales en la Asociación Nacional de Evangélicos;[366] la participación pentecostal en la Alianza Evangélica Mundial; así como innumerables esfuerzos que, aunque pequeños, son igualmente significativos.

En todo esto se hace patente las prácticas emergentes de la espiritualidad pentecostal, que han facilitado y facilitarán futuros encuentros ecuménicos. Si las grandes organizaciones conciliares

---

[363] Jerry Sandidge, un cuidadoso investigador del comportamiento ecuménico Pentecostal, y participante por largo tiempo en este proceso, ha proporcionado un conciso y bastante útil sumario del 'Roman Catholic/Classical Pentecostal Dialogue' en *DPCM*, pp. 240-44.

[364] Ver J.L. Sandidge, 'World Council of Churches', *DPCM*, pp. 901-903.

[365] Ber C.M. Robeck, Jr, 'Pentecostal World Conference', *DPCM*, pp. 707-10.

[366] Ver C.M. Robeck, Jr., 'National Association of Evangelicals', *DPCM*, pp. 634-36. Junto con Donald Dayton, he cuestionado la taxonomía (una estrecha comprensión del término 'evangélico') y la *historiografía* (una unidemensional y dicotomizada comprensión de 'razón' y 'emoción' –'razón', asignada para el establishment evangélico en América del Norte y 'emoción' asignada para las comunidades de fe étnicas, de santidad y pentecostal) de escritores evangélicos norteamericanos modernos. Cuando se escoge este acercamiento, que Dayton ha llamado el 'paradigma presbiteriano', se considera al campo como el único protagonista. Ver, por ejemplo, la obra de Dayton, 'Yet Another Layer of the Onion' ('Sólo otra capa de cebolla'), pp. 87-110. La obra historiográfica y teológica de Dayton podría animar a los pentecostales a comenzar a superar su 'complejo de inferioridad' teológica, conduciéndolos por caminos más fieles a su pueblo, tradiciones narrativas y espiritualidad esencial. La evangelicalización del pentecostalismo llegaría a ser la pentecostalización del evangelicalismo si ambos se movieran a considerar alternativas a la teología de Princeton de Warfield *et al*, y el cimiento de su sentido común filosófico.

quieren dialogar con líderes pentecostales, que actualmente representan a millones de creyentes, la forma de proceder es el testimonio, la intercesión, la adoración y ciertas prácticas misioneras comunes. Puede haber una fusión de horizontes y una esperanza compartida en la medida que cada persona narre su camino de fe. Los católicos a menudo afirman que ellos no tienen la crisis dramática y los eventos reportados por los pentecostales, pero cuando narran su recorrido mutuamente, se ganan nuevas visiones, ¡haciendo del encuentro mismo un evento, cuando no una crisis! El acto de orar juntos y, no sólo orar el uno por el otro, sobrellevando las cargas y confesándose mutuamente, resulta ser esencial para cualquier comunidad cristiana y, especialmente, para una fraternidad ecuménica significativa.

Finalmente, con relación a la praxis misionera, quizás un lugar específico y fructífero por donde comenzar podría ser con un ministerio de sanidad compartido. Al orar y participar en un ministerio a favor de los enfermos, oprimidos, demonizados y sufrientes, los pentecostales podrían participar con otros cristianos en una praxis misionera que sería, a la vez, tanto un ministerio de los últimos tiempos como un don del Espíritu Santo. Sería un sacramento que simboliza el misterio de la redención para la sanidad de los heridos y una expresión de compasión, precisamente, el afecto cristiano más central y necesitado en todos los tiempos.

Dependiendo de cómo los pentecostales reflexionen sobre estas prácticas de testimonio, oración y sanidad, con otros creyentes, nuevas visiones y aperturas pueden emerger como dones de Dios. Esta es la presuposición para cualquier progreso significativo en otras áreas. Desde una perspectiva Pentecostal, asuntos como una formación espiritual compartida, constituye el fundamento de una teología compartida.

Teología y pasión

En este volumen hemos afirmado que existe una espiritualidad distintivamente pentecostal, que tiene que ser reflexionada en el proceso y en el resultado de la tarea teológica. La oración es necesaria, y no un simple 'agregado piadoso', si esta tarea es entendida como una reflexión discerniente o una reflexión crítica sobre la realidad vivida por la comunidad misionera escatológica. La oración expresa y evoca los afectos apocalípticos que integran y motivan las creencias y las prácticas de la comunidad.

Lo que se da a la comunidad pentecostal, en la Escritura está abierto al futuro en Dios y, 'puesto sobre el fuego' con la pasión por el reino que excluye experiencias privadas o indulgencias colectivas que sólo atraen el juicio de Dios (1 Pe. 4.17; Ap. 1-3; He. 12. Esto significa que la fe y el amor están abiertos al mundo y conducen a la esperanza. El bautismo en el Espíritu y su progresiva llenura intensifican y focalizan esa esperanza que salva y levanta, salva y anima a otros (Rom. 8:24). Esta esperanza da ánimo frente al mundo y al mal, así como confianza delante del Dios de toda esperanza. El derramamiento pentecostal del siglo I y del siglo XX produjo un aumento de la fe, la esperanza y el amor, para millones de desheredados—pero no abandonados—hombres, mujeres y niños. Pero los pentecostales, para que no pierdan a ambas, por negligencia o por derroche, tienen que ver la conexión que existe entre su pasión por el reino y la teología. La teología en sí es una especie de pasión por Dios. Esa pasión por Dios requiere una progresiva tarea teológica como parte de su lógica interna y de su vocación global. La fusión de las dos es la marca de la verdadera teología, aquella teología que verdaderamente ora por el reino. En Israel se levantó durante los años del período Inter testamentario un movimiento apocalíptico que buscó recapitular las preocupaciones de los sacerdotes, profetas y sabios para la santidad cúltica, social y personal, dentro de sus horizontes escatológicos de esperanza de transformaciones cósmicas. Quizás Dios ha levantado en este tiempo a los sencillos, ásperos, y en su mayoría todavía inmaduros pero apasionados pentecostales, para recordar a toda la iglesia el poder apocalíptico y la fuerza del evangelio del reino y, preparar al mundo para el fin— el triunfo de Dios que es 'todo y en todos'. La iglesia que es llenada con el Espíritu y que está comprometida con el cuidado compasivo de una humanidad perdida y afligida, tiene un anhelo común, un llanto unificador, un grito jubiloso: ¡Ven, Señor Jesús! Amén.

EPÍLOGO

Como se acostumbra a expresar con cierta frecuencia en los estudios o en los trabajos académicos interpretativos-constructivos, ya es tiempo de mencionar que ésta es una investigación comenzada, pero no terminada. En la redacción de esta, de tiempo en tiempo, he tenido la sensación de estar cargando demasiado como un ancho río. Habiendo desembarcado y habiendo tenido la oportunidad de mirar hacia atrás, me parece que existen, por lo menos, siete corrientes que tienen que explorarse. En primer lugar, el pentecostalismo pone nuevamente sobre el tapete la pregunta sobre la relación de la teología con la espiritualidad. Este tema, discutido en el Capítulo 1, pero implícito a lo largo de esta investigación, no es una simple preocupación sectaria o parroquial. Tiene que ver con el objeto de la teología, su objetivo, su contexto y su meta. Por comenzar con el Espíritu Santo, la realidad viviente de Dios con nosotros, ciertos compromisos y presuposiciones metodológicas y herméneuticas, son puestas sobre la mesa. Al respecto, se necesita juntar en una unidad los trabajos de los nuevos teólogos pentecostales de Norteamérica teniendo en cuenta, especialmente, las investigaciones de los teólogos pentecostales del Sur del mundo que recién se están publicando y difundiendo en el Norte del mundo.

Como un asunto central a estas preocupaciones hermenéuticas y metodológicas se encuentra el tema del papel y el significado de la experiencia. Si los acercamientos de Edwards y Wesley al debate razón-emoción son entendidos como un paradigma evangélico primario, ¿qué nueva luz puede enfocarse sobre los actuales debates evangélicos con respecto al balance, la estructura cognitiva y el papel del Espíritu Santo? ¿Continuarán los fundamentalistas viendo las preocupaciones por los afectos, discutidos en este estudio, como un acercamiento sin salida que está totalmente enredado con los sentimientos? ¿Podrán los pentecostales comenzar a cuestionar las etiquetas 'fundamentalista' o 'evangélica' que ellos mismos se aplicaron?

Quizás los pentecostales puedan ser bien aconsejados para construir su propia interpretación del cuadrilátero Wesleyano: Escritura, razón, tradición y experiencia. Esta tercera línea de investigación está relacionada a la segunda, pero es mucho más comprensiva. Permitiría un medio para reestablecer el contacto con las raíces wesleyanas del movimiento pentecostal. Si la palabra *integración*, antes que *balance*, es la más apropiada para los pentecostales, ¿cómo puede ser demostrada con el cuadrilátero wesleyano? ¿Cuáles son las implicaciones de la formulación Espíritu-Palabra, utilizada en esta presentación, para una nueva comprensión del significado de las Escrituras y cómo podría la hermenéutica tener en cuenta y reflejar el contexto y el horizonte apocalíptico, ¿con su concomitante tensión ya-todavía no? En relación con la razón, dentro de esa comunidad trinitaria escatológica, sería importante explorar lo que está implícito en esta obra: El discernimiento crítico y comunal de la comunidad pentecostal.

Sorprenderá a algunos el uso hecho de la tradición. Los pentecostales contemporáneos podrían explorar lo que significa estar en una continuidad experiencial con el primer movimiento a la luz de las afirmaciones de estar en continuidad con la iglesia apostólica. La sucesión apostólica toma un nuevo significado bajo esta luz. Lutero y Wesley, mencionados con frecuencia en la primera literatura, son de vital importancia actualmente. De las dos tradiciones, ¿por qué los luteranos son los críticos más vociferantes? ¿Por qué ellos encuentran tan difícil de aceptar la negativa de los pentecostales a ser considerados simplemente como Pelagianos y entusiastas? En este punto, la conexión wesleyana es particularmente importante, ya que las dos tradiciones podrían hacer una causa común. Los pentecostales deberían examinar la creativa construcción protestante-católica de Wesley y rastrear las fuentes, tanto Orientales como Occidentales de Wesley, hasta su fuente principal: las Escrituras. Wesleyanos y pentecostales parecen estar de acuerdo sobre una particular integración de Escritura, tradición y razón en una vida santificada, llena del Espíritu. Posteriores trabajos sobre los afectos cristianos podrían permitir a los pentecostales apreciar cada vez más sus características sectarias y su significado ecuménico.

Pero esto trae a consideración un tercer tema. Dada la vasta expansión y la diversidad del pentecostalismo y la importancia de la narrativa en la tradición pentecostal, ¿existe alguna narrativa común y fundacional que pueda servir para identificar, unificar y dirigir el futuro desarrollo de la mayoría de sus fieles? Una narrativa común puede servir en el mismo sentido que la narrativa 'canónica' de los primeros diez años del movimiento pentecostal. Lo que unificaría a aquello que difiere en términos de geografía, raza, clase, cultura y género. El relato bíblico de Pentecostés, la realidad presente, la meta apocalíptica; todos estos temas podrían ser elementos claves para una reformulación contemporánea del testimonio pentecostal.

Un cuarto tema se halla alrededor de la doctrina de la iglesia. Los pentecostales han estado suficientemente claros en su rechazo del institucionalismo, pero han fallado en producir una eclesiología viable que permita entrar en debates y cambios progresivos sin cismas. Una política para el desarrollo de consensos todavía tiene que ser construida (quizás la Conferencia Mundial Pentecostal, la Asociación Teológica Pentecostal Europea, la Fraternidad Pentecostal de América del Norte o la Sociedad para Estudios Pentecostales podrían buscar esto). Se debe encontrar alguna forma para hablar y estudiar juntos con los grupos Independientes y Unitarios. Esto es vital tanto para la autocomprensión pentecostal como para la reunificación del movimiento. ¿Podrán los pentecostales, entre ellos mismos y en diálogo con otras iglesias, descubrir otro modelo para una discusión, desarrollo y misión ecuménica? Otro tema eclesiológico interno será la consideración respecto a qué estructura de iglesia está mejor correlacionada con la formación de la vida cristiana. Si el desarrollo de la fe pentecostal está en avance, ¿cuál de los acercamientos congregacionales, exclusivamente jerárquico, avivamiento masivo o autónomo, es inadecuado o perjudicial para la salud de la iglesia o del creyente individual? Si se sigue la lógica de los afectos pentecostales y de los dones, ¿cómo alteraría esto las formulaciones eclesiológicas tradicionales?

Existe en quinto lugar una aguda necesidad de hallar nuevas metáforas para la experiencia de crisis. Evitando el substancialismo exclusivista, complementando el exclusivismo relacional y trabajando hacia la afirmación de un verdadero cambio ontológico en el creyente, ¿puede desarrollarse una soteriología que refleje lo sorprendente de la narrativa bíblica y del desarrollo histórico y humano? Quizás, la transformación afectiva y la integración proveerán nuevas y útiles metáforas internas para la crisis, mirando hacia un desarrollo escatológico seguro. Esta obra es un paso en esa dirección.

Si la teología pentecostal es una reflexión discerniente sobre la realidad vivida a la luz del fin, entonces es de crucial importancia la formación de la expectación escatológica. Una sexta área de investigación futura se podría centrar en la cuestión de cómo los pentecostales pueden vivir dentro de la tensión *ya-todavía no* mientras evitan, por un lado, la fragmentación de una misión integral a las almas, cuerpo y estructuras y; por otro lado, la acomodación a la aparentemente optimista y 'omni-competente' sociedad tecnológica.

La escatología pentecostal, aunque premilenial y apocalíptica, es calificada por la doctrina de las Lluvias Tardías. Hay un énfasis en el poder y soberanía de Dios, pero ya que el Espíritu Santo trae la vida del reino de Dios al presente, la pasividad cultural y el pesimismo son minimizados y como pueblo somos empoderados para el ministerio. Esto no es postmilenial. Evita la presunción y la acomodación cultural. El reino de Dios es mayor que la iglesia y, por lo tanto, hay un activismo 'postmilenialista' implícito dentro de la expectación premilenial. Realmente la expectación de la plenitud venidera de justicia, paz y gozo nutre el activismo. Esto puede ser ampliado, mediante un desarrollo posterior de la perspectiva trinitaria del Capítulo 4, hasta incluir las preocupaciones socioculturales, sin perder el compromiso evangelizador.

Finalmente debo expresar que, como una obra comenzada pero no acabada, y como un movimiento que se acerca a su primer centenario (considerando la experiencia de Misión de la Calle Azusa), el pentecostalismo mantiene muchas promesas para el futuro si permanece abierto al Espíritu que unge al pueblo de Dios y lleva todas las cosas hacia su consumación en Jesucristo.

BIBLIOGRAFÍA

Albrecht, D.E. 'An Investigation of the Sociocultural Characteristics and Dynamics of Wallace´s Revitalization Movements: A Comparative Analysis of the Works of Four Social Scientists' (unpublished paper, Graduate Theological Union and the University of California at Berkeley, 1989).

Aldana, R., D. Munguia and R. Waldrop. Interview with author. Centro Guatemalteco de Teología Práctica, Quetzaltenango, Guatemala. 3 de Octubre de 1989.

Alexander, D. A. 'Bishop J.H. King and the emergence of Holiness Pentecostalism', *Pneuma* (Fall, 1986), pp. 159-183.

Alexander, D.L., (ed.), *Christian Spirituality: Five Views of Sanctification* (Downers Grove, IL, IVP, 1988).

Alvarez, C.E., *Santidad y Compromiso* (México: Casa Unida de Publicaciones, 1985).

Anderson, R.M. *Vision of the Disinherited: The Making of American Pentecostalism* (New York: Oxford University Press, 1979).

Arrington, F.L. *The Acts of the Apostles: An Introduction and Commentary* (Peabody, MA: Hendrickson, 1988).

Arthur, W., *The Tongue of Fire; or the True Power of Christianity* (New York: Harpers, 1856).

Barrett, T.B. *Cosmos, Chaos, and Gospel: A Chronology of World Evangelization from Creation to New Creation* (Birmingham, AL: New Hope-Foreign Mission Board of Southern Baptist Convention, 1987).

Barrett, T.B. *In the Days of the Latter Rain* (London: Simpkin, Marshall, Hamilton, Kent and Co., 1909).

Barth, K., *Evangelical Theology: An Introduction* (New York: Holt, Rinehart & Winston, 1963).

—*Church Dogmatic* (Edinburgh: T & T. Clark, 1975-1977).

—*Prayer* (ed. D.E. Saliers; trans. S. Terrien; Philadelphia: Westminster Press, 1985).

Bartleman, F., *Azusa Street* (South Plainfield, NJ: Bridge Publishing, 1980).

Beaman, J., *Pentecostal Pacifism* (Hillsboro, KS: Center for Mennonite Brethren Studies, 1989).

Beasley-Murray, G. R. *Jesus and the Kingdom of God* (Grand Rapids: Eerdmans, 1986).

Bell, R. H., *The Grammar of the Heart* (San Francisco: Harper and Row, 1988).

Berkhof, H., *Christian Faith: An Introduction to the Study of the Faith* (Grand Rapids: Eerdmans, 1979).

Boer, H.R. *Pentecost and Missions* (Grand Rapids: Eerdmans, 1961).

Bourman R., G.S. Hawkins, and D. Schlesinger, 'The Gospel according to Paul: A Critique of Kingdom Now Theology', *Christian Research Journal* (Winter/Spring, 1988), pp. 9-13, and (Summer/Fall), pp. 15-20.

Bowdle, D.N., (ed.), *The Promise and the Power* (Cleveland, TN: Pathway Press, 1980).

Bowers, J.P., 'Sanctification in the Church of God: A Shift from the Three Blessing Paradigm' (unpublished paper, Southern Baptist Theological Seminary, 1985).

Brewster, P.S. (ed.), *Pentecostal Doctrine* (Gloucestershire: Grenehurst Press, 1976).

Bridges-Johns, C., *Pentecostal Formation: A Pedagogy among the Oppressed* (JPTSup 2; Sheffield: JSOT Press, 1993).

Brown, D., *Understanding Pietism* (Grand Rapids: Eerdmans, 1978).

Brueggemann, W., 'II King 18-19: The Legitimacy of a Sectarian Hermeneutics', *HBT* 8 (1985), pp. 1-42.

—*Hope within History* (Atlanta: John Knox, 1987).

Bruner, F.D., *A Theology of the Holy Spirit: The Pentecostal Experience and the New Testament Witness* (Grand Rapids: Eerdmans, 1970).

Burgess, S.M., (ed.), *Reaching Beyond: Chapters in the History of Perfectionism* (Peabody, MA: Hendrickson, 1986).

Burgess, S.M. and G.B. McGee (eds.), *Dictionary of Pentecostal and Charismatic Movements* (Grand Rapids: Zondervan, 1988).

Campos, B. L., 'From Experience to Pentecostal Theology' (unpublished paper, trans. J. Beaty and S. J. Land, paper presented to the Encuentro Pentecostal Latinoamericano, Buenos Aires, Argentina, 1989).

Carr, W., 'Towards a Contemporary Theology of the Holy Spirit'. *SJT* 28 (1975), pp. 501-516. Cassidy. M., *Bursting the Wineskins: The Holy Spirit's Transforming Work in a Peacemaker and His World* (Wheaton, IL: Harold Shaw Pub., 1983).

Castillo, P., Interview with autor. Managua, Nicaragua. 15 de Octubre de 1989.

Chikane, F., *No Life in my Own: An Autobiography* (London: Catholic Institute of International Relations, 1988).

Christenson, L., *Speaking in Tongues and Its Significance for the Church* (Minneapolis, MN: Bethany Fellowship, 1968.

Clapper, G. S., *John Wesley on Religious Affections: His Views on Experience and Emotion and their Role in the Christian Life* (Metuchen, NJ: Scarecrow Press, 1989).

'Orthokardia: The Practical Theology of John Wesley's Heart Religion', *Quarterly Review* 10.1 (Spring, 1990), pp. 49-66.

Clark, S.B., *Confirmation and the 'Baptism of the Holy Spirit'* (Pecos, NM: Dove Publications, 1969).

Clayton, A.L., 'The Significance of W. H. Durham for Pentecostal Historiography', *Pneuma*: JPT 1 (Fall, 1979), pp. 27-42.

Collins, J.J., *The Apocalyptic Imagination: An Introduction to the Jewish Matrix of Christianity* (New York: Crossroad, 1989).

Camacho, H., 'Involucramiento del laico en la revitalización de la vida congregacional', *Pastoralia* 7.15 (December, 1985), pp. 55-68.

Comblin, J., *The Holy Spirit and Liberation* (Maryknoll, NY: Orbis Books, 1989).

Conn, C. W., *A Balanced Church* (Cleveland, TN: Pathway Press, 1975).

Cooey, P., *Jonathan Edwards on Nature and Destiny* (Lewiston, NY: Edwin Mellen, 1985).

Cook, G., Interview with author at the Latin American Biblical Seminary, San José, Costa Rica, 17 de Octubre de 1989.

Corum, F.T., (ed.) *Like as of Fire, a collection of the Apostolic Faith*, 1906-1908 (Wilmington, MA: F. T. Corum, 1981).

Cottle. R., 'Tongues Shall Cease'. *Pneuma. The Journal of the Society for Pentecostal Studies* 1 (Fall, 1979), pp. 43-49.

Crews, E.M., Jr. 'From the Back Alleys to Uptown: A History of the Church of God (Cleveland, Tennessee)'. (PhD dissertation, Harvard University, 1988).

Dayton, D.W., Discovering an Evangelical Heritage (Peabody, MA: Hendrickson, 1976).

—'Declaración de la consulta de líderes educacionales de la Iglesia de Dios: Desarrollo de un modelo pastoral pentecostal frente a la teología de la liberación', *Pastoralia* 7.15 (Diciembre de 1985), pp. 99-106.

— 'The Holiness Witness in the Ecumenical Church' (unpublished paper, Wesleyan Theological Society, 1987).

—*The Theological Roots of Pentecostalism* (Grand Rapids: Zondervan, 1987).

— 'Yet Another Layer of the onion: Or Opening the Ecumenical Door to Let the Riffraff in', *The Ecumenical Review* 40.1 (January 1988), pp. 87-110.

— 'Pentecostal/Charismatic Renewal and Social Change: A Western Perspective', *Transformation* 5.4 (October/December 1988), pp.7-13.

D'Epinay, C. L., *Haven of the Masses* (London: Luttertworth Press, 1969).

Dieter, M.E., *The Holiness Revival of the Nineteenth Century* (Metuchen, NJ: Scarecrow Press, 1980).
— 'The Development of the Nineteenth Century Holiness Theology', *Wesleyan Theological Journal* 20.1 (Spring, 1985), pp. 61-77.
— 'The Wesleyan-Holiness and Pentecostal Movements: Commonalities' Confrontation, and Dialogue' (unpublished paper, Society for Pentecostal Studies, 1988).
Dorman, D.A., 'The Purpose of Empowerment in the Christian Life', *Pneuma* 7.2 (Fall, 1985), pp. 147-165.
Dowd, M.B., 'Contours of a Narrative Pentecostal Theology and Practice' (unpublished paper, Society for Pentecostal Studies, 1985).
Drayer, J.R., 'The Significance of Apocalypticism in Contemporary British Eschatology' (ThD dissertation, Southern Baptist Theological Seminary, 1970).
Duffield, G.P., and N.M. Van Cleave, *Foundations of Pentecostal Theology* (Los Angeles: L.I.F.E. Bible College, 1983).
Duggan, M.W., 'The Cross and the Holy Spirit in Paul: Implications for Baptism in the Holy Spirit', *Pneuma* 7.2 (Fall, 1985), pp. 135-146.
— 'Implications for Pentecostal-Charismatic Theology' (unpublished paper, Society for Pentecostal Studies, Gaithersburg, MD, 1985).
Dunn, J.D.G., *Baptism in the Holy Spirit* (Philadelphia: Westminster Press, 1970).
—*Jesus and the Spirit* (Philadelphia: Westminster Press, 1975).
Dupree S.S., (ed.), *Biographical Dictionary of African American Holiness Pentecostals 1880-1990* (Washington, DC: Middle Atlantic Regional Press, 1989).
Durnbaugh, D.F. *The Believers Church: The History and Character of Radical Protestantism* (New York: Macmillan, 1968).
Elbert, P., (ed.), *Faces of Renewal* (Peabody, MA: Hendrickson, 1988).
Elliott, W., 'Continuity/Discontinuity Between Protestantism and Pentecostalism' (unpublished paper, Society for Pentecostal Studies, 1989).
Erwin H.M., 'Hermeneutics: A Pentecostal Option', *Pneuma* 3.2 (Fall, 1981), pp. 11-25.
—*Conversion-Initiation and the Baptism in the Holy Spirit* (Peabody, MA: Hendrickson, 1984).
—*Spirit Baptism: A Biblical Investigation* (Peabody, MA: Hendrickson, 1987).
Fahey, S. McM., *Charismatic Social Action* (New York: Paulist Press, 1987).
Farah, C., *From the Pinnacle of the Temple: Faith Versus Presumption* (Plainfield, NJ: Logos, n.d.).
Farah C. Jr., 'A Critical Analysis: The *Roots and Fruits* of a Faith-Formula Theology', *Pneuma* 3.1 (Spring, 1981), pp. 3-21.

Faupel, D.W., *The American Pentecostal Movement: A Bibliographical Introduction* (Society for Pentecostal Studies, 1972).

— 'The Function of *Models* in the Interpretation of Pentecostal Thought', *Pneuma* 2.1 (Spring, 1980), pp. 4-5.

— 'The Everlasting Gospel: The Significance of Eschatology in the Development of Pentecostal Thought' (PhD dissertation, University of Birmingham, 1989).

Fedotov, I., and V. Fedotow. Interview with author. Maloyaroslavits, Russia. October 1989.

Fee, G.D., 'Baptism in the Holy Spirit: The Issue of Separability and Subsequence', *Pneuma* 2.1 (Fall, 1985), pp. 87-99.

Finger, T.N., *Christian Theology: An Eschatology Approach* (2 vols; Scottsdale, PA: Herald Press, 1985).

Fletcher, J., *The Portrait of St Paul* (New York: Hunt and Eaton, 1889).

Gaetan, A., 'Teología de la liberación: Perspectiva de una mujer pentecostal'. *Pastoralia* 7.15 (Diciembre de 1985), pp. 87-98.

Gammie, J.G., *Holiness in Israel* (Minneapolis: Fortress Press, 1989).

García, P., Interview with author. Guatemala City, Guatemala, Octubre de 1989.

— 'Gathering of Latin American Pentecostals: Summary Report' (unpublished paper, Salvador, Brazil, 6-9 January 1988).

Gee, D., *Trophimus I left Sick: Our Problems of Divine Healing* (London: Elim Publishing, 1952).

Gerlach, L.P., 'Pentecostalism: Revolution or Counter-Revolution?', in I. I. Zaretsky and M. P. Leone (eds.), *Religious Movements in Contemporary America* (Princeton, NJ: Princeton University Press, 1974), pp. 669-699.

Gerlach, L.P. and V.H. Hine, *People, Power, Change: Movements of Social Transformation* (New York: The Bobbs-Merrill Co., 1970).

Girón, R., 'Analisis de la pastoral pentecostal en América Latina', *Pastoralia* 7.15 (Diciembre de 1985), pp. 55-68.

Goff, J.R., Jr. 'Fields White unto Harvest: Charles F. Parham and the Missionary Origins of Pentecostalism' (Ph D dissertation, University of Arkansas, 1987).

— 'The Faith that Claims', *Christianity Today* (February 19, 1990), pp. 18-21.

Hamilton, M.P., (ed.), *The Charismatic Movements* (Grand Rapids: Eerdmans, 1975).

Hanson, P. D., (ed.). *Visionaries and their Apocalypses* (Philadelphia: Fortress Press, 1983).

Haynes, E., and M.S. Lemons, *Church of God Songs No. 3* (Cleveland, Tennessee: Church of God Publishing House, n.d.).
—*Church of God Songs No. 4* (Cleveland, TN: Church of God Publishing House, n.d.).
—*Church of God Songs: Tears of Joy* (Cleveland, TN: Church of God Publishing House, 1920).
Hine, V.H., 'The Depravation and Disorganization Theories of Social Movements', in Zaretsky and Leone (eds.), *Religious Movements*, pp. 646-664.
Hocken, P., 'The Pentecostal-Charismatic Movements as Revival and Renewal', *Pneuma* 3.1 (Spring, 1981), pp. 31-47.
— 'The meaning and Purpose of Baptism in the Spirit', *Pneuma* 7.2 (Fall, 1985), pp. 125-134.
— 'Signs and Evidence: The Need for Catholic-Pentecostal Dialogue on the Relationship between the Physical and the Spiritual' (unpublished paper, Society for Pentecostal Studies, 1989).
Hollenweger, W.J., *The Pentecostals* (Peabody, MA: Hendrickson, 1972).
—*New Wine in the Old Wineskins* (Gloucester: Fellowship Press, 1973).
—*Pentecost between Black and White* (Belfast: Christian Journals, 1974).
— 'After Twenty Years' Research on Pentecostalism', *International Review of Mission* 75.297 (January 1986), pp. 3-12.
—Interview with author. Asbury Theological Seminary, Wilmore, Kentucky. February 1990.
— 'The Critical Tradition of Pentecostalism', *JPT* 2 (1992), pp. 7-17.
Holmes, N.J., and L.S. Holmes, *Life Sketches and Sermons: The Story of Pentecostal Pioneer N.J. Holmes* (Royston, GA: Press of the Pentecostal Holiness Church, 1920).
Howell, J.H., 'The People of the Name: Oneness Pentecostalism in the United States' (PhD dissertation, Florida State University, 1985).
Hunter, H.D., *Spirit Baptism: A Pentecostal Alternative* (Lanham, MD: University Press of America, 1983).
— 'Reflections by a Pentecostal on Aspects of BEM' (unpublished paper, prepared for the NCCUSA Dialogue, 1990).
Irwin, B.H., 'Pyrophobia', *The Way of Faith* (28 October 1896).
Jackson, R., 'Prosperity Theology and the Faith Movement', *Themelios* 15.1 (October 1989), pp. 16-24.
Johns, J.D., and C. Bridges Johns 'Yielding to the Spirit: A Pentecostal Approach to Bible Study', *JPT* 1 (1992), pp. 109-134.
Jones, C., G. Wainwright and E. Yarnold (eds.), *The Study of Spirituality* (New York: Oxford University press, 1986).

Jones, C.E., *A Guide to the Study of the Holiness Movement* (Metuchen, NJ: Scarecrow Press, 1974).

—*Perfectionist Persuasion: The Holiness Movement and American Methodism, 1867-1936* (ATLA Monograph, 5; Metuchen, NJ: Scarecrow Press, 1974).

—*A Guide to the Study of the Pentecostal Movement* (Metuchen, NJ: Scarecrow Press, 1983).

—*Black Holiness: A Guide to the Study of Black Participation in Wesleyan Perfectionist and Glossolalic Pentecostal Movement* (Metuchen, NJ: ATLA, 1987).

Käsemann, E., *New Testament Questions of Today* (London: SCM Press, 1969).

Kenyon, H.N., 'An Analysis of Racial Separation within Early Pentecoslism' (MA Thesis, Baylor University, 1978).

King, J.H., *From Passover to Pentecost* (Memphis, TN: H.W. Dixon Printing Co., 1914).

Kirkpatrick. D., (ed.), *Faith Born in the Struggle for Life* (Grand Rapids: Eerdmans, 1988).

Knight, H.H., III, 'The Relation of Narrative to Christian Affections' (unpublished paper, Emory University, 1987).

—*The Presence of God in the Christian Life* (Metuchen, NJ: Scarecrow Press, 1992).

Konig A., *The Eclipse of Christ in Eschatology: Toward a Christ Centered Approach* (Grand Rapids: Eerdmans, 1989).

Ladd, G.E., *The Presence of the Future* (Grand Rapids: Eerdmans, 1974).

Land, S.J., 'Pentecostal Spirituality and Disciplines (unpublished paper, Guatemala Center for practical Theology, 1989).

— 'Pentecostal Spirituality', in Dupré and D. Saliers (eds.), *Christian Spirituality: Post Reformation and Modern* (New York: Crossroad, 1989), pp. 484-490.

Larkin, C., *Dispensational Truth or God's Plan and Purpose in the Ages* (Philadelphia: Rev. C. Larkin Est., 1920).

Lawrence, B.F., *The Apostolic Faith Restored*, in D. W. Dayton (ed.), *Three Early Pentecostal Tracts* (The Higher Christian Life Series; New York: Garland Publishing, 1985).

Lederle, H.I., 'An Ecumenical Investigation into the Proprium or Distinctive element of Pentecostal Theology', *Theological Evangelica* 21.2 (June 1988), pp. 34-41.

—*Treasures Old and New: Interpretations of Spirit-Baptism in the Charismatic Renewal Movement* (Peabody, MA: Hendrickson, 1988).

Lovelace, R., 'Baptism in the Holy Spirit and the Evangelical Tradition', *Pneuma* 7.2 (Fall, 1985): 101-123.

Lovett, L., 'Black Holiness-Pentecostalism: Implications for Ethics and Social Transformation' (PhD dissertation, Emory University, 1979).

MacArthur, J., Jr. *The Charismatics: A Doctrinal Perspective* (Grand rapids: Zondervan, 1978).

—*Speaking in Tongues* (Chicago: Moody Press, 1988).

McClendon, J.W., Jr. *Systematic Theology: Ethics* (Nashville: Abingdon Press, 1986),

McClung, L.G., (ed.), *Azusa Street and beyond: Pentecostal Mission and Church Growth in the Twentieth Century* (South Plainfield, NJ: Bridge Publishing, 1986).

MacDonald, W.G., 'The Cross versus Personal Kingdoms', *Pneuma* 3.2 (Fall, 1981), pp. 26-37.

McDonnell, C., and B. Lang, *Heaven: A History* (New Haven: Yale University Press, 1988).

McDonnell, K., 'The Experiential and the Social: New Models from the Pentecostal/Roman Catholic Dialogue', *One in Christ* 9 (1973), pp. 43-58.

— 'The Distinguishing Characteristics of the Charismatic-Pentecostal Spirituality', *One in Christ* 10.2 (1974), pp. 117-128.

—*Presence, Power, Praise: Documents on Charismatic Renewal* (Collegeville, MN: Liturgical Press, 1980), I-II.

— 'The Determinative Doctrine of the Holy Spirit', *Ttod* 39.2 (July 1982), pp. 142-161.

McGee, G.B., 'Apostolic Power for the End-Times Evangelism: A Historical Review of Pentecostal Mission Theology' (unpublished paper, presented to the International Roman Catholic and Classical Pentecostal Dialogue, 1990).

McGinn, B., (ed. And trans.), *Apocalyptic-Spirituality* (New York: Harper & Row, 1977).

McLean, M.D., 'Toward a Pentecostal Hermeneutic', *Pneuma* 6.2 (Fall, 1984), pp. 35-56.

MacRobert, I., *The Black Roots and White Racism of Early Pentecostalism in the U.S.* (New York: St. Martin's Press, 1988).

Maddox, R., (ed.), *Aldersgate Reconsidered* (Nashville: Abingdon Press, 1990).

Marshall, I.H., (ed.), *Christian Experience in Theology and Life* (Edinburgh: Rutherford House, 1988).

Mascherano, F.C., 'A Study of Worship Forms in the Assemblies of God Denomination' (MTh thesis, Princeton Theological Seminary, 1966).

Menzies, R.P., *The Development of Early Christian Pneumatology* (JSNTSup, 54; Sheffield: JSOT Press, 1991).

Mills, W.E., *Speaking in Tongues: A Classified Bibliography* (Franklin Spring, GA: Society for Pentecostal Studies, 1974).

Moberg, D.O., *The Great Reversal: Evangelism versus Social Concern* (Philadelphia: Lippincott, 1972).

Moltmann, J., *The Church in the Power of the Spirit* (New York: Harper& Row, 1977).

—*The Trinity and the Kingdom* (New York: Harper& Row, 1981).

—'The Fellowship of the Holy Spirit-A Trinitarian Pneumatology', SJT 37 (1984), pp. 287-300.

Moonie, P.M., 'The significance of Neo-Pentecostalism for the Renewal and Unity of the Church in the United States' (ThD dissertation, Boston University School of Theology, 1954).

Moore, E. Ler., 'Handbook of Pentecostal Denomination in the United States' (MA, thesis, Pasadena College, 1954).

Moore, R.D., 'Approaching God´s Word Biblically: A Pentecostal Perspective' (unpublished paper, Society for Pentecostal Studies, 1989).

—'Canon and Charisma in the Book of Deuteronomy', *JPT* 1 (1992), pp. 75-92.

Morris, P.C., 'The Holy Spirit in the Music of the Church of God' (unpublished paper, term paper, Church of God School of Theology, 1989).

Myland, D.W., *The latter Rain Covenant and Pentecostal Power*, in D. W. Dayton (ed.), *Three Early Pentecostal Tracts*.

Nelson, D.J., 'For Such a Time as This: The Story of William J. Seymour and the Azusa Street Revival' (PhD dissertation, University of Birmingham, England, 1981).

Newbigin, L., *The Household of God* (London: SCM Press, 1953).

Nichols, D.R., 'The Search for a Pentecostal Structure in Systematic Theology', *Pneuma* 6.2 (Fall, 1984), pp. 57-76.

Niebuhr, H.R., *The Social Sources of Denominationalism* (New York: World Publishing, 1929).

—*Christ and Culture* (New York: Harper&Row, 1951).

— 'Theological Unitarianisms', *Ttod* 40.2 (July 1983), pp. 150-157.

O´Connor, E., *The Pentecostal Movement in the Catholic Church* (Notre Dame: Ave Maria Press, 1971).

Oosthuizen, G.C., *Moving to the Waters: Fifty Years of Pentecostal Revival in Bethesda, 1925-1975* (Durban, South Africa: Bethesda, 1975).

Palmer, P., *The Promise of the Father* (Boston, MA: H. V. Degen, 1859; reprs. Salem, Ohio: Schmul, 1981, and New York: Garland, 1986).

Pearlman, M., *Knowing the Doctrines of the Bilble* (Springfield, MO: Gospel Publishing House, 1937).

Peters, J.L., *Christian Perfection and American Methodism* (Grand Rapids: Zondervan, 1985).

Pluss, J.D., *Therapeutic and Prophetic Narratives in Worship: A Hermeneutic Study of Testimony and Vision* (Bern: Peter Lang, 1988).

—'Pentecostal Visions of peace between Ecclesial Authority and Secular Society' (unpublished paper, Society for Pentecostal Studies, 1989).

Poewe, K., 'Links and Parallels between Black and White Charismatic Churches in South Africa and the States: Potential for Cultural Transformation', *Pneuma* 10.2 (Fall, 1984), pp. 141-158.

Poloma, M., *The Assemblies of God in the Crossroads: Charisma and Institutional Dilemmas* (Knoxville: University of Tennessee Press, 1989).

Somerville, P.A., *The Third Force in Mission* (Peabody, MA: Hendrickson, 1985).

Poythress, V.S., *Understanding Dispensationalists* (Grand Rapids: Zondervan, 1987).

Quebedeaux, R., *The New Charismatics II* (New York: Harper& Row, 1983).

Ranahan, K.M., 'Rites of Initiation in Representative Pentecostal Churches in the United States, 1901-1972' (PhD dissertation, University of Notre Dame, 1974).

Reed, D.A., 'Origins and Development of the Theology of Oneness Pentecostalism in the United States (Ph D dissertation, Boston University, 1978).

Reeves, M. and W. Gould, *Joachim of Fiore and the Myth of the Eternal Evangel in the Nineteenth Century* (Oxford: Clarendon Press, 1987).

Reid, D.G., (ed.), *Dictionary of Christianity in America* (Downers Grove, IL: IVP, 1990).

Rhodes, J.S., 'Karl Barth and the Base Communities: A Dialogue on Praxis and Interpretation' (PhD dissertation, Emory University, 1987).

Robeck, C.M., Jr, 'Pentecostalism and Ecumenical Dialogue: A Potential Agenda', *Ecumenical Trends* 16.11 (December, 1987), pp. 185-188.

—'Pentecostal Perspectives on the Ecumenical Challenge' (unpublished paper, prepared for the Pentecostal/COFO dialogue, 1989).

Robeck, C.M, Jr, (ed.), *Charismatic Experiences in History* (Peabody, MA: Hendrickson, 1985).

Roberts, R.C., *Spirituality and Human Emotion* (Grand Rapids: Eerdmans, 1982).

—*The Strengths of a Christian* (Philadelphia: Westminster Press, 1984).

Roebuck, D., 'From Extraordinary Call to Spirit-Baptism: Phoebe Palmer´s Use of Pentecostal Language to Justify Women in Ministry' (unpublished paper, Society for Pentecostal Studies, 1989).

Rosato, P.J., *The Spirit as Lord: The Pneumatology of Karl Barth* (Edinburgh: T&T Clark, 1981).

Runyon, T., 'System and Method in Wesley´s Theology' (unpublished paper, American Academy of Religion, 1982).

Runyon, T. (ed.), *What the Spirit is Saying to the Churches* (New York: Hawthorne Books, 1975).

—*Sanctification and Liberation* (Nashville: Abingdon Press, 1981).

Saliers, D. E., and L. Dupre (eds.), *Christian Spirituality. III. Post-Reformation and Modern* (World Spirituality, 18; New York: Crossroad, 1989).

Sandidge, J.L., *Roman Catholic/Pentecostal Dialogue, 1977-1982: A Study in Developing Ecumenisn* (Studies in the Inter-cultural History of Christianity, 44; Frankfurt: Peter Lang, 1987).

Sauls, N.D., *Pentecostal Doctrines: A Wesleyan Approach* (Dunn, NC: The Heritage Press, 1979), I.

Sepúlveda, J., 'Reflections on the Pentecostal Contribution to the Mission of the Church in Latin America', trans. J. Beaty and S.J. Land, *JPT* 1 (1992), pp. 93-108.

Shepperd. G.T., 'Pentecostalism and the Hermeneutics of Dispensationalism: Anatomy of an Uneasy Relationship', *Pneuma* 6.2 (Fall, 1984), pp. 5-34.

Shopshire, J.M., 'A Socio-Historical Characterization of the Black Pentecostal Movement in North America' (PhD dissertation, Northwestern University, 1975).

Showalter, A.J., *The Best Gospel Songs and Their Composers* (Dalton, GA: A. J. Showalter, 1904).

Smeeton. D.M., 'Perfection or Pentecost: Historical Comparison of Charismatic and Holiness Theologies' (MA thesis, Trinity Evangelical Divinity School, 1971).

Smith, H.B., (ed.), *Pentecostals from the Inside Out* (Wheaton, IL: Scripture Press, 1990).

Smith, T., *Revivalism and Social Reform* (Gloucester, MA: Peter Smith, 1957).

Snyder, H.A., *The Community of the King* (Downers Grove, IL: IVP; 1977).

—*The Divided Flame* (Grand Rapids: Zondervan, 1986).

Spittler, R., (Ed.), *Perspectives on the New Pentecostalism* (Grand Rapids: Baker, 1976).

Spurling, R.G., 'The Evening Light and the Church of God', *Evangel* 1.1 (1 March 1910); *Evangel* 1.6 (15 may, 1910).

—*The Lost Link* (Turtletown, TN: Farmer Church of God, 1920).

Stafford, G.W., 'Experiential Salvation and Christian Unity in the Thought of Seven Theologians of the Church of God, Anderson,

Indiana' (ThD dissertation, Boston University School of Theology, 1986).

Stockard, P.D., 'Modern Kingdom Theology: A Brief Review and Critique of the book, *Held in the Heavens Until: God's Strategy for Planet Earth* by Earl Paulk' (unpublished term paper, Church of God School of Theology, 1989).

Stockwell, E.L., 'Pentecostal Consultation' (unpublished paper, Salvador, Brazil, 6-9 January 1988).

Stoll, D., *Is Latin America Turning Protestant?* (Los Angeles: University of California Press, 1990).

Stronstad, R., *The Charismatic Theology of St Luke* (Peabody, MA: Hendrickson, 1984).

—'Pentecostals, Experiential Presuppositions and Hermeneutics' (unpublished paper, Society for Pentecostal Studies, 1990).

Stroup, G.W., *The Promise of Narrative Theology* (Atlanta: John Knox, 1981).

Stylianopoulos, T., and S.M. Heim (eds.), *Spirit of Truth: Ecumenical Perspectives on the Holy Spirit* (Brookline, MA: Holy Cross Orthodox Press, 1986).

Swaggart, J., 'The Coming Kingdom', *The Evangelist* (September 1986), pp. 4-12.

Synan, V., 'The Role of the Holy Spirit and the Gifts of the Spirit in the Mystical Tradition', *One in Christ* 9 (1973), pp. 193-202.

—'Theological Boundaries: The Arminian Tradition', *Pneuma* 3.2 (Fall, 1981), pp. 38-53).

—'Holiness and Pentecostal Tradition in Dialogue' (unpublished paper, Society for Pentecostal Studies, 1988).

Synan, V., (ed.), *The Holiness-Pentecostal Movement in the United States* (Grand Rapids: Eerdmans, 1971).

—*Aspects of Pentecostal-Charismatic Origins* (Plainfield, NJ: Logos, 1975).

—*In the Latter Days* (Ann Arbor, MI: Servant Books, 1984).

Taylor, G.F., *The Spirit and the Bride*, in D. W. Dayton (ed.), *Three Early Pentecostal Tracts*. Thielicke, H., *The Evangelical Faith* (Grand Rapids: Eerdmans, 1974), I.

Thomas, J.C., 'The Spiritual Situation of the Disciples Before Pentecost' (unpublished paper, Society for Pentecostal Studies, 1984).

—*Footwashing in John 13 and the Johannine Community* (JSNTSup, 61; Sheffield: JSOT Press, 1991).

Toon, P., *Justification and Sanctification* (Westchester, IL: Crossway Books, 1983).

Torrance, T. F., *God and Rationality* (New York: Oxford University Press, 1971).

—*The Trinitarian Faith* (Edinburgh: T&T Clark, 1988).

Tugwell, S.G. Every, J.O. Mills and P. Hocken, *New Heaven? New Earth? An Encounter with Pentecostalism* (London: Darton, Longman, & Todd, 1976).

Turner, W.C., Jr., 'The United Holy Church of America. A Study in Black Holiness Pentecostalism' (PhD dissertation, Duke University, 1984).

Tutle, R.G., *Mysticism and the Wesleyan Tradition* (Grand Rapids: Zondervan, 1989).

Ulanov, A., and B. Ulanov. *Primary Speech: A Psychology of Prayer* (Atlanta: John Knox, 1982).

Vaccaro, G., *Identidad Pentecostal* (Quito: Consejo Latinoamericano de Iglesias, 1988).

Valliere, P., *Holy War and Pentecostal Peace* (New York: Seabury Press, 1983).

Vaughan, J.D., *The Silver Trumps* (Lawrenceburg, TN: James D. Vaughan, 1908).

Volf, M., 'Materiality of Salvation: An Investigation in the Soteriologies of Liberation and Pentecostal Theologies', *JES* 26.3 (Summer, 1989), pp. 447-467.

— 'On Loving with Hope: Eschatology and Social Responsibility', *Transformation* 7.3 (July/September 1990), pp. 28-31.

Wacker, G., 'Taking Another look at the Vision of the Disinherited' *RSR* 8.1 (January 1982), pp. 15-22.

—'Review of Vision of the Disinherited by R.M. Anderson', *Pneuma* 4.2 (Fall, 1982), pp. 53-62.

— 'The Function of Faith in Primitive Pentecostalism', *HTR* 77 (July/October 1984), pp. 353-362.

Wagner, C.P., *Spiritual Power and Church Growth* (Altamont Springs, FL: Strang Communications, 1986).

Wainwright, G., *Doxology* (New York: Oxford University Press, 1980).

Waldner, M.M., 'Christian Mission in Eschatological Perspective: Promoting the Dynamic of Eschatology for Missionary Motivation' (DMiss dissertation, Fuller Theological Seminary, School of World Mission, 1987).

Waldrop, R., 'La teología de la liberación: Enfoque Crítico', *Pastoralia* 7.15 (Diciembre de 1985), pp. 31-44.

Waldvogel, E.L., 'The Overcoming Life: A Study of the Reformed Evangelical Origins of Pentecostalism' (PhD dissertation, Harvard University, 1977).

—'The Overcoming Life: A Study of the Reformed Evangelical Contribution to Pentecostalism', *Pneuma* 1.1 (Spring, 1979), pp. 7-9.

Walvoord, J.F., *The Rapture Question* (Grand Rapids: Zondervan, 1979).

Ware, K., *The Orthodox Way* (Crestwood, NY: St Vladimir's Seminary Press, 1980).

Wheelock, D.R., 'Spirit-Baptism in American Pentecostal Thought' (PhD dissertation, Emory University, 1983).

White, J.F., *Protestant Worship: Traditions in Transition* (Louisville, KY: Westminster Press/John Knox, 1989).

Williams, J.R., *The Era of the Spirit* (Plainfield, NJ: Logos, 1971).

—*The Pentecostal Reality* (Plainfield, NJ: Logos, 1972).

—'Pentecostal Spirituality', *One in Christ* 10.12 (1974), pp. 180-192.

—'The Holy Spirit and Eschatology', *Pneuma* 3.2 (Fall, 1981), pp. 54-58.

—*Renewal Theology* (Grand Rapids: Zondervan, 1990), II.

Willis, W., (ed.), *The Kingdom of God in 20th Century Interpretation* (Peabody, MA: Hendrickson, 1986).

Winsett, R.E., (ed.), *Gospel Song Messenger* (Memphis, TN: R. E: Winsett, n.d.).

—*Songs of Pentecostal Power* (Dayton, TN: R. E. Winsett, 1908).

—*Songs of Perennial Glory* (Chattanooga, TN: R. E. Winsett, 1916).

Wood, L.W., 'Thoughts upon the Wesleyan Doctrine of Entire Sanctification with Special Reference to some similarities with Roman Catholic Doctrine of Confirmation', *Wesleyan Theological Journal* 15.1 (Spring, 1980), pp. 88-99.

—*Pentecostal Grace* (Grand Rapids: Zondervan, 1980).

Yoder, J.H., *The Politics of Jesus* (Grand Rapids: Eerdmans, 1972).

Yoder, P.B., *Shalom: The Bible's Word for Salvation, Justice, and Peace* (Newton, KS: Faith and Life Press, 1987).

Zegwaart, H., 'Apocalyptic Eschatology and Pentecostalism: The Relevance of John's Millenium for Today', *Pneuma* 10.1 (Spring, 1988), pp. 3-25.

www.ingramcontent.com/pod-product-compliance
Lightning Source LLC
Chambersburg PA
CBHW051945090426
42741CB00008B/1280